第一卷
VOLUME I

世界各国
首都法汇编

韩明生 / 编译

法律出版社 LAW PRESS · CHINA

序　言

自青年时代，负笈京师，我在这座城市工作和生活了三十多年，已经把首都北京视为自己的第二故乡。首都属于国家制度体系的一部分，宪法赋予首都独特的凝聚公民国家认同的功能以及崇高的宪制地位。然而，对于首都相关的宪法问题的研究，长期以来没有引起国内宪法学界的足够重视，研究成果不多，有限的研究成果也难成体系。当然，这与中国宪法学有更多、更重要的问题需要研究有关。两年前，本书的译者韩明生报考我的博士研究生，提交了以"作为宪法问题的首都"为题的研究计划。我对该选题颇为赞赏，并鼓励他多收集资料、多用心思考，争取在这一研究领域有所建树，为即将启动的首都立法提供智识。

从宪法学角度而言，首都的重要性自不待言，其作为最高国家机关所在地，是国家权力的象征，也是中央政府履行职能的场所。不同于其他地方政府，首都具有特定的宪法身份。建设和管理好首都，是国家治理体系和治理能力现代化的重要方面。如何实现首都治理体系和治理能力的现代化，关键在于依法治都，应当适时制定一部首都法。实际上，首都法并不是一个陌生的词汇，早在20世纪就有学者和人大代表公开呼吁制定首都法，世界上也有很多国家制定出台了首都法。然而，客观地说，国内学术界对于首都立法的外国资料译介及比较研究非常稀缺，学术和理论供给是不足的。

目前，我国制定首都法仍然有许多基础理论问题尚待解决，一是首都法的概念、特征和种类；二是首都的地位，首都的宪治保障，首都与中央政府的事权划分以及首都利益与国家利益的平衡；三是首都治理的特殊性以及首都对于公民基本权利的特殊限制等。结合我对首都法的理解，借此作序的机会，我主要谈一下首都法的概念、特征和功能，也是对本书译者下一阶段研究的期许。

我认为，首都法是指国家最高立法机关对于首都某一事项或某些事项的专门立法。首都法一般具有以下特征：一是形式特征。在法律位阶上，首都法属于宪法保留或法律保留的范畴,一般应由国家最高立法机关对首都进行专门立法(也有最高国家行政机关就首都的某一事项进行立法的情况)。二是内容特征。在内容上,首都法有自己特定的调整领域,一般规定首都的选址、名称、区域、行政区划、地位、最高国家机关驻地、与中央政府的关系、首都地方政府保障首都功能的权利和义务、国家对于首都的补偿、首都预算、首都地方政权的组织形式、机构设置及其职权划分,等等。三是类型特征。首都法既可以是一部综合性的法典,也可以是关于首都事项的单行法,如首都选址法、首都规划法、首都地位法、首都地方组织法及首都发展促进法等。只要是专门规定首都某一或某些事项的单行中央立法,都可以归之于首都法的领域。当然,在立法技术和时机较为成熟时,可以考虑制定一部综合性的首都法典。

首都法主要具有三方面功能。一是明确首都的法律地位,平衡国家利益和地方利益。一般而言,首都在一国的行政区划中具有双重地位,一方面是首都,另一方面是地方政府。一座城市一旦被定都,就要服从和服务于国家利益,城市的一切工作都要紧紧围绕首都功能,以国家为根本遵循和统领。明确首都的法律地位主要是指明确首都与中央政府之间的关系以及首都在行政区划中的特殊地位。平衡利益是大多数国家在管理首都中所面临的共同问题,既要为整个城市提供足够的政府服务,又要在首都地方政府(尤其是当地居民)利益和国家利益之间实现公平或适当的平衡。部分国家对首都提供额外财政支持,这在某种意义上减轻了首都地方政府和公民的负担,平衡了国家利益和地方利益。二是实施特殊机制和政策,着力保障首都功能的履行。首都是一种特殊城市。首都地方政府与中央政府的关系,一方面,要受到中央政府与一般地方政府关系的约束;另一方面,也体现出超越中央政府与地方政府一般关系的特殊关系。这种特殊关系既有可能赋予首都地方政府超越一般地方政府的权力,也有可能使首都地方政府缺失一些其他地方政府行事的自主权。三是突出保护首都象征功能,促进国家整合和统一。首都是一个国家国民的爱国热情、公民理性和国家认同之寄托所在,是一个国家得以整合的重要元素。作为国家象征,首都应当在文化上具有代表性、多样性和包容性。因此,要突出对首都载体的保护,要保证民族文化的典型特征,促进首都和国家的有形和无形文化价值以及民族文化建设,以满足首都和国家文化保护和发展的要求。

中华人民共和国成立后,历部宪法都对首都作出了规定。首都与国旗、国歌和国徽同属国家象征,目前仅首都没有专门立法。首都条款作为宪法规范,实际上已经赋予了立法者制定首都法的义务。北京的“四个中心”城市战略定位都是从国家站位出发的，没有一项是从区域或地方来定位的，这与其他省、自治区和直辖市形成鲜明对比。然而，在我国现行法律体系中，还没有一部专门用来确定中央政府与首都地方政府关系的基本法。这与首都作为特殊类型的地方行政建制不相适应，也在很大程度上影响了首都功能的正常发挥。在新的时代背景下，首都的特殊性要求不断提高城市法治水平，建设法治中国首善之区，努力使北京成为社会秩序、社会治安、社会风气和道德风尚最好的城市，向全世界展现法治之都、文明之都的良好形象。

韩明生是我指导的硕士和博士，硕士毕业后任职于法院，从事行政审判工作。他一直热爱读书和思考，在工作多年后，选择在职攻读博士学位。他对首都研究有着非常浓厚的兴趣，收集、整理了一些国家首都法条文，并将其翻译成书，花费了比较多的时间和精力。译事艰辛，翻译法律条文更是不易。作为首都法研究的阶段性成果，该译著的出版在很大程度上填补了首都法研究的一个空白，对于我国正在进行的首都立法也具有一定的借鉴和参考价值，其学术价值和实践价值都是值得肯定的。在本书出版之际，应约写下以上文字，以为序。

中国政法大学法学院
李树忠
2020年12月

目　　录

十三、印度

十四、越南

一、澳大利亚

澳大利亚联邦政府所在地选址法*

1908 年第 24 号

批准日期:1908 年 12 月 14 日
汇编日期:2000 年 11 月 8 日
最近一次修订:根据 1973 年第 216 号法令修订

本法案由澳大利亚联邦参议院和众议院制定,承国王陛下批准,订立如下:

1. 简称

本法可引称为《政府所在地法(1908)》。

2. 政府所在地的确定

兹确定联邦政府所在地为新南威尔士州的雅斯——堪培拉区。

3. 联邦直辖区

联邦授予或购买的作为联邦政府所在地的领土,面积不得少于九百平方英里,并具有出海通道。

4. 为调查目的而进入的权力

(1)经部长书面授权的任何人,无论是否进入新南威尔士州的王室土地,都有权进入并停留在任何土地上,以通过土地勘测查明应由联邦授予或购买的作为联

---

* 文本来源于澳大利亚政府联邦公报官方网站,网址:https://www.legislation.gov.au/Details/C2004C00607。

本法经过多次修订,为尊重原文,其保留了原文的条文序号,特此说明。

邦政府所在地的领土,但为进行调查而在其上进行的一切事情所造成的损害不得超过必要的程度。

(2)联邦应从为此目的拨出的款项中,对任何在行使本节赋予的权力时对任何人的财产造成的任何损害作出赔偿。

澳大利亚首都领地(自治)组织法(1988)*

1988 年第106号

汇编日期:2016 年7月1日

最近一次修订:根据2016年第33号法令修订

目　　录

---

* 文本来源于澳大利亚政府联邦公报官方网站,网址:https://www.legislation.gov.au/Details/C2016C00802。

为澳大利亚首都领地及相关事项制定的组织法

第一部分　导　　言

1. 简称

本法可引称为《澳大利亚首都领地(自治)组织法(1988)》。

2. 生效

(1)第 1 节和本节自本法获得御准之日起生效。

(2)本法其余条款自公告规定之日起生效。

3. 释义

在本法中,除非出现相反的含义:

"立法会"指第 8 节规定的澳大利亚首都领地的立法会。

"领地总检察长"指负责领地司法工作的部长。

"临时空缺"指除第 10 节或第 16 节规定以外出现的立法会议员的空缺。

“首席治安法官”指根据《治安法院法(1930)》任命的领地首席治安法官。

“首席部长”指根据第 38 节选出的首席部长。

“生效日期”指第 2 节规定的生效日期。

“委员”指根据第 16 节任命的委员。

“联邦公报”指《澳大利亚联邦公报》。

“联邦部长”指执行本法的国务大臣，并具有《法律解释法(1901)》中第 19 节赋予的附加含义。

“副首席部长”指根据第 42 节委任的副首席部长。

“副主席”指根据第 21(2)小节选出的人员(如有)。

“领地选民”指有权在普选中投票的人。

“法令”指:

(a)立法会根据本法制定的法律(无论以何种方式称述或命名);或

(b)根据第 33 节成为法令的法律或部分法律。

“行政机关”指根据第 34 节设立的澳大利亚首都领地行政机关。

“财政部长”指负责执行《公共治理、绩效和责任法案(2013)》的部长。

“普选”指立法会议员的普选。

“司法委员会”指立法会设立的一个机构或当局，其职能(无论是单独还是与领地的另一机构或当局一起)是调查和向领地总检察长报告有关司法官员的行为或身心能力的控告。

“司法官员”指:

(a)最高法院首席法官;或

(b)最高法院法官(增补法官除外);或

(c)最高法院院长;或

(d)首席治安法官;或

(e)治安法官;或

(f)在有关为领地设立司法委员会的法令中载明的其他司法官员或审裁处成员。

“治安法官”是指根据《治安法院法(1930)》任命的领地治安法官(特别治安法官除外)。

“会议”指立法会的会议。

“议员”指立法会的议员。

“部长”指首席部长,或者根据第39节委任的部长。

“主席”指根据第11节选出的官员,其头衔由立法会决定。

“领地公共资金”指领地收到的收入、贷款和其他款项。

“不信任决议”指根据第19节通过的决议。

“附属法”指根据某项法令制定的具有立法性质的文书(包括法规、规定或细则)。

“最高法院”是指根据《最高法院法(1933)》存在的领地最高法院。

“领地”:

(a)在地理意义上指澳大利亚首都领地;和

(b)在其他意义上指第7节所确立的政治实体。

“领地当局”:

(a)除第七部分外,均指法人或非法人团体:

(i)由法令设立或根据法令设立;或

(ii)由行政机关设立;或

(b)在第六部分中指由法令或根据法令为公众目的而成立,并有权借贷的法人团体。

“领地公报”指《澳大利亚首都领地公报》。

4. 选举日的含义

本法所称已举行、正在举行或将举行选举的日期,是指该选举的投票日。

5. 选举结果公布日的含义

如果在不同日期宣布普选结果,本法所称选举结果公布日为上述日期中的最后一日。

6. 权力包括职能和职责

在本法中,除非出现相反的含义:

(a)提及权力包括提到职能和职责;并且

(b)提及权力的行使时包括提到职能或职责的履行。

第二部分　澳大利亚首都领地

7. 政治实体的建立

澳大利亚首都领地是以澳大利亚首都领地的名义建立的一个官方政治实体。

第三部分　立法会

第一章　立法会章程

8. 立法会

(1)澳大利亚首都领地应当有立法会。

(2)立法会应包括:

(a)法令所规定的议员数量[除第(3)小节另有规定外];或

(b)在规定作出之前,立法会由 17 名议员组成。

(3)规定立法会议员人数的法令(或修订或废除该法令的法令)除非由不少于当时按照第(2)小节规定的议员人数的三分之二的议员通过,否则无效。

(4)不管本法是否另有规定,第(3)小节仍然有效。

9. 效忠宣誓或效忠确认

(1)议员在就职前,须按照附表 1 的格式,进行效忠宣誓或效忠确认。

(2)宣誓或确认应在澳大利亚首都领地最高法院首席大法官或首席大法官授权的人士面前作出。

(3)本节根据法令规定生效。

10. 议员任期

经正式选举产生的议员任期从选举结果公布日中的最后一日开始,到下一次普选的投票日为止,除非提前辞职、取消资格、遭到驱逐或者解散议会。

11. 立法会主席

(1)在普选后的立法会第一次会议上,出席会议的议员应在开始其他事项之前,从他们当中选出一名议员担任立法会主席。

(2)主席的头衔由立法会决定。

(3)如果主席的职位出现空缺(不是因为立法会解散),则:

(a)如在开会时出现空缺,出席会议的议员须在开始其他事项之前,从他们当中选出一名主席;或

(b)如在其他时间出现空缺,出席的议员应在下次开会时,在开始其他事务之前,从他们当中选出一名主席。

(4)本节并不妨碍立法会在主席缺席的情况下任命一人主持会议,但不得任命

担任部长职务的人。

12. 主席离任

(1)担任主席的人离任:

(a)在普选后的立法会第一次会议选举出主席之前;

(b)当该人辞去主席职务时;

(c)当该人不再是立法会议员(不是因为普选);或

(d)当立法会的绝大多数议员投票赞成将该人免职时。

(2)已离任主席一职的人可重新当选。

13. 议员辞职

(1)议员可向立法会授权的人发出书面通知,要求辞去议员职位。

(2)主席可向立法会授权的人发出书面通知,要求辞去主席职位。

(3)收到辞职通知的人应安排将辞职通知在立法会下次会议上提交立法会。

14. 取消议员资格

(1)如果议员触犯下列规定,则取消议员资格:

(a)举行普选后,在立法会第一次会议开始后,没有资格就职的;

(b)未经立法会许可缺席:

(i)连续几次未参加会议(具体次数由法令针对本节作出规定);或

(ii)如立法会没有制定该法令,则为连续4次未参加会议;或

(c)就其在立法会上提供的服务,直接或间接收取或同意收取任何工资、津贴、酬金或奖金,但第73节另有规定的除外。

(2)被取消资格的议员可以再次当选。

(3)第(1)小节(c)不适用于退休金计划:

(a)由法令或根据法令设立的;和

(b)根据法令提供的下列利益:

(i)某人在停止担任议员职位时的利益;

(ii)某人在永久或暂时丧失能力的情况下议员的利益;

(iii)议员的受抚养人在议员死亡时的利益。

(4)在第(3)小节中:

"受抚养人"的含义与《退休金行业(监管)法(1993)》中的含义相同。

15. 利益冲突

(1)由领地或领地当局制定的合同,立法会的议员是合同的一方,直接或间接

拥有合同利益,不得在直接或间接与该合同有关的立法会会议上,参与事项的讨论或投票表决。

(2)关于第(1)小节的适用问题应由立法会决定,违反该小节并不使立法会所作的任何事项无效。

16. 总督解散立法会

(1)如果总督认为立法会:

(a)不能有效地履行其职能;或

(b)正在以极不恰当的方式处理其事务。

总督可解散立法会。

(2)如果立法会被解散:

(a)总督:

(i)须根据本节的规定委任一名委员;和

(ii)可随时就行使行政机关的权力向委员作出指示;和

(b)普选应在联邦部长在《联邦公报》上公布的通知中规定的日期举行,但不得早于立法会解散后36日,也不得晚于立法会解散后90日。

(3)联邦部长不得指定参议院选举或众议院普选的投票日。

(4)委员:

(a)须按照总督发出的指示行使行政机关的一切权力;和

(b)未经由法令授权或根据法令授权而需要发行或使用领地的公共资金时,可由总督授权发行或使用。

(5)向委员支付的薪酬和津贴需由总督决定。

(6)除非总督提前终止任期,否则在下次普选后举行的立法会第一次会议开始时,委员的任期才告终止。

(7)总督根据本节行使的权力应通过公告予以行使。

(8)联邦部长应陈述解散的原因声明如下:

(a)在解散日后尽快在联邦公报上刊登;和

(b)在立法会解散后的15个工作日内提交给议会两院。

(9)担任或作为首席部长部门的首席执行官的人员不得被任命为本节中的委员。

(10)如首席执行官或首席部长部门的名称有所更改,则第(9)小节中对该首席执行官或部门的规定,须视为对新名称下该首席执行官或部门的规定。

第二章　立法会程序

17. 会议时间表

(1)除第(3)小节另有规定外,立法会会议召开时间应符合:

(a)普选结果公布后7日内;和

(b)由满足法令规定人数的议员签署的书面会议请求送交主席后7日内。

(2)主席须通过《领地公报》刊登公告,在有需要时根据第(1)小节召开会议。

(3)如果根据第(2)小节之规定,主席须在特定期间内召开会议,及

(a)无论是否有人曾获选为主席,主席职位均为空缺;或

(b)主席不能、拒绝或者不能够在规定的期限内召开会议,

联邦部长应通过《联邦公报》发布通知期限,在该期限内召开会议,如果不能达成的话,就在该期限后7日内召开会议。

18. 会议程序

(1)在立法会的会议上,法定人数由绝对多数的议员组成。

(2)在会议上产生的问题应由出席并参加表决的议员的过半数投票决定,除非章程和规定要求特别多数。

(3)主持会议的议员只进行商讨性投票,如果对一个问题的表决票数相等,则该问题应根据反对票数决定是否通过。

(4)在不违反第15(1)小节及章程和命令的情况下,主席须主持其出席的所有立法会会议。

19. 对首席部长的不信任决议

对首席部长的不信任决议无效,除非:

(a)它证实了一项被表示为对首席部长不信任的动议;

(b)根据章程及命令,已就该项动议给予最少一个星期的通知;和

(c)该决议至少要有达到法定人数所必需的议员通过。

20. 会议备忘录

(1)立法会应制作会议备忘录。

(2)如有人要求,所保存的会议备忘录的副本应:

(a)可供该人查阅;或

(b)根据由法令设定或规定的费用(如有)向获得副本的人收取。

(3)第(2)小节不适用于秘密举行的委员会会议备忘录。

21. 章程和命令

(1)在遵守本法的前提下,立法会可就日常事务制定章程和命令。

(2)在不限制第(1)小节的普遍性的情况下,可订立以下章程及命令:

(a)选举一名代表(无论其头衔如何)担任主席;和

(b)将章程和命令中规定的权力(包括主席在本法中的权力)授予该代表。

第四部分　立法会的权力

22. 立法会的立法权

(1)除本部分和第五A部分另有规定外,立法会有权为该领地的和平、秩序和善政制定法律。

(2)制定法律的权力延伸到制定有关行政机关行使权力的法律。

23. 立法权以外的事项

(1)除本节另有规定外,立法会无权就下列事项制定法律:

(a)以其他方式而非按公正条款取得财产;

(c)澳大利亚联邦警察就领地提供的警务;

(d)海军、陆军和空军的建立和维护;

(e)制造货币;

(f)为审查而对材料进行分级。

(1A)立法会无权制定允许或具有允许效果的(无论是否受条件限制)以安乐死的形式故意杀害某人(包括安乐死)或协助某人终止其生命的法律。

(1B)立法会有权就下列事项制定法律:

(a)撤回或暂停为延长病人生命所采取的医学或外科手术措施,但不许故意杀害病人;和

(b)向临终病人提供安宁护理,但不得故意杀害病人;和

(c)由病人指定代理人,该代理人被授权就撤回或暂停治疗作出决定;和

(d)废除对自杀未遂的法律制裁。

(2)法规可删去第(1)小节的任何一款,或缩小其中任何一款的范围。

24. 立法会的权力、特权和豁免权

(1)在本节中:

"权力"包括特权和豁免,但不包括立法权。

(2)在不限制第22节的普遍性的情况下,立法会也可制定下列法律:

(a)宣布立法会及其议员和委员会的权力,但所宣布的权力不得超过目前众议院或其议员或委员会的权力;和

(b)规定如何行使或维护已宣布的权力。

(3)在立法会就其权力制定法律之前,立法会及其议员和委员会的权力与众议院及其议员和委员会目前的权力相同。

(4)本节没有赋予立法会对任何人监禁或罚款的权力。

25. 法令公告

(1)如某一拟议的法律已获立法会通过,首席部长或经法令授权的其他人应在《领地公报》中公告该拟议的法律以及可购买该法律文本的地方。

(2)如拟议的法律已在《领地公报》上刊登,该法律将于公告当日起生效;如拟议的法律对此另有规定,则从其规定。

(3)在根据第(1)小节刊登拟通过的法律公告时,应尽快使该法律文本在公告所指明的一个或多个地方可供购买。

(4)凡在根据第(1)小节刊登拟通过的法律公告的当日,在该公告所指明的一个或多个地方并无可供购买的法律文本,首席部长须在那一日之后的15个工作日内作出一份声明提交立法会,说明没有提供法律副本的原因。

(5)拟制定的法律没有遵从第(3)或(4)小节的要求,不得视为没有遵从第(1)小节。

(6)第(1)至(5)小节(包括在内)在某项法令生效当日及之后不再有效,而该法令须规定:

(a)除根据第(1)小节外,由立法会刊登通过某项拟议法律的公告;和

(b)该拟议法律的生效。

26. 制定某些法令的特别程序

(1)立法可通过一项法律(在本节称为刚性法律),规定对制定特定法令的方式和形式的限制(其中可包括修订或废除刚性法律的法令)。

(2)刚性法律应根据法令规定,提交领地选民公投。

(3)刚性法律如经过半数选民同意,则根据第25节规定生效。

(4)在刚性法律生效期间,其适用的法律除非是按照刚性法律制定的,否则无效。

(5)如果某项刚性法律包括要求(无论如何表述)某项法令或多项法令须由某一特定多数议员通过(在本小节中称为特别多数),则同样的要求须适用于该刚性

法律,因此该法令须由下列议员通过:

(a)特别多数;或

(b)如果它为不同的法令规定了不同的特别多数票——则适用特别多数票中票数最高的。

(6)如果立法会通过了一项刚性法律:

(a)包括要求(无论如何表述)某项法令或多项法令应提交领地选民公投;和

(b)包括规定(无论如何表述),公投须由选民过半数通过(在本小节中称为特别多数)才会生效;

同样的要求须适用于刚性法律,因此,第(3)小节中提到的过半数选民应被视为是指:

(c)特别多数;或

(d)如果刚性法律为不同的法令规定了不同的特别多数票——则适用特别多数票中票数最高的。

27. 王室束缚

除法规另有规定外,任何法令均不约束联邦王室。

28. 与其他法律不一致的地方

(1)某一法令的条款与第(2)小节所规定的法律不一致,则该规定不具有效力,但该规定如能与该法律同时施行,则须被视为与该法律一致。

(2)在本节中:

"法律"是指:

(a)在该领地内生效的法律(法令或附属法除外);或

(b)根据属于(a)的法律作出的裁决、命令或决定,或任何其他具有立法性质的文书。

29. 某些法令不适用于议会

(1)在本节中:

"法令"包括法令的一部分。

"议会选区"指《议会选区法(1988)》第3节第(1)小节所界定的选区。

(2)如果议会任何一院通过一项决议,宣布在决议生效日期之后制定的法令不适用于:

(a)议会;

(b)议会议员;或

(c)议会选区。

决议按照其本意发生效力,而该法令并不据此而适用。

(3)第(2)小节规定的决议:

(a)在决议通过的前一日,对任何法令的适用不具有效力;和

(b)在该法令停止适用的范围内具有效力,视为该法令已被另一法令废除。

30. 司法认知

所有法院、法官和司法人员应以司法认知方式确认法令和附属法。

31. 法令颁布

行政机关应当将制定的法令和附属法的文本予以公布,并供公众购买。

33. 适用法律解释法

《法律解释法(1901)》第46节第(1)小节(a)和《立法法(2003)》第13节第(1)小节(a)或(b)不适用于:

(a)法令;

(b)附属法;或

(c)本法要求在《领地公报》上刊登的文书。

34. 某些法律转化为法令

(1)在本节中:

"帝国法律"的含义与《帝国法令适用条例(1986)》的含义相同。

"法律"包括法律的规定。

(2)附表2所指明的法律须视为法令,并可据此修订或废除。

(4)一项法律(联邦法律除外)在生效日期前立即:

(a)在该领地内生效;和

(b)是一项条例,新南威尔士州议会法或帝国法律,应被视为法令,并可相应修订或废除。

(5)第(4)小节不适用于附表5指明的法律。

(6)本节并不限制立法会就普通法制定法律的权力。

第五部分 行政机关

36. 澳大利亚首都领地行政机关

应设有澳大利亚首都领地行政机关。

37. 一般行政权力

行政机关的职责如下：

(a)就附表4所指明的事务管理首都领地；

(b)执行和维护法令及其附属法；

(c)行使本领地现行有效的法律或本领地与联邦、一个州或另一个领地之间的协定或安排赋予行政机关的其他权力；和

(d)行使与(a)、(b)或(c)规定的行政机关职责有关的王室特权。

38. 附表4没有规定的行政权力

附表4所列的事项并不限于该附表所指明的其他概括性事项。

38A. 根据联邦法律行政机关享有的权力

法令可规定一名或多名行政机关人员行使由某项法令或根据某项法令赋予行政机关的权力。

39. 行政机关的成员

(1)行政机关的成员包括首席部长和其他由首席部长任命的部长。

(2)行政机关权力的行使并不仅仅因为行政机关成员职位空缺而受到影响。

40. 领地首席部长

(1)在普选后立法会第一次会议上，出席会议的议员应在选举主席后和处理其他事务之前，从他们当中选出一名担任领地首席部长。

(2)如果首席部长职位出现空缺(不是因为立法会解散)，则：

(a)如在会议上出现空缺，出席会议的议员应从他们当中选出一人担任首席部长；或

(b)如该空缺在其他时间出现，主席须在《区域公报》上刊登公告，尽快召开会议。在会议上，出席会议的议员须从他们当中选出一名为首席部长。

(3)如果通过了对首席部长的不信任决议，出席会议的议员应从他们当中选出一名首席部长。

41. 领地部长

(1)首席部长必须从立法会议员中任命领地部长。

(2)部长的人数由法令规定。

(2A)在规定作出之前，部长人数不得超过5人。

(3)部长可随时由当时担任首席部长的人免职。

42. 主席或副主席不能成为部长

正在担任主席或副主席的人没有资格担任部长。

43. 部长职务

(1)部长应管理首席部长不时分配给部长的与行政机关有关的事务。

(2)首席部长可授权一名或多名部长代表首席部长或其他部长行事。

(3)首席部长应在《领地公报》上公布这种安排的细节。

44. 领地的副首席部长

(1)首席部长应任命一名部长为领地的副首席部长。

(2)当首席部长职位空缺或首席部长缺席或首席部长不在澳大利亚,或因其他原因不能行使首席部长的权力时,副首席部长应行使首席部长的权力。

(3)副首席部长担任首席部长期间,除解除部长职务外,应行使首席部长的一切权力。

(4)在首席部长不在澳大利亚期间,副首席部长行使首席部长的权力并不影响首席部长行使权力。

45. 部长辞职

(1)首席部长可向主席发出书面通知,要求辞去首席部长职务。

(2)其他部长可向首席部长发出书面通知,要求辞去部长职务。

46. 部长离职

(1)担任首席部长职务的人离职:

(a)辞职;或

(b)该人不再是议员(并非因普选);或

(c)紧接在首席部长选举之前:

(i)下一次普选;或

(ii)通过一项对首席部长不信任的决议。

(1A)担任部长职务的人(首席部长除外)离职:

(a)辞职;或

(b)该人不再是议员(并非因普选);或

(c)该人被首席部长免职;或

(d)紧接在另一首席部长当选之前:

(i)下一次普选;或

(ii)通过一项对首席部长不信任的决议。

(2)已辞去部长职务的人可以重新当选或重新任命。

47. 部长职位的空缺

(1)如果:

(a)在选举首席部长之后,所有的部长职位(包括首席部长的职位)都已出现空缺;和

(b)必须行使行政机关的权力,以维持基本服务的提供和管理;

联邦部长可为此行使这些权力,直至选出首席部长为止。

(2)第(1)小节不适用于因立法会解散而产生的空缺。

48. 对首席部长的不信任决议

(2)如果:

(a)在某一日,立法会通过了一项对首席部长的不信任决议;

(b)立法会未在该日之后的30日内选举首席部长;和

(c)总督未在30日内根据第16节解散立法会。

普选应在联邦部长在《联邦公报》上公布的通知中规定的日期举行,但不得早于30日期满后36日,也不得迟于90日。

(3)联邦部长不得指定参议院选举或众议院普选的投票日。

第五A部分 司法机关

48A. 最高法院的管辖权和权力

(1)最高法院拥有领地司法所需的所有原讼和上诉管辖权。

(2)此外,最高法院可具有由法律、法令或条例,或根据法律、法令或条例订立的法律所赋予的其他司法管辖权。

(3)如果最高法院与另一法院或法庭具有共同管辖权时,则最高法院不必行使任何权力。

48AA. 澳大利亚首都领地的法律可赋予澳大利亚联邦法院共同管辖权

第48A节的任何规定均不得被视为澳大利亚首都领地的法律,不得在任何事项上授予澳大利亚联邦法院原讼或上诉管辖权,而根据第48A节,该事项的管辖权授予最高法院。

48B. 最高法院法官等的退休年龄

(1)本节适用于以下职务:

(a)最高法院首席法官;

(b)最高法院法官(增补法官除外);

(c)最高法院院长。

(2)就本节适用的职务更改退休年龄的法令,不影响在该法令生效日期前获委任担任该职位的人的任期,除非该人已以书面方式同意将该法令适用于该人。

48C. 司法委员会

(1)有关为领地设立司法委员会的法令必须规定:

(a)委员会由下列人员组成:

(i)曾任高等法院大法官,或曾任联邦记录在卷的高级法院法官,或某州或领地的高级法院法官[根据《最高法院法(1933)》第7节第(1)小节委任的领地最高法院法官除外];和

(ii)由行政机关按照法令所厘定的条款委任;和

(b)委员会的职能(无论是单独还是与领地的另一机构或当局一起)是调查和向领地总检察长报告有关司法官员的行为或身心能力的控告。

(2)除第(1)小节(b)规定职能外,司法委员会还可行使其他职能。

48D. 免职司法官员

有关司法官员免职的法令必须规定:

(a)司法官员只有在下列情况下才可被免职:

(i)行政机关委任的司法委员会审查有关司法人员的控告,已向领地总检察长呈交一份报告,载明:

(A)委员会就控告事项所发现的事实;和

(B)委员会认为所发现的事实可能构成行为不当或身体或精神上的无行为能力(视情况而定),以致该人有理由被免职;和

(ii)立法会:

(A)已决定上述事实构成委员会所认定的行为不当或身体或精神上无行为能力;和

(B)已通过一项由行政机关以行为不当或无行为能力将该人免职的动议;

(b)司法官员只可由行政机关以书面免职。

第六部分 财 政

57. 公共资金

(1)领地的公共资金应当用于领地的支出。

(2)领地公共资金的收支和管理要按照法令规定进行。

58. 公共资金的提取

(1)根据第16节第(4)小节之规定,除获法令授权外,不得发放或使用领地公共资金。

(2)领地公共资金可以根据法令规定进行投资。

59. 联邦和领地之间的财政关系

(1)联邦应当管理与领地有关的财政关系,以确保领地的待遇与州和北方领地的基础相同,同时也要考虑到领地内因存在联邦首都和联邦政府所在地而引起的特殊情况。

(2)领地不承担下列费用或部分费用:

(a)与第23节所规定事项有关的联邦权力;

(b)执行附表5所规定的法律或法律的某一规定;或

(c)联邦或联邦当局与该领地有关的其他权力。

60. 向联邦借款

财政部长可代表联邦,从议会为此目的拨出的款项中,以部长书面确定的条款和条件向领地或领地当局提供贷款。

65. 公共资金投票的提案

(1)旨在处置或收取领地公共资金的法令、投票、决议或问题(提案),除由部长提出外,不得在立法会中提出。

(2)第(1)小节并不阻止部长以外的议员将修正案动议添加到部长提出的提案中,除非修正案的目的或效果是增加要处置或收取的领地公共资金数额。

第七部分 立法会选举

66. 释义

在本部分中:

"选举法"指第67A节第(1)小节规定的法令。

66A. 本部分约束王室

本部分对领地王室的权利具有约束力,但本法的任何规定均不得使王室因犯罪而被起诉。

66B. 选举议员

议员应按本部分的规定选出。

67. 候选人资格

被选举和取得席位的人员资格,由法令规定。

67A. 普选

在普选中选出的议员,须按照第67、67C及67D节的规定,以及规定如下内容的法令选出:

(a)就普选作出规定;和

(b)符合第67B节的规定;和

(c)在第二次普选投票日后作出。

67B. 选举法令

选举法令应规定以下内容:

(a)普选时间;和

(b)为进行普选而制作领地选民名册;和

(c)每名有权在该名册登记的人,以及每名在领地居住的人,均须申报登记;和

(d)如选举法令规定将领地划分为不同的选区,则领地选区的再划分应在上次划分或再划分后6年内举行。

67C. 选举人资格

(1)在某一日举行的普选中,任何人有权在下列情况下投票:

(a)在该日,某人姓名出现在为普选而制作的领地选民名册上;和

(b)某人有权在那日举行的普选中投票,以选出领地的众议院议员。

(2)根据第(1)小节(a)的规定,如选举法令另有规定,则不将某人的姓名列入名册。

(3)除根据第(1)小节有权投票的人外,本节并不阻止选举法令规定其他人有权在普选中投票。

67D. 领地选区

(1)在本节中:

“配额”，就领地选区而言，指根据下列公式计算的人数：

领地选民人数 × 选区议员人数 ÷ 领地议员人数

其中：

“领地选民人数”指领地的选民人数。

“选区议员人数”指由选区选出的议员人数。

“领地议员人数”指立法会的议员人数。

(2)将领地选区划分或再划分，不得导致任何选区在划分或再划分后：

(a)领地选民人数超过其配额的110%；或

(b)领地选民人数少于其配额的90%。

第八部分　其　　他

69A. 约束州的法律也约束领地

(1)如果某一法律(无论是否明确规定)对每一州或每一州的王室具有约束力，则该法律通过本小节对领地或领地的王室具有约束力，除非该法令另有具体规定。

(2)除第(1)小节另有规定外，第(1)小节不影响联邦法律在领地内的适用。

69. 自由商贸

(1)除第(2)小节另有规定外，领地与州之间、领地与北方领地、诺福克岛、杰维斯湾领地、圣诞岛领地或科科斯(基林)群岛领地之间的贸易、商业和交往应是绝对自由的。

(2)第(1)小节不约束联邦。

70. 某些行为的有效性

(1)在第(2)小节中：

“职务”指首席部长、副首席部长、部长、主席、副主席或委员担任的职务。

(2)由已当选或被任命担任职务的人或声称担任职务的人所做的或与之有关的行为根据本法不会因为以下原因无效：

(a)选举或任命的时机尚未成熟；

(b)选举或任命有问题或不符合规定；

(c)选举或任命已失效；或

(d)该人的行为尚未有结果或者尚未停止。

(3)由声称在立法会或委员会的会议上以议员身份列席或投票的人所作的或

与该人有关的任何事不会因为以下原因无效,该人:

(a)没有经过正式选举或当选;或

(b)已辞去议员职务。

73. 薪酬和津贴

(1)在本节中:

“职务”指以下这些职务:

(a)首席部长;

(b)副首席部长;

(c)部长;

(d)议员;

(e)主席;

(f)副主席;

(fa)最高法院首席法官;

(fb)最高法院法官;

(fc)最高法院院长;

(fd)首席治安法官;

(fe)治安法官;

(g)由法令宣布适用本节的职位。

(2)除本节第(3)小节及《澳大利亚首都领地自治(相应规定)法(1988)》第29A节第(2)小节另有规定外,任何人就其职位所提供的服务须获得相应薪酬及津贴:

(a)如果有法令对此作出规定或根据法律作出规定的,即按照法令对此作出的规定或根据法律所作出的规定;或

(b)在任何其他情况下,由薪酬审裁处裁定。

(3)担任第(1)小节(fa)、(fb)、(fc)、(fd)或(fe)所规定职位的人,在担任该职位期间,其薪酬及津贴不得减少。

(4)如果:

(a)议员的任期于普选投票当日届满;并且

(b)该人在普选中再次当选,

然后,就本节而言,该人应继续担任议员职务,直至宣布该人当选之日为止。

(5)如果:

(a)议员的任期因立法会根据第16节解散而终止;并且

(b)此人是下届普选的候选人,

然后,就本节而言,该人应继续担任议员的职务,直至该普选的投票日;或如该人连选,就延至宣布该人当选之日。

74. 法规

总督可制定如下法规:

(a)规定事项:

(i)本法要求或者允许规定的;或

(ii)为方便实施本法或让本法生效而规定的必要的法规;和

(b)向附表3添加其他事项。

附表1

宣誓

我,××,宣誓:我将根据法律忠实地效忠伊丽莎白女王陛下、她的后嗣和继任者。愿上帝保佑我!

确认

我,××,庄严确认:我将根据法律忠实地效忠伊丽莎白女王陛下、她的后嗣和继任者。

附表2—— 成为法令的联邦法律和规定

《联邦职能(法规审查)法(1981)》第二部分

《联邦教学服务法(1972)》

《囚犯移送(澳大利亚首都领地)法(1968)》

《澳大利亚首都领地证据(临时规定)法(1971)》

《澳大利亚首都领地最高法院法(1933)》

《堪培拉大学法(1989)》

附表3——行政机关有权管理的领地事项

涉及以下人员的薪酬、津贴和应享权益:立法会议员、首席部长、副部长、部长、主席、副主席和由立法会法或根据立法会法设定的其他在职人员

领地保险

领地银行

税收

提供农村、工业和家庭金融信贷和援助

公共服务

法律援助

矫正和还押服务

私法

遗产和信托管理

公民自由和人权

审查及行政复议(包括与领地监察委员有关的事项)

市场营销

消费者事务

货物的销售和租赁、服务的供应以及货物的担保权益

价格和租金控制

工业(包括第一产业)

管理商业、行业、贸易和职业(不包括法律职业)

旅游业

印刷和出版业

劳资关系(包括培训、学徒、工伤赔偿及强制保险)

职业健康和安全

对矿物(包括固体、液体和气体)的勘探和开采

《澳大利亚首都领地(规划和土地管理)法(1988)》中界定的领土

土地的使用、规划和开发

民航业

规管水陆交通(包括交通管制、运输公司、道路、隧道及桥梁、车辆登记及强制第三者保险、驾驶执照及道路安全)

环境保护(包括公园、自然保护区、花园、历史文物和历史文物保护区)

植物和动物

火灾防治

水资源

能源的使用和供应

公共事业

市政工程

文书登记
出生、死亡及婚姻登记
地方政府
房屋
公共卫生
公共安全
教育
领地档案
福利服务
领地博物馆、纪念馆、图书馆和艺术画廊
科学研究
消遣、娱乐和体育
社区、文化和民族事务
赌博业
酒
枪械、爆炸品及危险物品
民防和应急服务
领地审查，材料分级除外
业主和租户
合作社
公共受托人和为青少年辩护者
立法会根据第24节制定法律的事项

涉及根据领地生效的法律（包括法令或附属法）或第37节（c）所规定的协议和部署明确授予首席部长、副部长、部长和政府部门职员的权力和职责的事项

立法会根据另一项明确规定制定该法律的法律制定的事项
根据法令或附属法制定文书
与根据法令或附属法制定文书有关的事项
与联邦、某个州或北方领地签订并执行协议和部署
行使行政机关权力附带的事项
法律和秩序
法律从业人员

裁判法院及死因裁判法庭

法庭(裁判法院和死因裁判法庭除外)

法人的成立、监管以及金融产品和服务监管

附表 4——应当制定的法令和法规以外的其他法律和法规

第一部分 领地条例

《堪培拉艺术学院条例(1988)》

《出版物分级条例(1983)》

《公司审计员及清算员纪律委员会条例(1982)》

《公司事务委员会条例(1980)》

《国家土地条例(1989)》

《国家纪念条例(1928)》

《条例修订(公司修正案)条例(1982)》

《警察退休金条例(1958)》

《保留法律(行政)条例(1989)》

《保留法律(解释)条例(1989)》

《悉尼商业银行有限公司(合并)条例(1982)》

《澳洲商业银行有限公司(合并)条例(1982)》

《非法集会条例(1937)》

第二部分 新南威尔士州议会制定的在领地有效的法律

《人身、火灾和海上保险法(1902)》

第三部分 在领地有效的帝国法律

《君权继承法》	(1760 年)1 Geo. 3 c. 23
《海军奖励法》	(1864 年)27 and 28 Vic. c. 25
《海军奖励(程序)法》	(1916 年)6 and 7 Geo. 5 c. 2
《奖励法》	(1939 年)2 and 3 Geo. 6 c. 65
《捕获法院法》	(1894 年)57 and 58 Vic. c. 39
《捕获法院法》	(1915 年)5 and 6 Geo. 5 c. 57
《捕获法院(程序)法》	(1914 年)4 and 5 Geo. 5 c. 13
《领海管辖权法》	(1878 年)41 and 42 Vic. c. 73.

二、巴布亚新几内亚

巴布亚新几内亚国家首都地区委员会法*

2001 年第 5 号

批准日期:2001 年 12 月 14 日

最近一次修订:2009 年 7 月 17 日

目　　录

---

* 文本来源于太平洋岛屿法律信息研究所官方网站,网址:http://www. paclii. org/pg/legis/consol_act/ncdca2001367/。

19. 由委员会授予职能和权力

第四部分　工作人员

20. 工作人员

21. 主管

22. 公共服务权利等,或主管、官员和雇员

第五部分　委员会和理事会的财政

23.《公共财政(管理)法(1995)》第八部分的适用

24. 委员会的财政

25. 中央政府拨款

26. 法庭罚款和费用

27. 其他费用、收费等

28. 借款

29. 投资

30. 银行账户

31. 账户

32. 预算

33. 对中央省政府的财政援助

34. 审计

第六部分　暂令停职

35. 部长可任命调查委员会

36. 暂令停职

37. 暂令停职的影响

38. 暂令停职后任命主管

39. 暂令停职期间

第七部分　立法权

40. 关于委员会立法权的一般规定

41. 委员会的立法权

42. 征税立法

43. 将立法提交部长

第八部分　职能转移

44. 职能转移

巴布亚新几内亚国家首都地区委员会法

本法根据《宪法》第 4 条(国家首都地区)就国家首都地区政府作出规定,通过设立国家首都地区委员会和莫图—科伊塔布理事会,并对其组成、职能和权力及其他事项作出规定,同时废止经修订的《国家首都地区委员会法(1990)》,由国家议会根据国家元首在国家公报上发布的公告,并根据部长的建议,制定并实施。

第一部分 导 言

1. 符合宪法要求

(1)本法就其规定或限制《宪法》第三章第三节第三小节(适格权利)规定的权利或自由而言:

(a)《宪法》第 48 条赋予的免于任意搜查和进入的自由;和

(b)《宪法》第 48 条赋予的就业自由;和

(c)《宪法》第 49 条赋予的隐私权;和

(d)《宪法》第 51 条赋予的信息自由权;和

(e)《宪法》第 52 条赋予的迁徙自由权,

是为了在公共秩序、公共福利和公共卫生中实现公共利益而制定的法律。

(2)本法规定了《宪法》第 50 条所载的选举权和被选举权,包括担任公职的权利和合理机会,以及根据《宪法》第 50(1)(e)条通过规定国家首都地区委员会成员来行使其公职,本法被宣布为根据《宪法》第 50(2)条制定的法律,其目的是实现以下公共利益:

(a)公共福利;和

(b)在国家首都地区委员会的活动影响下,通过国家首都地区人民更多、更有效和更有意义地参与和代表国家首都地区委员会的决策和事务,发展弱势或地位较低的群体。

(3)议会在制定本法时认为它是合理的,考虑到:

(a)国家目标和指导原则(除其他外,特别是包括巴布亚新几内亚公民应有平等机会参与并从国家政治生活中受益的目标,以及建立政治结构,使人民能够有效、有意义地参与政治、社会和经济生活,并使每一公民能够直接或通过代表参加对影响其利益或社区利益的事项的审议,以确保政治和官方机构的组成尽可能广泛地代表公民);和

(b)基本权利和基本社会义务(特别是包括所有人,不论其种族、部落、籍贯、政治见解、肤色、信仰或性别,均有参加政治活动的权利),

在一个充分尊重人类权利和尊严的民主社会中,为本节所述目的规定国家首都地区委员会的组成。

(4)就任何人根据本法或包括宪法在内的其他法律担任或继续担任委员会成员的权利受本法规范而言,该权利是为本节规定的目的和理由而加以规范的。

2. 释义

在本法中,除非文意另有所指,

“主席”指根据第6节第(2)小节委任的委员会主席;

“委员会”指根据第4节设立的国家首都地区委员会;

“理事会”指根据第45节设立的莫图—科伊塔布理事会;

“副主席”指根据第6节第(2)小节委任的委员会副主席;

“副总督”指根据第6A节第(3)小节委任的国家首都地区委员会副总督;

“大选”指全国大选;

“总督”指根据第6A节第(2)小节担任国家首都地区委员会总督的人;

“地方政府”指根据第十部分成立的地方政府;

“成员”指委员会成员;

“莫图—科伊塔布”指在国家首都地区内称为莫图和科伊塔布居民的人;

“莫图—科伊塔布地区”指部长在国家公报中宣布根据本法目的成立的莫图—科伊塔布地区;

“莫图—科伊塔布理事会”指根据第45节设立的莫图—科伊塔布理事会;

“国家首都地区”指根据《宪法》第4条(国家首都地区)成立的地区,其边界在

《国家首都地区边界组织法》中规定；

“被废止的法案”指第56节被废止的法案；

“薪金及薪酬委员会”指根据《宪法》第216A条（薪金及薪酬委员会）设立的薪金及薪酬委员会；

“定居点”指根据本法的目的，在国家首都地区被视为定居点并由部长在国家公报中宣布为定居点的地区；

“本法”包括条例。

3. 国家首都地区政府系统

（1）特此建立国家首都地区政府系统。

（2）国家首都地区政府应包括：

（a）国家首都地区委员会；和

（b）根据第九部分设立的莫图—科伊塔布理事会。

（3）国家首都地区委员会和莫图—科伊塔布理事会的权力、职能和组成应由本法作出规定。

第二部分　国家首都地区委员会

4. 国家首都地区委员会

（1）特此设立国家首都地区委员会。

（2）委员会：

（a）是一个法人；和

（b）永久延续；和

（c）应有公章；和

（d）可：

（i）取得、持有和处置土地、土地权益和财产；和

（ii）以法人名义起诉及应诉；和

（iii）订立合约；和

（iv）经部长事先书面批准，经营企业。

5. 委员会成员

（1）国家首都地区委员会由以下10名成员组成：

（a）总督；和

(b)副总督;和

(c)位于国家首都地区选区和国家首都地区内其他选区的国家议会议员,应为委员会当然成员,但被任命为负责省政府和地方政府事务的部长的议员除外,该议员没有资格成为委员会成员,在他不再担任负责省级地方政府事务的部长或他因为其他原因不再有资格成为委员会成员之前,他在委员会中的成员资格应保持空缺;和

(d)四名成员由总督任命,每名成员应代表下列利益之一,以便于下列每一项利益均得到代表:

(i)妇女;

(ii)青年人;

(iii)工会;

(iv)定居点代表;和

(e)中央省的省行政长官(当然成员);和

(f)莫图—科伊塔布理事会的两名成员,包括:

(i)理事会主席(当然成员);和

(ii)另一名由总督委任的理事会成员。

(2)第(1)小节(d)所指的成员:

(a)任期四年;和

(b)符合第8节规定的资格要求的人员。

(3)如理事会主席不符合第8节规定的资格要求,则他没有资格成为委员会成员;国家元首将根据建议委任其认为适当的,且符合第8节规定的资格要求的理事会其他成员为委员会成员。

(4)除第(3)小节另有规定外,理事会主席:

(a)只在担任理事会主席期间担任委员会成员;和

(b)在理事会主席职位终止时,根据第45节当选为理事会主席的人应被委任为委员会成员。

(5)根据第(3)小节获委任的人,只可担任委员会成员:

(a)在他担任理事会成员期间;或

(b)直至选出一名符合第8节规定的资格要求的理事会主席为止。

(6)《监管法定机构(某些职位的任命)法(2004)》第10节不适用于根据第(1)小节(d)或(f)(ii)任命、撤销或终止被任命为委员会成员的人员。

6. 主席和副主席

(1)委员会设主席、副主席各一人。

(2)除本法另有规定外,总督为委员会主席,副总督为委员会副主席。

(3)根据本法,主席:

(a)全面监督委员会的事务和管理,确保委员会履行其职能和目标;和

(b)应根据本法召开委员会会议;和

(c)代表委员会,就与委员会的权力和职能有关的事项向中央政府提出建议;和

(d)管理委员会在发展和投资项目的规划和实施,包括资本支出规划和编制长期财政规划;和

(e)必要时应管理和协助编制法定或管理账目,编制预算、资本和收入支出估算、现金流量和其他财政日期或资料或会计档案;和

(f)在履行职责和行使权力时,应遵循、服从和遵守部长不时制定或发出的所有决议、条例和指示;和

(g)经与委员会协商后,可建议部长批准和证明委员会根据第32节由部长证明的任何财政年度收支预算的拟议修改;和

(h)应审查及在必要时命令对涉及委员会财产或资产的任何交易或交易的情况进行调查;和

(i)具有本法规定的其他职能;和

(j)具有本节规定职能相关的职能。

(4)当主席或副主席不再具有委员会成员资格时,则不再担任委员会主席或副主席(视情况而定)。

(5)如主席:

(a)请假;或

(b)不在国家首都地区;或

(c)失去迅速或有效的沟通;或

(d)如因其他原因无法履行或无法立即履行主席的职能和责任,应由副主席履行委员会主席的职能和责任。

(6)如因礼节或仪式,应由主席担任市长一职,或副主席(如主席缺席)担任市长一职。

(7)主席和副主席(如主席缺席)应就委员会履行其职能向部长负责。

6A. 总督和副总督

(1)特在国家首都地区设立总督和副总督各一职。

(2)根据本法,代表国家首都地区省级选区的国家议会议员应为总督。

(3)莫图—科伊塔布理事会主席为副总督。

(4)委员会可借国家公报公告,宣布总督及副总督的职位应以委员会认为适当的其他职衔为人所知,凡已作出声明,则总督及副总督应以该声明所规定的职衔为人所知,并以该声明所规定的职衔为人所提述,以及在本法中凡规定总督及副总督之处应据此解读。

6B. 总督离职

(1)如果总督:

(a)被任命为:

(i)中央政府的部长或议会秘书;或

(ii)国家议会议长或副议长;或

(iii)国家议会中反对党的领袖或副领袖;或

(iv)常设议会公共工程委员会主席;或

(v)常设议会公共账户委员会主席;或

(vi)具有与部长同等权力和特权的职位;或

(b)依法被取消资格或不再担任委员会成员或国家议会议员。

他应被视为已辞去总督的职位。

(2)凡总督是国家议会议员,但代表国家首都地区省级选区的议会议员除外,如有下列行为,即被视为已辞去总督职位:

(a)获委任担任第(1)小节(a)所规定的职位;或

(b)依法被取消资格或不再是委员会成员或国家议会议员。

(3)凡总督按照第(1)小节(a)或第(2)小节(a)卸任,他应继续担任委员会成员一职,但在余下的委员会任期内,则无资格获委任为总督。

(4)尽管有第(1)小节及第(2)小节的规定,总督应继续任职,直至选出下一任总督为止。

(5)就第(1)小节(a)(vi)而言,部长可决定某一职位是否为该节适用的职位。

6C. 在出现空缺时选举总督

(1)除第(3)小节另有规定外,如总督按照第6B节第(1)小节卸任,委员会应从属于议会议员的委员会成员中选出总督。

(2)除第(3)小节另有规定外,如根据第(1)小节选出的总督按照第6B节第(2)小节卸任,委员会应选出另一名议会议员出任总督。

(3)其中:

(a)总督一职存在空缺;和

(b)议会所有议员:

(i)在中央政府或议会担任行政职务;或

(ii)被依法取消资格的其他情形,

委员会应从第5节第(1)小节(b)、(c)、(d)及(e)所规定的成员中选出总督。

(4)凡根据第(3)小节选出的总督是莫图—科伊塔布理事会的代表,则副总督应从第5节第(1)小节(b)、(c)及(d)所规定的成员中选出。

6D. 总督和副总督的政治和行政责任

总督或副总督(如总督缺席)应:

(a)对国家首都地区政府的委员会和国家议会负有政治责任;和

(b)根据宪法对部长负责。

7. 适用领导准则

根据《宪法》第26(3)条(第2节的适用),委员会成员的职位被宣布为《宪法》第三章第二节(领导准则)所适用的公职。

8. 委员会成员的任职资格

根据第5节第(1)小节(b)、(c)和(e)或第10节,某人不符合被任命为委员会成员或临时成员的资格,如:

(a)在任命前至少连续四年未在国家首都地区居住;或

(b)在获委任前10年内,曾因刑事犯罪被判处十八个月以上有期徒刑;或

(c)在获委任前5年内,曾因违反领导准则而被裁定有罪,并被建议免职;或

(d)被宣布破产或无力偿债;或

(e)被宣布身体不适。

9. 离职

(1)如果委员会成员:

(a)永久丧失履行职责的能力;或

(b)以亲笔信的形式向部长递交辞呈;或

(c)未经部长同意,连续三次缺席委员会会议;或

(d)不遵守第14节的规定;或

(e)破产,申请以法律手段救济破产或无力偿债的债务人,或为债权人的利益与其债权人达成和解或转让其酬金;或

(f)根据《公共卫生法(1973)》的规定存在精神障碍;或

(g)丧失国家首都地区永久居民身份;或

(h)未经部长同意,连续三个月不在国家首都地区;或

(i)被裁定犯有刑事犯罪。

国家元首应根据建议终止其任命。

(2)国家元首根据建议,可随时以书面通知的形式通知第5节第(1)小节(b)和(c)所规定的委员会成员,以效率低下、能力不足或行为不当为由终止其任命。

(3)在收到根据第(2)小节发出的通知后14日内,该成员可向国家执行理事会作出书面答复,国家执行理事会应考虑该答复,并在切实可行范围内尽快将其决定书面通知该成员。

(4)凡第(2)小节所规定的成员在接获根据该节发出的通知后14日内,没有以书面向国家执行理事会作出答复,其委任即告终止。

(5)如果成员:

(a)其委任已根据本节终止;或

(b)死亡,

空缺应在切实可行范围内尽快填补。

10. 职位空缺不影响权力或职能

委员会的权力或职能的行使或履行,不因委员会成员出现空缺而无效。

11. 委员会会议

(1)委员会应在主席或副主席(在主席缺席时)决定的时间和地点在国家首都地区举行会议,但在任何情况下每月不得少于一次。

(2)主席如接获不少于六名成员的书面要求,主席或副主席(在主席缺席时)应在该书面要求提出后14日内召开委员会会议。

(3)在委员会会议上:

(a)九名成员即构成法定人数,但其中一名成员应为主席,如主席缺席,则应为副主席;和

(b)主席或副主席(在主席缺席时)应主持委员会会议;和

(c)所产生的问题应由出席并参加表决的成员以多数票决定;和

(d)主席或副主席(在主席缺席时)应进行审议,如在某事项上票数均等,亦应

投决定票。

(4)委员会应保存其会议记录。

(5)根据本法,委员会的程序由委员会决定。

12. 保管和加盖印章

(1)委员会印章:

(a)应由主席保管,如主席缺席,则由副主席保管,或由委员会批准的委员会其他人员保管;和

(b)只应根据委员会决议在文书上加盖。

(2)主席或副主席(在主席缺席时)有责任在加盖印章之前核实委员会是否已作出适当决定并加盖印章。

13. 文件认证等

委员会的印章只可在文件上由主席或副主席(在主席缺席时)签署和另一名成员签署认证,而该印章应以司法方式公告。

14. 委员会成员披露利益

(1)委员会成员或其直系亲属直接或间接与委员会订立或拟订立或正在审议的合同有利害关系,除身为由不少于25人组成的法团公司的成员并与其他成员拥有共同利益外,应在其知悉有关事实后,在切实可行范围内尽快在委员会会议上披露有关权益的性质。

(2)根据第(1)小节进行的披露应记录在委员会会议记录,成员:

(a)在披露后,不得参与对合同的任何审议或决定;和

(b)在该等商议或决定中不应被计入法定构成人数。

第三部分　委员会的职能和权力

15. 委员会的职能

根据本法,委员会的职能是:

(a)管理、控制和治理国家首都地区,确保国家首都地区和国家首都地区内居民的福利;和

(b)确保为塔布杜布私人有限公司的成功运营提供足够的协助,该公司系为国家首都地区的莫图—科伊塔布的居民而创办;和

(c)协助中央省政府在国家首都地区开展行政和商业活动。

16. 委员会的权力

(1)在符合本法的情况下,委员会为履行其职能,有权:

(a)按照第七部分的规定进行立法工作;和

(b)获取、持有、处置、抵押或质押财产、土地或建筑物;和

(c)开发或改良土地;和

(d)建造建筑物;和

(e)货币投资;和

(f)经部长同意,通过与部门或其他机构合作提供公共或社会服务;和

(g)决定委员会雇用的人的职责及职能;和

(h)为执行及履行其权力、职能、职责及责任,以及任何其他附属或附带事项,而进行的其他需要或适宜的事项。

(2)委员会行使本法规定的权力或职能不因以下事实而无效:

(a)发生在国家首都地区以外,或与国家首都地区以外的事项有关;或

(b)这是为了:

(i)仅限国家首都地区的人;或

(ii)与其他主体拥有共同利益的上述主体。

17. 常设委员会和董事会

(1)委员会可设立其认为适当执行其职能所需的一定数量的常设委员会或董事会。

(2)根据第(1)小节设立的常设委员会或董事会应:

(a)以规定的方式设立;和

(b)具有规定的功能;和

(c)由若干成员组成,其中不足半数为委员会成员,其余为通常居住在国家首都地区并广泛代表共同体的人士;和

(d)包括对常设委员会或董事会处理的事项具有技术专长的人员。

(3)委员会应向根据本节设立的每一委员会或董事会授权该常设委员会或董事会履行其职能所必需的权力(本授权之权力除外)。

18. 由委员会行使的权力等

本部分授予委员会的权力,仅可通过委员会或根据第 17 节第(3)小节授权的常设委员会或董事会的决议行使,任何权力均不得授予委员会或常设委员会或董事会的个人成员。

19. 由委员会授予职能和权力

部长可向委员会发出书面命令，命令委员会将书面命令中规定的关于莫图—科伊塔布地区或某一莫图—科伊塔布地区的委员会职能和权力转授予理事会，而委员会应遵从该项命令。

第四部分 工 作 人 员

20. 工作人员

(1)委员会的工作人员应包括：

(a)按照第21节委任的主管；和

(b)委员会为履行其职能而认为必要的官员和雇员。

(2)主管、官员和雇员的任职条件由委员会根据《工资和条件监督委员会法(1988)》确定。

(3)委员会在自行调查或评估其收到的任何其他资料时，发现委员会的工作人员或雇员无能力、不称职、不能胜任、行为不当或疏忽，导致：

(a)委员会财政管理不善；或

(b)委员会的管理出现故障；或

(c)委员会未能向公众提供适当服务，

委员会可就委员会的该等职员或雇员，按照适用于委员会职员或雇员的设立程序，采取其认为必需的纪律措施，包括提出纪律控罪、暂令停职或解雇雇员。

21. 主管

(1)经部长同意，委员会应任命主管。

(2)委员会只有经部长同意后，才可在主管任期届满前将其解聘。

(3)在符合主席指示的情况下，主管应管理委员会的职员，并出任委员会的行政总裁，而就政策而言，主管应按照董事会或主席的指示行事。

(4)主管有权出席委员会的所有会议，但他不是委员会的成员，无权投票，也不应被计入法定构成人数。

22. 公共服务权利等，或主管、官员和雇员

尽管有其他法令的规定，如果国家公共服务部门的官员或雇员被任命为委员会工作人员的主管或官员或雇员，其作为委员会主管或官员或雇员的服务，应视为在国家公共服务部门的服务，以确定其：

(a)因病请假方面的权利(如有);和

(b)休假或代替休假的工资(包括因官员死亡而支付给受养人的工资)。

第五部分　委员会和理事会的财政

23.《公共财政(管理)法(1995)》第八部分的适用

《公共财政(管理)法(1995)》第八部分适用于委员会并与委员会有关,根据本部分所作的修改应在《公共财政(管理)法(1995)》第八部分所允许的范围内。

24. 委员会的财政

委员会的财政应包括:

(a)税收收入:

(i)根据第七部分订立的法律或根据第64节继续有效的法律所施加的;和

(ii)根据本法或根据第64节继续有效的条例施加的;和

(iii)根据第七部分中央政府的授权施加的;和

(b)中央政府根据第25节提供的拨款;和

(c)第26节规定的法庭费用、罚款和罚金的收益,以及根据本法或根据第七部分制定的法律或根据第64节生效的法律规定的其他费用和收费;和

(d)投资所得(包括银行存款利息)及经营商业企业所得;和

(e)根据议会法案或根据第七部分制定的法律,或根据第64节继续有效的法律,或根据本法或根据第64节继续有效的条例,可合法获得的其他款项。

25. 中央政府拨款

(1)中央政府应向委员会提供以下拨款:

(a)截至开始日期为止,国家首都地区临时委员会2001财政年度拨款的余额;

(b)就移交给委员会的职能,由中央政府在移交时提供拨款,应根据消费价格指数的上升或按照委员会与中央政府商定的固定年增长率,每年支付一次;

(c)中央政府不时决定或依法决定的其他款项。

(2)根据第(1)小节(b)和(c)支付的款项可以是有条件的,也可以是无条件的,由负责财政事务的部长选择。

(3)本节所规定的款项,应从相应拨出的综合收入中拨付。

(4)如因委员会对某人提起的法庭诉讼而对该人征收罚款,则罚款应向委员会缴付。

26. 法庭罚款和费用

(1)凡委员会根据第七部分订立的法律,就任何违反该法律的罪行订定罚款或处罚或没收等,则罚款或处罚应向委员会缴付(视情况而定)。

(2)凡根据第七部分订立的法律规定应在法庭缴付费用,则该等费用应向委员会缴付。

(3)凡根据第64节继续有效的法律规定应缴付费用或施加罚款、处罚或没收,则应向委员会缴付费用及罚款或处罚或没收(视情况而定)。

27. 其他费用、收费等

(1)根据第七部分订立的法律可就提供的商品或服务的费用或收费作出规定,而该等费用均应向委员会缴付。

(2)根据议会法案,当中央政府确定委员会履行职能的费用和收费时,应在相关部门和委员会协商后,根据该法案每年确定此类费用和收费,但水平不得低于管理和履行职能所需的费用。

28. 借款

(1)除第(2)小节另有规定外,经负责财政事务的部长事先同意,委员会可通过抵押、银行透支或其他方式为其在本法中的任何职能借款,但应符合负责财政事务的部长批准的担保或其他条件。

(2)以下情况应当事先获得负责财政事务部长的书面同意:

(a)单笔贷款金额超过50万克朗;或

(b)因某项借款致使某一财政年度的借款总额超过100万克朗。

29. 投资

委员会可将款项投资于第30节规定账户的贷方:

(a)国家发行或担保的证券;或

(b)存入银行;或

(c)中央银行作为最后贷款人的货币市场的证券;或

(d)负责财政事务的部长授权的其他证券;或

(e)部长批准的公司的股份。

30. 银行账户

(1)委员会应开立和维持为行使和履行其职权所需的银行账户,并应将下述款项存入这些账户:

(a)为本法之目的从国家收到的所有款项;和

(b)根据本法转移给委员会的所有款项;和

(c)为执行或实施本法而拨出的所有款项;和

(d)委员会征收或收取的差饷、税项、收费及费用;和

(e)委员会执行其职能、职责或权力而收取的所有其他款项。

(2)在第(1)小节所述账户贷方款项中,委员会应支付:

(a)委员会为偿还本法项下预付款而应支付的所有款项和预付款利息;和

(b)委员会为履行本法规定的职责而产生的费用和开支;和

(c)委员会工作人员的薪酬;和

(d)本法或其他法律授权或要求委员会支付的其他款项。

31. 账户

委员会应:

(a)按规定或按负责财政事务的部长的指示保存适当的账目和档案;和

(b)采取一切必要措施确保:

(i)各基金的所有款项均已正确支付并获得适当授权;和

(ii)对委员会的资产和负债保持足够的控制。

32. 预算

(1)委员会应在每年10月31日前,向部长提交下一财政年度的收支预算,并可提交补充或修订预算。

(2)如果委员会未能按照第(1)小节规定提交预算,部长可以书面通知委员会,要求委员会提交预算,并且在委员会遵守通知之前,第(4)小节适用于委员会,即部长拒绝批准委员会的预算。

(3)如果部长确信预算、补充预算或修订预算中包含的提案:

(a)并非不合理;和

(b)在委员会根据本法授予的权力和职责范围内;和

(c)现有财政已符合需求,或满足其他事项的需求,

部长应批准委员会的预算。

(4)凡部长对第(3)小节所规定的事项不满意,可向委员会发出通知,全部或部分拒绝批准,并应立即将其理由通知委员会。

(5)凡委员会在其收支预算中已就收取中央政府的批款或预付款作出规定,而委员会在其开支预算中并无明确的支出目的,部长可全部或部分拒绝批准。

(6)凡部长拒绝批准全部或部分预算,未经部长同意,委员会不得就未经批准

的全部或部分(视情况而定)预算支出、收款或开展工程。

(7)委员会可在一个财政年度内,批准对部长根据本行动就该财政年度出具的证明所涵盖事项的变更,但此类变更不得超过部长批准的初始金额的30%。

33. 对中央省政府的财政援助

委员会在每一会计年度应向中央省缴纳由国税局退还委员会的5%以上的增值税。

34. 审计

(1)根据本节规定,审计长应:

(a)检查和审计委员会的账目和档案,以及与委员会资产或托管资产有关的档案;和

(b)如审计长认为这些违规行为足够严重且有理由这样做时,立即提请部长注意检查和审计披露的违规行为。

(2)审计长可酌情决定免除对第(1)小节所规定的账目的全部或部分详细检查及审计。

(3)为协助审计长根据第(1)小节进行检查及审计,审计长可酌情聘用一名注册公司审计师,该审计师应在审计长的指示下,按照审计长所确定的条款及条件行事。

(4)根据本节进行检查或审计的人员或其授权的人员:

(a)有权在任何合理时间,全面及自由查阅委员会所有直接或间接与委员会的收据或付款有关的文件,或委员会获取、接收、保管或处置资产的文件;和

(b)可制作及保留该等账目、档案、文件或文件的副本或摘录;和

(c)为审计长履行职责之目的所必需,进行检查或审计的人或他所授权的人,可要求任何人向他提供其所拥有的或其所接触到的资料,根据:

(i)宪法;和

(ii)本法。

(5)任何人不遵从第(4)小节(c),即属犯罪。

罚款:不超过2000克朗的罚款。

(6)如果根据本节进行了审计和检查,审计长应在切实可行的范围内尽快向部长提交审计和检查报告,部长应将该报告提交议会。

第六部分 暂 令 停 职

35. 部长可任命调查委员会

(1)如果部长认为:

(a)委员会事务管理中普遍存在腐败;或

(b)委员会财政管理严重不善;或

(c)国家首都地区的行政管理出现了混乱;或

(d)反复故意不遵守中央政府的合法指示;或

(e)委员会反复越权或违反适用法律;或

(f)如果这样做符合国家利益,

他可以任命一个由三人组成的调查委员会对此事进行调查并向他报告。

(2)根据第(1)小节成立的调查委员会,应将调查的理由通知委员会主席,并允许主席作出书面申述。

(3)部长收到第(1)小节规定的报告后,应将报告提交给国家执行委员会,并说明其任命调查委员会的理由,以及委员会主席的书面陈述(如有)。

36. 暂令停职

(1)国家元首在考虑第35节第(3)小节所规定的报告、陈述和申述后,可根据咨询意见,在国家公报上发布命令,限期或无限期地暂停委员会的所有或部分权力或职能。

(2)在根据第(1)小节向国家元首提供咨询意见时,国家执行委员会不受调查委员会报告的条款或建议的约束。

37. 暂令停职的影响

(1)除第(2)小节另有规定外,根据第36节第(1)小节作出的暂令停职令,可使委员会在暂令停职期间丧失权力或职能。

(2)根据第36节第(1)小节暂停一项权力或职能,不影响根据暂停的权力或职能而获得、产生的权利、特权、义务或责任,也不影响根据本法可进行的与该权利、特权、义务或责任有关的调查、法律程序或补救措施暂令停职。

38. 暂令停职后任命主管

(1)凡根据第36节第(1)小节作出暂令停职令,国家元首可根据通知在该命令或其后的文书中委任一人担任委员会的主管。

(2)在不违反国家元首根据意见作出的指示的情况下,根据第(1)小节就委员会委任的人:

(a)拥有并可代表该机构行使国家元首根据建议所指明的被暂停的权力和职能;和

(b)具有规定的其他权力和职能。

39. 暂令停职期间

本部分规定的暂令停职持续至:

(a)根据第36节第(1)小节作出的暂令停职令规定期间的结束;或

(b)国家元首根据建议撤销根据第36节第(1)小节作出的暂令停职令的时间,以先发生者为准。

第七部分 立 法 权

40. 关于委员会立法权的一般规定

(1)委员会对本部分规定的范围具有立法权。

(2)除第(4)及(5)小节另有规定外,委员会所订立的法律只在国家首都地区内及与之有关的地方有效。

(3)巴布亚新几内亚全境对根据本部分制定的法律应给予充分信任和尊重。

(4)除本部分明确规定,否则本部分不影响议会根据《宪法》第109条(一般立法权)为巴布亚新几内亚的和平、秩序和善政制定法律的权力。

(5)除第41节第(4)及(6)小节另有规定外,根据本部分制定的法律,只在与议会法令不抵触的范围内有效。

(6)就第(5)小节而言,根据本部分制定的法律是否与议会法令相抵触的问题,除非应中央政府或委员会的请求,否则是不可裁判的。

(7)向委员会提交和通过立法的程序应按照规定办理。

41. 委员会的立法权

(1)除第40节另有规定外,委员会有权就以下事项立法并负有主要责任:

(a)通过许可证对流动贸易商的控制;和

(b)出售及分销酒类;和

(c)公园和花园;和

(d)自然环境规划;和

(e)卫生设施(下水道除外)和垃圾;和

(f)第42节(a)和(d)规定的税收;和

(g)管制乱抛垃圾;和

(h)管制无牌街头小贩,包括有权没收出售的货物;和

(i)在国家首都地区内对槟榔销售的管制,包括对在正式宣布的市场销售槟榔的管制。

(2)除第40节另有规定外,委员会亦有权就以下事项立法:

(a)以许可方式管制公众娱乐及公众娱乐场所;和

(b)乡村法院,但其管辖权除外;和

(c)社区和地方政府;和

(d)社区和福利服务及发展;和

(e)教育;和

(f)农业;和

(g)健康;和

(h)商业开发;和

(i)与国家信息服务有关的事项;和

(j)建筑委员会;和

(k)审查事宜;和

(l)道路、下水道、桥梁、街道照明和交通管制;和

(m)市场;和

(n)旅游业;和

(o)土地和土地开发;和

(p)墓地;和

(q)出生、婚姻和死亡登记;和

(r)狗;和

(s)车辆登记;和

(t)公共交通;和

(u)传统婚姻和收养;和

(v)对法人和自然人征收人头税,但不得参照所得征收;和

(w)赌博、彩票和碰运气游戏;和

(x)第42节规定的征税权力。

(3)国家元首可根据建议在国家公报上发布公告,宣布第(2)小节所列事项为委员会的主要责任。

(4)在符合本法的前提下,委员会就第(1)小节规定的事项享有专属立法权:

(a)第(1)小节所规定的;或

(b)根据第(3)小节作出的公告生效期间,第(2)小节所规定的。

(5)凡根据第(3)小节发出的公告被另一份通知撤销,委员会就第一份公告而制定的法律,在议会就该事宜作出其他规定前继续有效。

(6)除非第(7)小节和第(8)小节另有规定,否则议会无权就以下事项制定议会法案:

(a)第(1)小节所规定的;或

(b)在根据第(3)小节作出的公告生效时,第(2)小节所规定的。

(7)如果委员会没有根据本部分就下列事项制定详尽的法律:

(a)第(1)小节所规定的;或

(b)在根据第(3)小节作出的公告生效时,第(2)小节所规定的。

议会关于这一事项的法令可在国家首都地区生效,只要它与委员会关于这一事项的法律不相抵触。

(8)除第(9)小节另有规定外,在根据第(3)小节就某事项发出的公告生效之日前作出的议会法案,在该日后继续有效,并可由另一法案加以更改。

(9)凡就第(4)小节规定事项制定法律,议会的所有法案:

(a)就该事项作出;和

(b)第(8)小节继续有效,但就国家首都地区而言,如有任何不一致之处,则该等不一致之处将不再有效,如同该等不一致之处已被另一法案废止。

(10)就第(7)小节而言,如果一项法律涉及下列事项,则应视为详尽无遗:

(a)其标的物;或

(b)处理该事项的方法,该方法已被该委员会或其他应予以考虑的法律采纳;或

(c)鉴于事项的形式或复杂性,以及其他法律规定,委员会完全、详尽、专门阐明;或

(d)该事项的法定要求;或

(e)管辖该事项的成文法;或

(f)关于这件事的政策。

(11)第(10)小节的实施不受法律对以下方面依赖的影响:

(a)基础法律的原则或规则;或

(b)用于定义或解释,或为程序、证据或其他辅助或形容目的的其他法规。

(12)就本节而言,法律中关于详尽无遗的陈述不是决定性的。

(13)一部法律就某一事项而言是详尽无遗的,这一事实本身并不涉及与其他法律的不一致。

42. 征税立法

委员会可立法征收下列税种:

(a)按照规定征收零售税、服务税及相关税费;

(b)收取入场费的公共娱乐活动税,以及为此类娱乐活动而设的场所税;

(c)流动商户许可证费[《银行和金融机构法(2000)》所指的移动银行除外];

(d)酒类销售场所许可证费;

(e)经营赌博、奖券或碰运气游戏的许可证费;

(f)规定的土地税;

(g)人头税;

(h)地方政府可以征收的其他税。

43. 将立法提交部长

在部长书面同意法律文本之前,委员会根据本部分制定的法律不得生效。

第八部分 职 能 转 移

44. 职能转移

(1)中央政府可在向委员会发出通知三个月后,在适当的时间,向委员会移交与以下事项有关的所有或任一职能或任一职能的部分或方面:

(a)健康;和

(b)教育;和

(c)第一产业;和

(d)国家信息服务;和

(e)青年事务;和

(f)陆路运输;和

(g)安居和土地开发;和

(h)图书馆服务;和

(i)乡村法院;和

(j)国家首都地区的福利服务。

(2)第(1)小节的职能转移:

(a)应根据第 25 节第(1)小节(b)的规定提供人员和中央政府经费;和

(b)可受中央政府规定的条件约束。

第九部分　莫图—科伊塔布理事会

45. 莫图—科伊塔布理事会

(1)成立莫图—科伊塔布理事会。

(2)莫图—科伊塔布理事会由国家首都地区莫图—科伊塔布人民按照选举委员会规定的方式选举的 13 名成员组成,其中一名成员为女性,一名成员为青年(年龄不低于 18 岁,不超过 25 岁)。

(3)根据第(2)小节选出的理事会成员的任期,自其当选之日起计,直至(包括)其当选后的下次换届选举定出的交还令状的日期为止。

(4)理事会成员应从中选举一人担任理事会主席,另一人担任理事会副主席。

(5)理事会应在莫图—科伊塔布地区内负责提供和维持部长指示的基本服务、社区活动、教育和卫生。

(6)部长应指示委员会向莫图—科伊塔布理事会提供其自身的专业规划单位,以履行第(5)小节所赋予的职能。

(7)部长应在委员会的教育、卫生、道路和基础设施预算拨款之外,指示委员会将其年度预算的适当比例分配给莫图—科伊塔布理事会,用于行政和规划目的。

(8)理事会应按事务需要举行会议,但在任何情况下不得少于每月一次。

(9)理事会的程序由部长指示。

(10)理事会成员的权力、报酬和任期条件按规定执行。

(11)尽管有第(3)小节的规定,理事会成员的任期自其当选后的下一次换届选举所定交回令状的日期届满。

(12)第(2)小节自本法实施后下一次举行的理事会成员选举时起生效。

46. 莫图—科伊塔布理事会的一般权力

除根据第19节被授予的权力外,理事会还有权:

(a)管理、控制和治理莫图—科伊塔布地区;和

(b)经委员会核准,依法行使其他职权。

第十部分 地方政府

47. 地方政府

(1)各公开选区中设地方一级政府。

(2)根据为莫图—科伊塔布地区所作出的声明,地方一级政府地区的边界应与公开选区的边界相同。

48. 地方政府的组成

(1)各地方政府应包括:

(a)不得超过两个选区;和

(b)由地方选区按照选举委员会规定的方式举行的选举选出的议员,不得少于8人,不得超过12人。

(2)地方一级政府议员的任期,自其当选之日起至(包括)其当选后的下一次大选而定出的交还令状之日止。

(3)地方一级政府的组成人员应当推举一人担任主席,另一人担任副主席。

(4)工资、报酬和其他任职条件按规定执行。

49. 地方政府会议

(1)地方政府应在主席或副主席(主席缺席时)决定的时间和地点举行会议,但在任何情况下不得少于每月一次。

(2)如收到不少于2名成员的请求,主席或者副主席(主席缺席时)应当在14日内召集地方政府会议。

(3)地方政府会议:

(a)半数成员为法定人数;和

(b)主席或副主席(主席缺席时)主持,如主席及副主席均缺席,则成员应从中委任一名主席;和

(c)根据本法:

(i)所产生的事项应由出席并参加表决的成员以多数票决定;和

(ii)主持会议的成员应进行商议,如在某事项上票数相等,则亦应投决定票。

(4)地方政府应当做好会议记录并存档。

(5)根据本法,地方政府的议事规则由地方政府决定,但在任何情况下均不得超出国家首都地区委员会的议事规则。

50.地方政府的职能和权力

(1)除根据第19节授予的职能和权力外,地方政府:

(a)在其范围内负责提供和维护条例规定的基本服务和社区活动;和

(b)管理、控制和治理地方一级政府区域;和

(c)经委员会批准,依法行使其他权力和职能。

(2)为履行第(1)小节规定的职能,地方政府可在与国家首都地区委员会协商后,根据部长的决定,就第(1)小节规定的职能制定规则。

(3)部长应不时指示委员会向部长指定级别的地方政府提供资金。

第十一部分　杂　　项

51.公共目的

委员会的宗旨是公共目的。

52.个人责任保护等

委员会或理事会的成员,或委员会或理事会的官员或雇员,如在委员会或理事会的运作过程中或为委员会或理事会的目的而善意的作出任何作为或失责,无须就其本人或委员会或理事会的任何作为或失责负个人法律责任。

53.通知送达或法律程序

向委员会送达的传票、通知书、令状或其他文书,可交由主管送达。

54.报告

委员会应在每年3月31日前,编写并向部长提交截至12月31日的上一年度委员会工作报告以及该年度的财政报表。

55.条例

国家元首可根据建议制定与本法不抵触的条例,规定本法要求或允许规定的所有事项,或为实施或执行本法而必须或适宜规定的所有事项,尤其是规定:

(a)就服务或许可而应缴付的费用;和

(b)对违反条例规定的罚款不超过1万克朗。

第十二部分 废　　止

56. 废止

附表所规定的法律现予废止。

第十三部分 过渡和保留

57. 释义

在本部分中,除非文意另有所指:

“同等地方政府”指根据本法为上届地方政府设立的同一公开选区而成立的地方政府;

“上届委员会”指根据已废止法案设立的国家首都地区委员会;

“上届理事会”指根据已废止法案设立的莫图—科伊塔布理事会;

“上届地方政府”指根据已废止法案建立并在本法实施之前存在的地方政府。

58. 资产和负债的转移

(1)除第(4)小节另有规定外,上届委员会在本法实施前持有的所有资产、所承担的义务和责任,在本法实施后立即转移到委员会,并成为委员会的资产、所承担的义务和责任。

(2)上届理事会在本法实施前所持有的所有资产、所承担的义务和责任,在本法实施后立即转移到理事会,并成为理事会的资产、所承担的义务和责任。

(3)上届地方政府在本法实施前所持有的所有资产、所承担的所有义务和责任,在本法实施后立即转移至同等地方政府,并成为同等地方政府的资产、义务和责任。

(4)凡根据第(1)小节,构成临时议会业务部门的任何公司的股份转让给委员会时,应由委员会以信托形式代国家首都地区的莫图—科伊塔布人民持有。

59. 土地所有权登记

(1)凡归属上届委员会的任何财产是根据《土地注册法(1981)》注册的土地,则产权登记官须应委员会就此提出的申请,在根据该法备存的登记册内,将委员会登记或注册,而无须正式转让,并在登记和注册时,授予所有权证书、租约或其他证明该法范围内土地所有权的文书。

(2)凡归属上届理事会的任何财产是根据《土地注册法(1981)》注册的土地,则产权登记官须应委员会就此提出的申请,在根据该法备存的登记册内,将理事会登记或注册,而无须正式转让,并在登记及注册时,授予所有权证书、租约或其他证明该法范围内土地所有权的文书。

(3)凡归属上届理事会的任何财产是根据《土地注册法(1981)》注册的土地,则产权登记官须应委员会就此提出的申请,无须正式转让,根据该法在登记册登记或注册同等地方政府,并在登记和注册时,授予所有权证书、租约或其他证明该法范围内土地所有权的文书。

(4)根据第(1)、(2)或(3)小节登记时,无须缴付印花税或其他税项、税款或费用。

60. 合同存续等

(1)除雇佣合同外,与上届委员会签订、缔结或向上届委员会发出的所有合同和协议,如在本法实施前已对上届委员会具有约束力并可对其强制执行,则无论是否有利都对委员会具有约束力及全部效力,如同委员会是当事方,受合同和协议约束或有权从中受益一样。

(2)除雇佣合同外,与上届理事会签订、缔结或向上届理事会发出的所有合同和协议,如在本法实施前已对上届理事会具有约束力并可对其强制执行,则无论是否有利都对理事会具有约束力及全部效力,如同理事会是当事方,受合同和协议约束或有权从中受益一样。

(3)除雇佣合同外,与上届地方政府签订、缔结或向上届地方政府发出的所有合同和协议,如在本法实施前已对上届地方政府具有约束力并可对其强制执行,则无论是否有利都对同等地方政府具有约束力及全部效力,如同同等地方政府是当事方,受合同和协议约束或有权从中受益一样。

61. 诉讼等不停止

(1)在本法实施之前,任何未决的针对上届委员会的仲裁、诉讼或程序,无论对委员会是否有利,在本法实施后,不得停止或中止,仍可由委员会起诉、继续或强制执行。

(2)在本法实施之前,任何未决的针对上届理事会的仲裁、诉讼或程序,无论对理事会是否有利,在本法实施后,不得停止或中止,仍可由理事会起诉、继续或强制执行。

(3)在本法实施之前,任何未决的针对上届地方政府的仲裁、诉讼或程序,无论对同等地方政府是否有利,在本法实施后,不得停止或中止,仍可由同等地方政府起诉、继续或强制执行。

62. 主管

在本法实施之前担任上届委员会主管的人,自本法实施起,在根据本法作出任命并确定任命的条款和条件之前,应被视为其在本法项下以相同的条款和条件担任主管。

63. 工作人员

在本法施行之前是以下机构官员或雇员的人:

(a)上届委员会;或

(b)上届理事会;或

(c)上届地方政府,

自本法实施起,在根据本法作出任命并确定任命的条款和条件之前,应被视为在本法项下以相同的条款和条件担任同等的职位或职务。

64. 条例、法律和规则

(1)根据已废止法案订立并在本法实施前生效的条例应继续有效。在该条例被废止或根据其条款终止之前,具有与根据第55节订立的条例相同的效力。

(2)上届委员会根据已废止法案制定并在本法实施前生效的法律应继续有效。在该法律被委员会废止或根据其条款终止之前,具有与委员会根据本法通过的法律相同的效力。

(3)上届委员会根据已废止法案制定并在本法实施前生效的法律应继续有效。在该法规被同等地方政府废止或根据其条款终止之前,具有与同等地方政府根据本法通过的规则相同的效力。

65. 执照等

根据第63节适用的条例、法律和规则颁发的、并在本法实施前生效的所有执照和许可证,在其期满或依法终止之前继续有效。

66. 法律适用等

其中:

(a)除本法以外的法规或附属立法;或

(b)无论何时作出或签署的文件或文书,包含:

(i)废止的法案;或

(ii)上届委员会;或

(iii)上届理事会，

在生效日期当日及之后，该规定被视为对本法或委员会或理事会的规定(视情况而定)。

67. 莫图—科伊塔布地区

根据已废止法案宣布为莫图—科伊塔布地区的地区，在本法实施时，就本法而言，视为莫图—科伊塔布地区。

68. 上届理事会的成员等

(1)在本法实施之前就任的上届理事会成员，在本法实施之后，视为已根据本法当选为理事会成员，并应继续任职，直至任期届满或依法离任(以先发生者为准)。

(2)上届理事会成员在本法实施前被任命并担任上届理事会的主席和副主席，在本法实施后，应视为根据本法担任理事会主席和副主席，直至任期届满或者依法离任。

69. 地方政府

(1)根据已废止法案在本法实施前成立并存在的上届地方政府，在本法实施后应视为其是根据本法设立的地方政府。

(2)在本法实施前就任的上届地方政府成员，在本法实施后，被视为已根据本法当选为同等地方政府成员，并应继续任职，直至任期届满或依法离任，以先发生者为准。

(3)在本法实施前被任命并担任上届地方政府的主席和副主席，在本法实施后，应视为根据本法担任主席和副主席，直至任期届满或者依法离任。

附件　被废止的法案

国家首都地区委员会法(1990)

国家首都地区委员会(修正)法(1992)

国家首都地区委员会(修正)法(1994)

国家首都地区委员会(修正)法(1995)

国家首都地区委员会(修正)法(1996)

国家首都地区委员会(修正)法(2001)

国家首都地区委员会(第2号修正案)法(2001)

三、白俄罗斯

“关于白俄罗斯共和国首都明斯克市的地位”的法律*

白俄罗斯共和国 2000 年 7 月 12 日第 410－3 号法

最近一次修订:2012 年 5 月 26 日

本法由代表院于 2000 年 6 月 22 日通过,并由共和国院于 2000 年 6 月 30 日批准。

本法规定了白俄罗斯共和国首都明斯克市(以下简称白俄罗斯共和国首都)的地位,并确立了白俄罗斯共和国首都地方政府和自治的特征,以便将白俄罗斯共和国首都人民的利益与白俄罗斯共和国的国家利益结合起来。

第一章　总　　则

第 1 条　白俄罗斯共和国首都

根据白俄罗斯共和国宪法,白俄罗斯共和国的首都是明斯克市。

白俄罗斯共和国首都是白俄罗斯共和国的行政区划单位,是国家的行政、政治、经济和文化中心。

白俄罗斯共和国首都是白俄罗斯共和国总统府、国家机构以及驻白俄罗斯共和国外国使领馆和国际组织代表处的所在地。

---

* 文本来源于白俄罗斯国家法律信息中心官方网站,网址:http://world_of_law.pravo.by/text.asp?RN=H10000410。

第 2 条　白俄罗斯共和国首都的地位

白俄罗斯共和国首都的地位是明斯克市的法律地位，它决定了地方政府和自治的特殊性，需要确保本法第 1 条第 3 款所指机构和组织的功能运作，建立具有国际重要性的基础设施，并由国家提供与明斯克市履行白俄罗斯共和国首都功能有关的额外保障。

第 3 条　关于白俄罗斯共和国首都的地位的法律

关于白俄罗斯共和国首都的地位的法律包括白俄罗斯共和国宪法、本法和白俄罗斯共和国的其他法律。

第 4 条　确保明斯克市履行白俄罗斯共和国首都功能的保障

国家通过以下方式，确保明斯克市履行白俄罗斯共和国首都功能：

将履行白俄罗斯共和国首都功能所需的财产移交给公共财产；

采取其他措施，以确保明斯克市履行白俄罗斯共和国首都功能。

第 5 条　白俄罗斯共和国首都的标志

白俄罗斯共和国首都的官方纹章标志（徽章和旗帜）由白俄罗斯共和国总统制定，并登记在白俄罗斯共和国国家纹章登记簿中。

明斯克市议会制定的市歌也是白俄罗斯共和国首都的象征。

第 6 条　明斯克市宪章

白俄罗斯共和国首都明斯克市拥有自己的宪章。

根据本法和白俄罗斯共和国其他法律，明斯克市宪章确定了明斯克市议会、行政机构和地方公共自治机构在白俄罗斯共和国首都地方治理和自治方面的分工和程序，特别是地方公共自治机构的组成和权力、城市规划和设施，以及与明斯克市履行白俄罗斯共和国首都功能有关的其他问题。

第 7 条　确保白俄罗斯共和国首都的安全和公共秩序的特殊性

在明斯克市举行会议、集会、示威、街头游行、纠察和其他群众活动，应根据白俄罗斯共和国关于举行会议、集会、示威、街头游行及纠察的法律进行。

为了确保白俄罗斯共和国首都的安全和公共秩序，以及为白俄罗斯共和国国家机构、外国使领馆和国际组织代表处的运作创造适当条件，白俄罗斯共和国法律可以规定进入明斯克市、公民的注册和登记、交通的具体规定以及运输、卫生和流行疾病的措施。

第二章 白俄罗斯共和国首都的国家管理、地方管理和自治的特殊性

第8条 明斯克市执行委员会和明斯克市议会的主要任务是确保明斯克市履行白俄罗斯共和国首都功能

明斯克市执行委员会和明斯克市议会在其职权范围内,应确保:

在明斯克市为白俄罗斯共和国总统、白俄罗斯共和国国民会议、白俄罗斯共和国政府、最高司法机关、军事、科学及其他国家机构和组织以及驻白俄罗斯共和国外国使领馆和国际组织代表处的活动创造适当条件;

为组织和举办国家和国际活动创造必要条件;

向位于白俄罗斯共和国首都的国家机构、外国使领馆和国际组织代表处提供公共运输、医疗和其他服务;

明斯克市作为白俄罗斯共和国首都,履行白俄罗斯共和国法律规定的其他职能。

第9条 明斯克市执行委员会关于明斯克市履行白俄罗斯共和国首都功能的权力

为确保明斯克市履行白俄罗斯共和国首都功能,明斯克市执行委员会有权:

根据白俄罗斯共和国的法律,将通过买卖、赠与、继承、租赁、占有和没收的土地用于建造房屋、建筑物、构筑物和其他设施,以保障白俄罗斯共和国国家机构以及外国使领馆和国际组织代表处的正常运作;

优先向白俄罗斯共和国国家机构以及外国使领馆和国际组织代表处出租建筑物、构筑物和其他设施;

在明斯克市领土范围内,组织施工、改造和维护与明斯克市履行白俄罗斯共和国首都功能所必需的设施;

确保明斯克市特别详细规划的城市发展项目的开发、批准和实施;

起草并与白俄罗斯共和国建筑与建设部共同向白俄罗斯共和国部长会议提交提案,以提交明斯克市总体规划供白俄罗斯共和国总统批准;

根据白俄罗斯共和国总统或白俄罗斯共和国部长会议的决定,对明斯克市境内属于共和国的建筑物、构筑物和其他物体分别行使占有、使用和处置权;

代表明斯克市与外国和国际组织的关系;

根据白俄罗斯共和国的法律行使其他权力,包括白俄罗斯共和国部长会议和其他国家机构授予的权力。

第 10 条　明斯克市议会关于明斯克市履行白俄罗斯共和国首都功能的权力

为确保明斯克市履行白俄罗斯共和国首都功能，明斯克市议会有权：

批准明斯克市宪章；

批准明斯克市的提升和维护规则；

根据白俄罗斯共和国的法律行使其他权力。

第 11 条　明斯克市执行委员会主席关于明斯克市履行白俄罗斯共和国首都功能的权力

为确保明斯克市履行白俄罗斯共和国首都功能，明斯克市执行委员会主席有权：

在其权限范围内，确保在明斯克市举办具有国家和国际特色的活动；

参与确定国家机构、外国使领馆以及国际组织代表处在明斯克市的所在地的位置；

同意建立、改组或清算位于明斯克市的国家所有制形式的组织；

根据白俄罗斯共和国的法律行使其他权力。

第 12 条　白俄罗斯共和国部长会议与明斯克市议会和明斯克市执行委员会就明斯克市履行白俄罗斯共和国首都功能进行互动

为解决与明斯克市履行白俄罗斯共和国首都功能有关的问题：

白俄罗斯共和国部长会议和明斯克市议会共同确定参与执行国家计划和联合项目的程度和程序；

白俄罗斯共和国部长会议根据明斯克市执行委员会和白俄罗斯共和国建筑与建设部的联合提案，将明斯克市的总体规划提交白俄罗斯共和国总统批准；

如有必要，白俄罗斯共和国部长会议和明斯克市执行委员会可根据白俄罗斯共和国的法律相互转让各自的权力，但白俄罗斯共和国宪法规定的情况除外；

白俄罗斯共和国部长会议、明斯克市议会和明斯克市执行委员会共同实施计划和措施以满足明斯克市的商品消费市场，使农业生产者和工业组织对明斯克市的产品供应产生兴趣，并确保从其他地区到明斯克市的定期运输。

第三章　白俄罗斯共和国首都的物质和财政补助的特殊性

第 13 条　（已删除）

第 14 条　明斯克市履行白俄罗斯共和国首都功能的额外费用的物质和财政支持

国家机构制定的旨在解决明斯克市履行白俄罗斯共和国首都功能所产生的额

外费用的决定,应包括向明斯克市行政机构转移必要的物质和财政资源。

第四章　最 终 条 款

第 15 条　本法的生效

本法自正式公布之日起生效。

第 16 条　本法规定的执行

白俄罗斯共和国部长会议、明斯克市议会和明斯克市执行委员会应在其职权范围内确保本法规定的执行,并确保白俄罗斯共和国的法律与本法相符。

四、德国

德国柏林/波恩法案*

制定日期:1994 年 4 月 26 日

完整引用:1994 年 4 月 26 日的柏林/波恩法案(联邦法律公报第一部分,第 918 页),已通过 1997 年 9 月 21 日(联邦法律公报第一部分,第 2390 页)法令的第 1 条予以修正。

前言

根据统一条约,柏林为统一后德国的首都。

德国联邦议院反复表达了其政治意愿,即在德国统一后,议会和政府应再次设在德国的首都柏林,柏林是德国分裂 40 多年后德国统一意愿的象征。

波恩作为临时联邦首都,为民主德国和联邦德国的建设和认同做出了重要贡献。

基于以上背景,德国联邦议院根据其 1991 年 6 月 20 日关于完成德国统一的决议,以及 1994 年 3 月 10 日元老会草案委员会第三次临时报告的决议,以及根据联邦政府 1992 年 6 月 3 日和 1993 年 10 月 12 日的决定,通过了以下法案:

第 1 条　法案目的

1. 本法案的目的是,执行德国联邦议院关于 1991 年 6 月 20 日德国统一的决

---

* 文本来源于德国联邦司法和消费者保护部官方网站,网址:http://www. gesetze - im - internet. de/berlin_bonng/index. html#BJNR091800994BJNE000100308。

议,确定宪法机关联邦议院和联邦政府迁至联邦首都柏林的原则,以及确保在联邦首都柏林和联邦城市波恩履行政府活动,并确保波恩地区的补偿。

2. 必须根据以下条件进行实施:

(1)确保联邦首都柏林和联邦城市波恩之间持久和公平的分工。

(2)政府职能的核心部分迁至联邦首都柏林。

(3)在以下领域中,维护和促进联邦城市波恩的政治功能:

a)教育和科学,文化、研究和技术、电信;

b)环境与健康;

c)粮食、农业和林业;

d)发展政策,国家、国际和跨国机构;

e)国防。

(4)确保联邦政府对德国联邦议院和联邦参议院的政治责任,以及联邦政府及其当局的职能。

(5)协助联邦首都柏林和联邦城市波恩完成联邦按照统一协议分配给它们的特定任务,以使它们代表整个国家。

(6)波恩地区将因宪法机构德国联邦议院和联邦政府迁至柏林而获得适当补偿。

(7)在必要和适当的情况下,对相关员工因此产生的不利因素予以补偿。

第 2 条　德国联邦议院所在地

1. 德国联邦议院的所在地为联邦首都柏林。

2. 一旦德国联邦议院确认,联邦首都柏林已经具备了其工作能力所需的前提条件,便应立即执行该迁址决定。

第 3 条　联邦政府所在地

1. 宪法机构联邦政府的所在地为联邦首都柏林。

2. 联邦政府执行迁址决定的时间与德国联邦议院执行迁址决定的时间一致。

第 4 条　联邦政府架构

1. 联邦政府各部设在联邦首都柏林和联邦城市波恩。在联邦政府迁往柏林后,联邦总理决定联邦部长的哪些业务领域以及与之相关的联邦政府部门继续留在联邦城市波恩。

2. 留在联邦城市波恩的联邦政府各部也应在联邦首都柏林有其工作场所。

3. 总部设在联邦首都柏林的联邦政府各部也应在联邦城市波恩有其工作场所。

主管的联邦各部部长决定该联邦政府部门的哪些部分留在联邦城市波恩。

4. 根据第 1 款至第 3 款的规定，决定应设计为：总体来说，联邦政府各部的大部分工作岗位均在联邦城市波恩得以保留。

5. 联邦政府必须确保与德国联邦议院和联邦参议院的政治和专业合作得到保障。

第 5 条　针对联邦首都柏林而采取的联邦措施

1. 联邦政府与柏林州合作，确保作为德国联邦议院和联邦政府所在地的联邦首都柏林履行其职能。如有必要，勃兰登堡州须参与合作，以便为联邦首都柏林履行其职能做出贡献。

2. 在柏林执行联邦根据统一协议分配的特定任务时，联邦应提供支持，以使柏林代表整个国家。

3. 细节请见联邦与联邦州柏林和勃兰登堡州之间的合同协议。

第 6 条　针对波恩地区而采取的联邦措施

1. 议会所在地和政府所在地搬离波恩地区所造成的后果，将通过以下措施进行适当的补偿，即在政治、科学和文化领域获得和新设具有国家和国际重要意义的新职能和机构，以及获得必要的重组政策支持。

2. 尤其应在以下领域予以补偿：

(1)波恩作为科学基地；

(2)波恩作为文化基地；

(3)波恩作为发展政策所在地，以及国家、国际和跨国机构的所在地；

(4)波恩发展成为具有未来导向经济结构的地区。

3. 联邦应与有关联邦州共同努力，通过设立补充机构，从而在波恩地区形成政治副中心。

4. 在联邦城市波恩执行联邦根据统一协议分配的特定任务时，联邦应提供支持，以使波恩代表整个国家。

5. 细节请见联邦与相关联邦州以及波恩地区地方政权之间的合同协议。

第 7 条　联邦机构的搬迁和所在地的确定

1. 有关以下联邦机构的法律：

(1)联邦反垄断局；

(2)联邦保险局；

(3)联邦银行监管局；

(4)联邦保险监管局;

(5)联邦粮食和林业局;

(6)联邦农产品市场组织研究所;

(7)联邦审计局;

(8)联邦职业教育和培训研究所;

(9)联邦卫生局;

(10)邮政银行总部;

(11)中央职业介绍所。

将作出修改。

2. 联邦将把联邦铁路管理局的总部和联邦铁路资产总部设在联邦城市波恩,并将以下部分联邦机构移至波恩:

(1)联邦地理与区域规划研究中心(柏林办事处);

(2)联邦建筑局;

(3)联邦统计局(柏林办事处);

(4)联邦地球科学与自然资源研究所(柏林办事处);

(5)联邦辐射保护局(柏林办事处)。

3. 联邦应努力确保以下机构设立于联邦城市波恩:

(1)德国国际发展基金会;

(2)德国发展局;

(3)德国发展政策研究所;

(4)马克斯·普朗克教育研究所;

(5)德国营养学会;

(6)德国成人教育协会的教育场所。

4. 根据第1款修订后的法律作出的所在地决议,以及根据第2款确定的所在地和迁址决议,将在根据第3条第2款规定执行联邦政府所在地决议时同步予以执行。

5. 联邦应努力确保根据第3款规定的所在地决议执行时间与政府职能迁往柏林的时间一致。

第8条　公务员法的措施

1. 对于受本法影响的联邦行政部门员工,须制定公务员法或其他规定,这些规定既要顾及宪法机构和其他有关联邦机构正常履行职能,又要在必要和恰当的情况下,对由于搬迁而导致的损失予以补偿。

2. 如果确有需要制定新的法律法规,则应在本法之外进行。

第 9 条　联邦法律公报中的公告

联邦法律公报公告内容如下:

1. 德国联邦议院主席根据第 2 条第 2 款作出的决议;

2. 联邦总理根据第 3 条第 2 款规定的日期;

3. 联邦区域规划、建设和城市发展部根据第 7 条第 4 款规定的日期。

第 10 条　生效

本法自宣布之日起生效。

五、俄罗斯

“关于俄罗斯联邦首都的地位”的法律*

俄罗斯联邦 1993 年 4 月 15 日第 4802 - Ⅰ号法
最近一次修订:2019 年 12 月 27 日

第 1 条　俄罗斯联邦首都

根据俄罗斯联邦宪法,俄罗斯联邦首都是莫斯科市。俄罗斯联邦首都是俄罗斯联邦国家权力机关的所在地,是各共和国、边疆区、州、自治州、自治专区、圣彼得堡市代表处的所在地,以及驻俄罗斯联邦外国使领馆的所在地。

俄罗斯联邦首都的领土是莫斯科市的领土。

第 2 条　俄罗斯联邦首都的地位的概念

俄罗斯联邦首都的地位是指莫斯科市的法律地位,这归因于俄罗斯联邦国家权力机关以及根据本法建立的莫斯科市权力机关在莫斯科市履行首都功能所产生的权利和义务,法律规定的莫斯科市当局履行俄罗斯联邦首都的功能,以及对个别法律关系(翻修莫斯科市房屋和在莫斯科市建造或重建区域交通及其配套设施)的监管。

第 3 条　俄罗斯联邦首都的地位的法律规定

根据俄罗斯联邦宪法,本法规定了俄罗斯联邦首都的地位。

经与莫斯科市权力机关达成协议,俄罗斯联邦国家权力机关可将本法规定的

---

* 文本来源于俄罗斯法律和规范与技术文献电子基金会中心官方网站,网址:http://docs.cntd.ru/document/9009842。

部分权力移交给莫斯科市权力机关。根据与俄罗斯联邦国家权力机关的协议,莫斯科市权力机关也可以将本法规定的部分权力移交给俄罗斯联邦国家权力机关。

与莫斯科市履行首都功能有关的,俄罗斯联邦国家权力机关与莫斯科市权力机关之间不受本法管辖的其他关系,应由这些机关之间达成的协议加以约束。

第 4 条　莫斯科市权力机关在履行首都功能、翻修莫斯科市的住房、保护共同参与建设的公民的权利以及确定莫斯科市的城市发展特征的权力

莫斯科市权力机关在履行首都功能、翻修莫斯科市的住房、保护共同参与建设的公民的权利以及确定莫斯科市的城市发展特征等方面,具有以下权力:根据法律规定的方式,向俄罗斯联邦,各共和国、边疆区、州、自治州、自治专区、圣彼得堡市的代表处以及驻俄罗斯联邦外国使领馆,提供土地、建筑物、构筑物、设施、房屋以及公共服务、运输和其他服务;为国内和国际活动提供必要条件;参与为俄罗斯联邦首都莫斯科市制订和实施有针对性的联邦发展计划;在莫斯科市范围内参与通信系统、联邦公共道路和其他运输系统的维护和开发;确定莫斯科市房屋翻修计划的内容(以下简称翻修计划)。莫斯科市房屋的翻修,是指在翻修计划下进行的全部活动,旨在更新居住环境并为公民和公共场所创造有利的生活条件,改善公共空间的环境,以防莫斯科市危房存量增加,确保居住区的发展及优化。优先拆除对象为翻修计划中的公寓楼,公寓楼的拆除顺序根据其技术条件而定;确定翻修计划草案中公寓楼的顺序,并列出清单,据此进行翻修。清单中包括工业住房建设第一阶段的公寓楼,以及在结构上与其类似的公寓楼,公寓楼中房屋产权人以及以社会租赁方式使用州或市政住房基金提供的居住区的公民(以下简称居民房屋的承租人),根据本法第 7 - 1 条由其投票决定是否将这些公寓楼纳入翻修计划草案。本款规定的工业住房建设第一阶段的公寓楼是指不超过 9 层的、建造于 1957 年至 1968 年的、使用当时典型的墙壁和(或)天花板的公寓楼;批准莫斯科市的房屋翻修计划;在其权限范围内,确定翻修计划的资金来源,并在莫斯科市预算资金的支持下实施该计划;经批准对莫斯科市房屋作出翻修决定(以下简称翻修决定),该决定应包括根据本法将要拆除的公寓楼清单,标明其地址、实施翻修决定的执行阶段信息(如果有)、此类改造措施的信息以及实施的大概期限;在形成及实施翻修计划过程中,根据本法设立识别和参考公民意见的程序和形式;为执行对具有区域交通及其配套设施的翻修、建造、重建计划,确定制定和批准对该地区工程支持(电、热、煤气、水和废水)的综合计划以及发展步骤,应以图形和文字形式描述现有线路(如公路、铁路、网络、管道等)工程对象的规划位置、基础设施和其他与技术相关的基本设施建设,包括以下信息:基本建设设施与工程技术支持网络、电力网络的连接点(技术连接)的计划位置以及现有计划容纳网络的最大可用容量、最大负载等;为实施关于区域设施的翻修、建设、重建的决定,建立基本建设设施与工程技术支持网络、电网连接点(技术连接)的程序,包括其在地块和(或)区域边界上的位置,于此准备地区规划的文件,以执行关于翻修、建造、重建区域交通及其配套设施的决定;为翻修计划中公寓房的产权人及其家庭成员、承租人及其家庭成员(注册需要住房)建立改善住房条件的程序(包括2005年3月1日之前注册的公民,目的是今后根据社会租赁协议向其提供居住场所)。此命令并不会损害住房立法和其他联邦法律中所规定的改善本款所指人员生活条件的保证;确定在实施翻修计划时协助组织和实施安置的公民的类别;根据2002年10月26日第127号联邦法律第201－1条第2－6款"破产"的规定向仲裁法院提交申请,宣告开发商以基金的法律形式成立统一非营利组织之后,成为俄罗斯联邦的组成实体,并宣告破产。根据2004年12月30日第214号联邦法律第21－3条"关于参与共建公寓楼和其他房地产以及对俄罗斯联邦某些法律的修正案",若在上述申请提交仲裁法院的当日,开发商和参与者正在莫斯科市区域共同建设公寓,则有义务完成公寓楼和(或)其他房地产的建设,并由莫斯科市的预算和统一非营利组织出资完成。莫斯科市监管法律规定了向仲裁法院提出申请,并宣布开发商宣告破产的程序和标准;建立定价和估算标准化的流程,其中包括莫斯科市建立区域交通及其配套设施时(包括在莫斯科市预算的参与下进行建设的设施)确定基本建设设施的预算建设成本;与俄罗斯联邦政府达成协议,确定莫斯科市总体规划的组成、内容、发展程序和批准细节,以及修改莫斯科市总体规划的程序,并在必要时确定所需信息、文件和材料的清单;确定莫斯科市的组成、内容、开发程序、土地使用和开发规则的批准程序、地区规划文件以及这些文件的修订程序,并在必要时确定所需信息、文件、材料的清单;建立、维护和运行国家信息系统,为莫斯科市的城市规划提供信息,同时确定国家信息系统中文件和资料的特征及信息组成;由俄罗斯联邦政府批准的在莫斯科市区域内适用的用于提供统一标准市政服务的程序,包括批准公共服务清单和提供这些服务时采用的统一标准;确定莫斯科市的公共服务清单,此服务包括申请人提出提供公共服务的要求(声明)的说明(指示)、文件,提供说明(指示)文件需要用电子版形式。

第5条　莫斯科州权力机关协助莫斯科市履行首都功能

莫斯科州权力机关通过参与以下活动,协助莫斯科市履行首都功能:制订和实施关于俄罗斯联邦首都莫斯科市的联邦发展计划,其影响扩展到整个莫斯科州的领土;根据与莫斯科市达成的协议,在该地区的领土上进行建设、重建和维护,以便于莫斯科市履行首都功能;发展位于莫斯科州的与莫斯科市履行首都功能有关的通信系统、通用联邦高速公路和其他运输系统;开发满足莫斯科市和莫斯科州的一般需求的公用事业;联合开展莫斯科市和莫斯科州境内的环境保护活动。

莫斯科州协助提升首都功能有关的费用由俄罗斯联邦共和国预算提供的补助金,以及俄罗斯联邦政府机构和有关企业、机构和组织针对该地区提供的服务付款,予以全额补偿。

第6条　莫斯科市履行首都功能所产生的费用补偿(已废止)

第7条　俄罗斯联邦首都莫斯科市的长期发展规划

根据俄罗斯联邦城市规划法的规定,莫斯科市的总体规划草案,须经俄罗斯联邦政府和与莫斯科市具有共同边界的俄罗斯联邦主体的权力机关批准。

有关莫斯科市长期发展规划发生的争议,由有关主管权力机关在同等基础上成立的调解委员会解决。

第7-1条　在形成和实施翻修计划的过程中识别、参考产权人和承租人的意见

根据莫斯科市法律法规,在形成和实施翻修计划的过程中(包括在公寓楼内召开产权人大会),根据本法设立识别和参考产权人和承租人的意见的程序和形式。

翻修计划草案仅包括第一批工业房屋建造的公寓楼以及在结构上与之相似的公寓楼,且至少取得三分之二的产权人和承租人投票同意方可将相应的公寓楼纳入翻修计划草案。根据莫斯科市的法律法规制定的翻修方案,其中包括记录产权人和(或)承租人投票以及计票的程序。如果产权人和(或)承租人均参加表决,投票的结果按产权人和(或)承租人比例分别计算(在产权人大会上投票除外)。

在形成和(或)实施翻修计划的任何阶段(直至就本法第7-3条第2款规定的“同等住房”订立第一份社会租赁房屋合同),或直至根据本法第7-3条订立第一份合同,该合同规定了翻修计划中所包含公寓楼的所有权转让,包括根据俄罗斯联邦房屋法第32条第7款确定的价格购买(以下简称等额现金补偿),但自决定翻修之日起不少于90日,根据俄罗斯联邦房屋法规定的方式,可以举行一次公寓楼产权人大会,以决定是否将该公寓房排除在翻修计划之外。经该公寓楼内所有产权人三分之一以上的人同意,该决定方可通过。若该决定通过,则该公寓楼将被排除在翻修计划草案之外。与同等住房有关的第一份社会租赁协议,根据本法第7-3条的规定,自决定翻修公寓楼之日起90日内订立,包括翻修计划中公寓楼的所有权转让和等额现金补偿。

在根据本条第2款进行投票时,以及根据本条第3款在公寓楼产权人大会上进行投票时,代表莫斯科市作为公寓楼住宅区所有产权人权益的权力,归属于该公寓楼中此类住宅区的承租人。承租人通过提交社会租赁协议或根据社会租赁条款能够证明承租人在住宅房屋中居住的其他文件,以确认是否有权参加公寓楼产权人大会。

实施翻修的信息由负责发布(正式出版)莫斯科市法律法规的印刷媒体发布,或在莫斯科市权力机关官方网站发布,或通过俄罗斯联邦立法和莫斯科市法律法规规定的其他方式发布。

自通过之日起三日内,翻修决定由莫斯科市行政授权机构在有关(正式出版)莫斯科市法律法规的印刷媒体上发布,并发布在莫斯科市权力机关官方网站。

第7-2条　翻修莫斯科市房屋、建筑和重建莫斯科市区域交通及其配套设施以及调整城市土地关系

根据地区规划文件、城市规划标准以及城市发展立法的其他要求,为执行翻修决定而决定建造公寓楼的区域,将用于公共基础设施。

为执行翻修决定可以批准有关区域规划的文件,在区域范围内,计划根据莫斯科市的土地使用和发展规则(以下简称土地使用和发展规则)开展活动,以实现其综合和可持续发展;同时,根据土地使用和发展规则,对区域范围内实施综合和可持续发展没有边界限制。

为执行翻修决定,可以在不考虑先前已经批准的地区规划文件的前提下,作出新的地区规划文件提案。从新的地区规划文件获得批准之日起,先前已经批准的地区规划文件失效。

地区规划文件的组成和内容由俄罗斯联邦城市规划法确定,同时也将此条款考虑在内。为执行地区规划文件的翻修决定的主要部分、项目土地调查的主要部分及其依据的资料,可以由莫斯科市法律法规提供的信息、文件和材料作为补充。如果为执行有关该区域的翻修决定,而提案区域有关地区规划没有实现综合和可持续发展,则可能因为该地区规划文件不包含该等信息、文件和材料。而根据俄罗斯联邦城市规划法,全面的地区规划文件中应含有此类信息、文件和材料。

如果为执行翻修决定而编制的土地规划文件规定的基本建设项目的地点、核准的用途类型和参数不符合土地使用和开发规则的规定。在此情况下,根据俄罗斯联邦城市规划法第33条之规定,应通过关于土地使用和开发规则修正案的决定,并同时批准有关地区规划的文件。

如果为执行有关翻修决定选择了归莫斯科市所有的土地，或未划定界限的国有财产和(或)翻修决定中所包含的公寓楼，以及联邦或私人所有的与边界不相交的地块，根据批准的土地使用和开发规则，在根据土地立法选择土地之前，针对地区规划文件以及该地籍规划中的一个或多个地块的选址方案，批准地块(为实施地区规划项目、进行工程调查、编写项目施工文件而形成)的城市规划，并进行工程勘察、准备建筑设计文件、重建基础设施，对设计文件和(或)工程勘察结果进行国家审查，签发基本建设设施建造、重建许可证。在此情况下，不需要为土地颁发建设基本建筑物的许可证。申请签发建筑许可证的同时，须在该区域的地籍规划中批准一个或多个土地的选址方案。

根据莫斯科市的法律法规，确定执行翻修决定而进行的基本建设项目的预估费用。

从基本建设项目的设计文件提交之日算起，可实施关于莫斯科市区域交通及其配套设施的改造、建设和重建的决定；在项目文件国家审查、发放特定对象的施工许可证之前，允许在莫斯科市法律范围内进行准备工作。

在考虑到本款规定的前提下，根据俄罗斯联邦土地法，使用莫斯科市拥有的土地或未划定国家所有权的土地或未划定土地所有权的土地，不需要确定地役权。为执行俄罗斯联邦土地法有关翻修的决定，允许使用指定的土地或地段，并且可以发布地役权以用于工程基础设施线路的设置，以及可以发布地役权以及其他与技术相关的基本建设项目。项目清单需在本款规定的允许使用的土地上进行，并由莫斯科市法律法规规定签发此类许可的程序。本款规定的使用土地或地块的许可，允许被许可人根据城市规划法规对这些设施进行建设、重建、维修和运营。在此情况下，为获得建筑许可并将这些设施投入使用，需进行地籍登记，并对这些设施的所有权进行登记，且应获得本款中规定的土地使用许可。此时，不需要提供土地的所有权文件。

为执行公寓楼的地块的翻修决定，自莫斯科市产权的国家注册之日起，在拆除公寓楼前，应允许对该地块进行分割、整合及再分配。

根据经批准的地区规划文件和(或)根据俄罗斯联邦城市规划法第 57 - 3 条第 1 - 1 款发布的城市发展计划以及该土地在该地籍规划中的位置图，由莫斯科市或国有财产所有的土地，没有定界并且不受第三方权利的限制(地役权、公共地役权除外)，在这些土地上建设区域交通及其配套措施时，依据土地立法规定，除国家需要而被征收的土地外(根据批准的地区规划项目),可以颁发建设许可证。在此情况下,不需要为土地颁发所有权文件,亦不需要颁发基本建设的建设许可证。除所有权文件外,建筑许可的申请还应附有已批准的用于勘测区域项目的详细信息,或该区域地籍图上一个或多个土地的选址方案。如果已根据本款的规定签发了建设区域交通及其配套措施的许可证,则根据土地立法规定,需根据批准的地区规划项目进行建设、重建工作。出于国家需要而撤回的土地,除非根据土地立法针对国家需要而征收土地的程序确立的第三方权利终止,否则不得进行重建。

第 7 -3 条　翻修计划公寓楼中产权人和承租人住房权的保障

翻修计划公寓楼中住房房屋的产权人(以下简称住房房屋的产权人)和承租人应被提供同等住房,而不是指定的居住场所,以确保其住房权利。

本法中的同等住房应理解为同时满足以下要求的住房:这类住房的居住空间和房间数量不少于被腾退房屋的居住空间和房间数量,并且这类住房的总面积应超过被腾退房屋的总面积;这类住房符合莫斯科市法律规定的装修标准,且符合莫斯科市法律法规规定的其他要求;属于莫斯科市翻修计划中公寓楼和该公寓楼中的住房,泽列诺格拉茨克区、特罗伊茨基区、莫斯科市新莫斯科夫斯克行政区的公寓楼除外(以 2017 年 1 月 1 日规定的区域界线为准)。在莫斯科市行政边缘区提供的同等住房属于翻修计划的公寓楼。

同等住房的所有人替代房屋产权人,有申请获得货币补偿形式的同等住房的权利或等值住房。登记受限或者负债的房屋,该房屋产权人无权要求货币补偿形式的等值住房。根据俄罗斯联邦住房房屋产权人法第 32 条第 7 款的规定,提供的同等住房的价值不能低于腾退房屋的价值。从房屋产权人缔结同等住房合同(该合同根据本条第 4 款缔结,且根据所提供的同等住房协议签订的房屋产权转让合同)之日起 30 日内,由莫斯科市行政授权机构明确该部分指定的声明书。

根据合同(以下简称房屋产权转让合同)提供同等住房、货币补偿形式的等值住房、等值住房,该合同是由翻修计划中公寓楼的房屋产权人和莫斯科市行政授权机构缔结的。

根据民法规定强制翻修计划中公寓楼房屋产权人缔结合同(该合同是根据所提供的同等住房协议签订的房屋产权转让合同),应在遵守本法规定的前提下,适用民法关于交换的规则,但本条第 6 款所规定的情况除外。

如果房屋产权人在本条规定的日期内,提交了由本条第 3 款所规定的申请,那么莫斯科市行政授权机构可以与该房屋产权人缔结合同,该合同是根据所提供的同等住房协议、货币补偿形式的等值住房协议、等值住房协议签订的房屋产权转让合同。在此情况下,根据民法规定强制房屋产权人缔结合同,该合同是根据所提供的同等住房协议、货币补偿形式的等值住房协议签订的房屋产权转让合同。

根据货币补偿形式的等值住房协议签订的房屋产权转让合同,应在遵守本法规定的前提下,适用民事买卖法律的规定。

根据提供的等值住房协议签订的房屋产权转让合同,应在遵守本法规定的前提下,适用民事买卖法律的规定。

房屋产权转让合同包括以下内容:合同各方的信息;翻修计划中公寓楼的住房信息;同等住房的信息(该同等住房是有住房地籍数量的房屋),或者是符合本条第3款规定的房屋,等值住房的信息(该等值住房实有地籍数量的房屋),以上信息及房屋面积和等值货币补偿的条款,将提供给房屋产权人;翻修决定的具体内容;在合同规定的期限内,莫斯科市行政授权机构有转交房屋产权人同等住房的义务,或者是由该法律规定转交等值住房或者支付等值货币补偿的义务。房屋产权人有接受同等住房、等值住房、货币补偿形式的等值住房的义务;房屋产权人拥有在合同规定的日期内,向莫斯科市行政授权机构转让房屋产权的义务,莫斯科市行政授权机构同样拥有接受该房屋产权的义务;义务履行期限由本款第六段和第七段所规定;列出有权在翻修计划中使用公寓楼住房并获得同等住房或在本法规定的情况下对同等住房享有相应权利的人员名单。

根据本法应提供单独的住房作为同等的居住空间,以替换公民在翻修计划中公寓楼的公用住房腾出的房屋。此外,不允许提供公用住房(该房屋是集体使用产权)或者其部分房屋。如果翻修计划中包括的公寓楼中需腾出的房屋是集体使用产权房或共同使用产权房,根据本条第21款,这些居民有权获得集体使用产权房或共同使用产权房。

根据社会租赁协议,应向房屋承租人及其家庭成员提供同等住房;如果有书面申请,则根据房屋产权转让合同向其提供有产权的同等住房。

根据社会租赁协议,需要提供住房的居民(包括根据社会租赁协议,在2005年3月1日之前因需要提供住房而登记在册的居民),对翻修计划中公寓楼的住房有产权或者使用权。根据莫斯科市法律法规规定的标准和条件,应改善上述住房条件。在上述居民拒绝改善住房条件以及不遵守莫斯科市法律法规规定的标准的情况下,应根据本条规定向其提供同等住房或货币补偿形式的等值住房或等值住房。根据社会租赁协议,上述居民有登记获得住房的权利,直到居民获得已经改善居住环境的房屋或者直到从登记册中除名为止。

如果根据本条规定,房屋产权转让合同是在强制情况下缔结的,在房屋产权人收到房屋产权转让合同方案起90日内,需提交的函件还未提交,莫斯科市行政授权机构将向法院提出诉讼,强制上述房屋产权人签订下列合同:翻修计划中公寓楼的房屋产权转让合同,翻修计划中公寓楼住房的拆迁合同,将房屋转交莫斯科市的合同,相关房屋产权转让的国家登记合同。在诉状中应当明确以下几点:房屋产权人的地址、房屋总面积、房间数量、同等住房的地籍数值。而在产权人确定了由本条第6款规定的书面申请的情况下,以下几点也需要明确:等值住房的地址、房屋总面积、房间数量、地籍数值或货币形式的等值补偿的数额。

从翻修计划确定之日起,房屋产权人免于支付翻修计划公寓楼中公共财产的维修费用。上述房屋产权人先前支付的维修费用,将用于该翻修计划。

如果房屋产权人开设了公共财产维修基金专用账户,在翻修计划公寓楼中房屋产权转让后,根据莫斯科市法律法规,专用账户的户主应将专用账户的权利转移给莫斯科市政府。

翻修计划公寓楼中有登记限制和负债的房屋,不构成对房屋产权转让给莫斯科市国家登记的障碍,同样也不构成法院受理本款诉讼的障碍。在该情况下,登记受限和负债的房屋与国家登记的产权转让可以同时实行。

如果在关于翻修计划公寓楼中的不动产方面颁布了以下法令,则签订房屋产权转让合同构成受限或者负债房屋产权转让的基础:司法法令,授权机构的查封法令,禁止一系列关于不动产活动的法令,根据俄罗斯联邦刑事诉讼法出台的清算税务的法令。

房屋产权人的所有权或者房屋承租人的所有权(本条第11款规定的房屋承租人)的交付使用,该所有权以房屋产权转让合同为基础,或者以房屋所有权转让合同为基础,在无须事先在莫斯科市登记所有权的情况下对该房屋进行注册,但应符合下列条件:在莫斯科市地段,或者是国家所有权没有划分的地段,实施公寓楼的建设(包括根据土地法提供的莫斯科市房屋翻修基金用以出租和无偿使用的地段);该建设以完成翻修计划所规定的活动为目的,依靠隶属于莫斯科市行政授权机构组织的资金或莫斯科市房屋翻修基金来运行。

在房屋产权人死亡的情况下,以公证的形式且在有利于指定的遗产继承人利益的情况下缔结房屋产权转让合同。指定公证人或者是俄罗斯联邦民法典1026条规定的遗产委托管理人,具有本条规定的以下权利:房屋产权,包括投票权和缔结房屋产权转让合同的权利，提交货币补偿形式的等值住房和等值住房的申请的权利。在继承人接受遗产之前有指定委托管理人的情况下，如果遗产没有被接受，则将继承权证明提交莫斯科市（莫斯科市是在国家统一不动产清单中规定的房屋产权人），同时在国家统一不动产清单里规定了以下信息：不能转让房屋用以抵押、租赁的信息，不能用其他权利使房屋负债的信息，不能割让房屋的信息。实行不动产权国家登记的机构，不包含国家统一不动产清单上的指定信息，在进行已故房屋产权人的继承人权利的国家登记时，根据公证书（该公证书由发放房屋遗产证明的公证处发放），分配房屋（该房屋是已故产权人的）继承权。

该等人员在签订房屋产权转让合同后，即丧失翻修计划中公寓楼住房的使用权，但根据签订的合同获得了同等房屋的使用权。

如果房屋是集体产权，该房屋的产权转让合同由该房屋产权人签订，该合同规定了所获得的房屋在集体产权中的份额，该份额符合翻修计划公寓楼（如果该房屋占集体产权份额）中房屋产权的份额，或者所提供的房屋在共有产权中的份额（如果该房屋是翻修计划中公寓楼的房屋且占共有产权份额）。

如果是未成年人、丧失行为能力或残疾的公民居住在翻修计划公寓楼中的房屋，则不允许向这些产权所有人提供等额现金补偿。

向以上产权人或承租人提供同等或等值住房时，不收取额外费用。

向上述翻修计划中公寓楼的房屋产权人或承租人提供同等住房，其有权根据书面申请获得面积大、房间数量多的房屋作为额外补贴，并用该房屋作为同等住房。根据莫斯科市法律法规规定向房屋产权人或承租人提供同等住房，上述人员可以获得家庭补助、住房补贴和社会福利津贴，亦有获得产权证的权利，俄罗斯联邦法并不禁止上述人员获得其他来源的补助。

第 7－4 条　翻修决定公寓楼中非居住用房所有人的权利

翻修决定涉及公寓楼中与住房无关的非居住用房，应根据莫斯科市的需要予以征收，并根据俄罗斯联邦法律予以等价补偿。

第 7－5 条　在终止翻修决定公寓楼中非居住用房的租赁权利的情况下，确保莫斯科市中小企业的权利

由于实施翻修计划，翻修决定中公寓楼的非居住用房的租赁合同（根据本条规定先前签订的非住宅租赁合同）的效力终止，且这些非居住用房由莫斯科市中小企业租赁，则这些中小企业有权签订新的非住宅租赁合同。根据 2006 年 7 月 26 日颁布的关于保护竞争的联邦法律第 17－1 条第 12 款的规定，签订新的非居住用房租赁合同,应符合下述条款:先前签订的非居住用房租赁合同的有效日期,应为到期之前的日期,该住房未进行招标并保留俄罗斯联邦法和莫斯科市法以及其他法律法规规定的优惠措施。如果先前签订的非居住用房租赁合同的期限到期,根据俄罗斯联邦民法典第621条第2款,上述合同可以续约,且非居住用房租赁新合同签订期限为10年。

如果承租方是中小企业,并且其租赁的公寓楼中非居住用房归莫斯科市所有,则该中小企业享有租赁优先权。根据2008年7月22日第159号俄罗斯联邦法律第3条"关于不动产所有权收归国家、市政府、中小企业租赁主体所有以及俄罗斯联邦翻修法的修正条款",在翻修计划实施期间,同时根据本条第1款,中小企业对基于新的非居住用房租赁合同对向其提供的等价非居住用房享有优先购买权。

第7-6条 翻修决定中公寓楼拆除的程序

停止使用翻修决定中的公寓楼,应以莫斯科市行政授权机构的决议为准。

在决定停止使用时,翻修决定中应包含公寓楼拆除的日期以及莫斯科市法律法规规定的其他信息。根据本条第3款的规定,决定停止使用的日期不应早于产权人和承租人迁出公寓楼的日期。

根据本法规定,当翻修决定实施时,除非转交给房屋产权人和承租人符合本法要求的新住房,或者是根据本法提供等值货币补偿的住房,否则不能强制要求其迁出。

根据俄罗斯法律规定,为确保翻修的安全性,在执行公寓楼拆除时需要做好防护措施,应在拆除领域规划出的边界设置防护设备。

根据翻修决定,自公寓楼停止使用之日起,使用工程技术断开网络和供电连接(但不允许在住房和非住房场所中操作)。

如果公寓楼被拆除,则该公寓楼的存在即告终止,不需要作出拆除该公寓楼的决定。

第7-7条 莫斯科市翻修改造基金的活动目标、任务和职权

莫斯科市翻修改造基金(以下简称基金)是根据莫斯科市法律法规成立的统一非营利组织。该基金的印章上刻有莫斯科市的徽章和全名。

基金的地位、目标、职权及管理机构的组成由1996年1月12日颁布的"关于非营利组织"的俄罗斯联邦法律(以下简称关于"非营利组织"的联邦法律)所规定。

为完成莫斯科市预算及其他资金业务,基金在莫斯科市财政机构开设账户。执行其他业务时,基金有权根据俄罗斯联邦法律规定的方式在俄罗斯联邦境内的信贷机构开设银行账户。

根据关于“非营利组织”的联邦法律第 32 条第 3、5、7、10、14 款,以及关于“非营利组织”的联邦法律第 7 条第 1 款和俄罗斯联邦民法典第 123 - 18 条第 1 款的规定,如果未能根据本法履行或不适当地履行参与公寓楼共同建设的合同规定的义务,则将由基金的发起人承担基金义务。

该基金的活动目标是改善居住环境,提升公共场所的空间,避免莫斯科市存量危房的急剧增长,确保居住区的发展和提升。

为实现本条第 5 款规定的目标,基金应履行以下职能:确保在自己的管辖范围内完成翻修计划和翻修决定;协助拆除翻修决定中的公寓楼;促进完成工程勘测,准备项目文件,建设、重建、维修建设项目,恢复翻修决定中的文化遗产,检查建设程序,检查指定重建对象;协助编写有关地区规划的文件;对社会、公共交通、工程基础设施的建设提供协助,批准与该地区有关的规划文件,以执行有关翻修决定;根据本法实施翻修决定时,为确保房屋产权人的住房权提供协助;根据本条第 5 款所规定的目的进行投资活动,其中包括吸引公民的资金和法人的资金,该资金用于基金所有权地段公寓楼的建设和根据合同基金租赁地段及无偿使用地段的建设;根据 2011 年 7 月 18 日颁布的第 223 号“关于以法人名义购买商品、劳动力、服务”的联邦法律购买房屋;将住房转交莫斯科市行政授权机构,该住房的所有权归基金所有,其中包括以捐赠形式无偿捐赠的住房;根据翻修决定的内容,组织完成科研、设计测试和技术工作;签订建设工作参与份额合同的,在该建设中基金作为承建方参与并签订以下合同:翻修计划和翻修决定中公寓楼的买卖合同、其他不动产对象的买卖合同、房屋处置合同及处置基金财产的协议;根据本条第 5 款规定的活动目的,促进建筑材料的生产、制造品的生产及住房建设结构的形成;根据本条规定的活动目的,履行莫斯科市法律法规和基金章程。

根据俄罗斯联邦法律,基金活动的财政保障来自私有资金、莫斯科市预算和其他经济来源。

基金有义务在基金信息官方网站上公开其活动的年度报告。

在遵守俄罗斯联邦国家机密法的条件下,基金有权使用国家机密信息开展活动。

根据莫斯科市法律法规,基金可以被授权作为承办人,以吸引公民和法人的资金,该资金将用于合同中标明地段的建设。2004 年 12 月 30 日颁布的“关于参与建设公寓楼和其他不动产对象的比例和俄罗斯联邦法中的调整”的联邦法(以下简称

"关于参与建设公寓楼和其他不动产对象的比例和俄罗斯联邦法中的调整"联邦法),具有以下特点:"关于参与建设公寓楼和其他不动产对象的比例和俄罗斯联邦法中的调整"联邦法中的第2条第1-2-6款,第3条第5款,第1款第2项,第2条第7款,第3-1条,第13条,第15条,第15-4条,第18-18-2条第4款,第1款第7条,第20条第2款第5项和第23-2条,不适用于基金活动。

该基金有权吸引公民的资金和法人的资金,用于基金所有权地段公寓楼的建设和根据合同基金租赁地段及无偿使用地段的建设。

基金根据参与建设比例合同,在不履行或者不当履行义务时,承担补充义务。

基金根据本法第7-2条第6款规定的职能,履行准备、登记和在建成前提交城市地段建设计划的义务,根据基金的声明书(该声明书是由莫斯科市行政授权机构确立的)履行提交没有土地的建设许可证的法律文件的义务。

第7-8条　基金内部管理

基金委员会和基金总干事是基金的管理机构。基金委员会是基金会的最高决策机构。基金总干事是基金的唯一执行机构。

基金监督委员会是基金的监督机构,监督基金的各项活动,通过基金决定的各项决议,并确保其执行。基金监督委员会应根据俄罗斯联邦基金法使用资金。基金监督委员会应当参加公益性活动。

基金监督委员会可以由公职人员和担任公务员职位的人员组成。

基金监督委员会成员总数不得超过11人。

基金监督委员会的人员组成由莫斯科市权力机关颁布的法律确定。

根据俄罗斯联邦法律和基金监督委员会的章程,规定了基金的以下事项:基金的发展战略,包括基金的目标、优先事项、关键绩效指标和基金活动的预期成果;基金的活动计划,其中载有基金确定的当期和基金活动计划期间的活动清单;关于基金活动的年度报告和基金的年度会计(财务)报表。

根据莫斯科市权力机关颁布的法律确定基金委员会的成员。基金委员会可由公职人员和担任公务员职位的人员组成。

如果基金委员会由公职人员和担任公务员职位的人员组成,则这些人员将无偿开展活动。

基金委员会行使以下权力:确定基金活动的优先领域;批准基金的发展战略,包括基金的目标、优先事项、关键绩效指标和基金活动的预期成果,审核后将其结果提交基金监督委员会核准;批准基金的活动计划,其中载有基金确定的当期和基金活动计划期间的活动清单，审核后将其提交基金监督委员会核准；每年根据竞争结果选定审查机构，该机构强制对基金资金和会计（财务）报表进行年度审查，并对这些财务数据进行审核；批准关于基金活动的年度报告、基金的年度会计（财务）报表，审核后将其提交基金监督委员会核准；发布建设基金其他机构的决议，发布到期终止机构权力的决议；根据本法第7－7条第5款规定的目的，颁布设立商业协会和基金股份的决议；发布变更基金章程的决议；批准基金根据俄罗斯联邦法律进行的交易；履行本法和基金章程规定的其他权力，并履行本法第7－7条第6款规定职能所必需的权力。

基金总干事管理基金的日常活动。

莫斯科市权力机关任命和解雇基金总干事。

基金总干事行使以下权力：根据基金活动的目的，代表基金行使职权，并在未签订委托协议的情况下代表联邦国家当局、俄罗斯联邦主体当局、地方当局、个人和法人实体；组织完成基金监督委员会和基金委员会的决定；发布关于基金活动的命令和指示；聘用和解雇基金的雇员；分配副总干事的职责；组织准备基金监督委员会和基金委员会需要的材料，并解决基金其他机构与活动相关的问题；就基金权限内的问题作出决议，但基金委员会和基金监督委员会权限内的问题除外。

基金审核委员会是基金的内部财政监管机构，该委员会根据基金监督委员会规定的章程进行活动。

第8条　俄罗斯联邦国家权力机关所占有的土地和位于其上的建筑物、构筑物、设施和房屋的所有权

俄罗斯联邦最高立法、行政和司法机关，以及俄罗斯联邦检察长、俄罗斯联邦中央银行、俄罗斯联邦基金会占有的，位于莫斯科市范围内的土地和位于其上的建筑物、构筑物、设施和房屋，归俄罗斯联邦所有。

本条第1款规定的建筑物、构筑物及建筑物所在的地块，以及位于莫斯科市和俄罗斯联邦所有权上的地块，由联邦法律认可，或在划定国家土地所有权时产生或取得，由俄罗斯联邦民法规定，属于联邦所有。

第9条　莫斯科市的土地供应

根据俄罗斯联邦政府制定的清单，莫斯科市权力机关提供该市拥有的土地，用于建造俄罗斯联邦国家权力机关履行权力所需的建筑物、构筑物、设施和房屋。俄罗斯联邦国家权力机关，以法律规定的方式收购这些土地，并由此成为俄罗斯联邦的财产，或根据俄罗斯联邦土地法的规定租用这些土地。

在2025年1月1日之前,经授权提供莫斯科市拥有的土地或未划定国家所有权的莫斯科市当局,有权根据莫斯科市法律法规的规定以及俄罗斯联邦土地法规定作出以下决定:拒绝批准该地块的选址方案;拒绝拍卖以出售土地或拒绝拍卖土地租赁协议;拒绝初步批准提供土地或拒绝在不招标的情况下提供土地。

第10条 将莫斯科市拥有的建筑物、构筑物、设施和房屋出租给俄罗斯联邦国家权力机关、俄罗斯联邦主体的代表处以及驻俄罗斯联邦外国使领馆

莫斯科市拥有的建筑物、构筑物、设施和房屋由莫斯科市权力机关据俄罗斯联邦法律规定的程序,出租给俄罗斯联邦国家权力机关、各共和国、边疆区、州、自治州、自治专区、圣彼得堡市的代表处。

除非俄罗斯联邦签订的国际条约另有规定,莫斯科市拥有的建筑物、构筑物和房屋可以以同样的方式出租给驻俄罗斯联邦外国使领馆。在与驻俄罗斯联邦外国使领馆解决就出租建筑物、构筑物、设施和房屋所产生的问题时,由俄罗斯联邦政府授权的机构代表莫斯科市政府机构予以解决。

第11条 在俄罗斯联邦首都莫斯科市举行会议、集会、示威、游行和其他公共活动

在俄罗斯联邦首都莫斯科市举行会议、集会、示威、游行和其他公共活动应遵守关于会议、集会、示威、游行的联邦法律。

第12条 通过和修改俄罗斯联邦首都莫斯科市宪章

俄罗斯联邦首都莫斯科市宪章由莫斯科市议会通过。莫斯科市宪章草案中关于莫斯科市履行首都功能的内容,需与俄罗斯联邦委员会和俄罗斯联邦总统协商。协商程序由俄罗斯联邦委员会制定。同样,遵循上述程序对莫斯科市宪章进行修正和补充。

莫斯科市政府机构的设立、变更以及组成单位的权限,由莫斯科市议会根据莫斯科市政府的建议确定。

第13条 莫斯科市的区域划分

莫斯科市的辖区包括该市的市区、其他行政区域单位以及城市内行政管理区域。

这些区域的法律地位由莫斯科市宪章规定。

六、菲律宾

菲律宾关于建立马尼拉大都会和马尼拉大都会委员会及其他事项的总统令*

1975 年 11 月 7 日第 824 号总统令

马拉坎南宫

鉴于在 1975 年 2 月 27 日举行的全民投票中，大马尼拉地区居民授权总统按照总统决定的条款和条件，将 4 个城市和 13 个自治市的地方政府改组为一个由负责人或委员会组成的综合政府单位；

鉴于上述相邻地区人口的快速增长以及社会经济需求的相应增加，形成了一个需要同步统一发展的大区域；

鉴于目前许多由各地政府分别提供的公共服务，如果在中央计划体系下予以整合和协调，并将不同市政需求作为共同问题加以考虑，可能且应该管理地更有效和更经济，以使该地区的城市和自治市共同受益；

鉴于建立一个可行和有效的系统，以协调、整合和统一管理地方政府的此类服务或职能，这对于大马尼拉地区的生存和发展至关重要；

鉴于此，必须按照最高的专业技术标准规划、管理和运营统一的市政服务或职能；

鉴于这种协调、整合和统一管理，特别是在维护和平与秩序以及消除煽动不满

---

* 文本来源于菲律宾政府公报官方网站，网址：https://www.officialgazette.gov.ph/1975/11/07/presidential-decree-no-824-s-1975/。

和叛乱的社会和经济弊病方面,是根据《戒严法》采取的对国家安全和保障至关重要的改革措施的一部分;

因此,我,菲律宾总统费迪南德·马科斯,根据宪法赋予我的权力,特此颁布以下法令:

第1条 创立马尼拉大都会。特此创建一个名为马尼拉大都会的市政机关,拥有包括订立合同、诉讼资格,获取、购买、征用、持有、转让和处置财产以及实现其目的所必需的其他权力和属性。该市政当局由根据本法令成立的委员会管理。

第2条 地区管辖权。委员会的管辖范围包括马尼拉、奎松、帕赛和加洛坎,以及马卡迪、曼达路永、圣胡安、拉斯皮纳斯、马拉邦、纳沃塔斯、帕西格、帕特罗斯、帕拉纳克、马里基纳、蒙廷卢帕和塔吉格市,以及位于布拉干省的瓦伦瑞拉市,所有这些城市、自治市统称为马尼拉大都会。

第3条 委员会的组织和人员。委员会由一名主席或总督、一名副主席或副总督及三名专员或委员会委员组成,其中一名负责计划,一名负责财务,一名负责运行,所有这些人均由总统任命并按照总统意愿任职。主席或总督的年薪为60,000比索,副主席或副总督的年薪为50,000比索,三名专员或委员的年薪为45,000比索。所有部门和办公室主任及下属人员应由主席或总督任命,其薪酬由委员会确定。除专业性强、技术性强的职位外,其他职位均适用《公务员法》和其他规章制度。非总统任命的人员应享有任期保障,仅可根据《公务员法》和其他规章制度规定的事由而被罢免或受到纪律处分。

主席或总督及副主席或副总督分别为委员会总负责人和副总负责人。

第4条 委员会的权力和职能。委员会应具有下列权力和职能:

1. 作为中央政府,建立和管理该地区的公共项目并提供公共服务;

2. 征收税款和专项评估费,借款、支出,发行债券、开具收入证明和债务证明。现有的税收措施应继续有效,直到委员会另行修改或废除为止;

3. 收取公共服务设施使用费;

4. 为大都会政府的运作拨出款项,并审查其管辖范围内的城市和自治市的拨款,在发现拨款与委员会的既定政策不符时,有权拒绝拨款,但不得损害本法令批准之时存在的地方政府各单位的合同义务;

5. 审查、修改、修订或废除马尼拉大都会内各城市、自治市的所有法令、决议和规定;

6. 制定或批准法令、决议,并对违反法令、决议的行为予以不超过10,000比索

或6年监禁的处罚,也可以对单一行为同时处以罚款和监禁;

7. 履行一般行政、执行和决策职能;

8. 建立消防指挥中心,指挥大都会的城市、自治市政府的消防工作;

9. 建立垃圾处理作业中心,指导大都会地区的垃圾收集与处置;

10. 建立和运营交通运输中心,指挥交通活动;

11. 协调和监督与基本服务有关的政府和私人活动,如运输、防洪和排水、供水和排污、社会、保健和环境服务、住房、公园开发等;

12. 确保和监督该地区社会、经济和自然规划与发展的全面规划的实施;

13. 研究增加镇参与各自地方政府事务的可行性,并向菲律宾总统提出具体的实施方案和政策;

14. 在每个财政年度结束后的30日内向菲律宾总统提交年度报告,并在必要时提交定期报告;

15. 执行菲律宾总统可能指派或指示的其他任务。

第5条 总负责人的职能。总负责人具有以下权力和职能:

1. 执行委员会批准的政策和措施,负责有效履行管理职能;

2. 提交他认为为执行本法令的宗旨和规定所必需的其他政策和措施,供委员会审议;

3. 在遵守委员会制定的指导方针和政策的情况下,拟定人员编制方案,并确定下级官员及其雇员的人数和薪酬;因故停职或以其他方式惩戒下级官员或雇员;并且在委员会的批准下,将此类官员或雇员因故撤职;

4. 在每个财政年度结束时编写关于委员会活动的年度报告,并向菲律宾总统提交;

5. 提交委员会年度业务预算供其批准;

6. 履行委员会分配的其他职责。

第6条 规划专员的职能。规划专员应具有以下职能:

1. 拟定普遍、基本、市政和公共服务一体化的长远规划,报总负责人批准;

2. 将有关普遍、基本、市政和公共服务的所有政策指令都转化为详细的业务计划和方案;

3. 开展政策领域的研究、调查和其他活动,向总负责人提交全面报告和适当建议;

4. 执行委员会或总负责人可能不时分配的与规划有关的其他职能。

第7条 财务专员的职能。财务专员应履行以下职责:

1. 确定普遍、基本、市政和公共服务一体化所需的经费;

2. 根据不同目的确定资金来源并进行分配;

3. 对普遍、基本、市政和公共服务一体化进行连续和详细的财务分析;

4. 执行委员会或总负责人可能不时指派的与财务有关的其他职能。

第8条 运行专员的职能。运行专员应具有以下职能:

1. 维护一个监测系统,监测已获批准的政策和计划在公共政策范畴内的执行和遵守情况,该监测系统应被用作定性和定量评估绩效的基础(如时间表和成本);

2. 执行委员会或总负责人可能不时指派的与运行有关的其他职能。

第9条 除非另有规定,马尼拉大都会4个城市和13个自治市的政府将继续以目前的形式存在,但与本法令相抵触的除外。现有城市和自治市的市议会成员,自本法令颁布之日起至1975年12月31日止,将成为马尼拉大都会城市和自治市的市议会成员。

此外,市议会应由委员会确定和选择的尽可能多的镇主席,以及委员会建议总统任命的社会其他部门的代表组成。

尽管现有的法律规定与此相反,市议会的成员不得按委员会确定的数额收取定期工资或报酬,但在每日津贴和合理补贴事项上除外。

市议会可以就其可能采取的条例、决议或此类措施向委员会建议;但该等条例、决议或措施须经委员会批准后才生效;此外,征税征费、拨款和通过带有刑罚制裁的条例或决议的权力应完全属于委员会。

第10条 地方行政首长的职能。除现行与本法令不相抵触的权力和职能外,地方行政首长还具有以下职能:

1. 实施委员会批准的与当地地方政府有关的普遍、基本、市政和公共服务的一体化;

2. 向委员会提供其可能需要的资料,并协助其开展普遍、基本、市政和公共服务的一体化;

3. 履行委员会指示的其他职能。

第11条 地方政府驻委员会各城市、自治市财政人员,应于1975年12月15日以前结清账簿,报委员会备查。其后,其职能和责任由财务专员执行或履行。

第12条 运行费用。委员会应具有以下财政资源:

1. 兹从国库拨出2,500,000比索用于委员会的运作;

2. 现时分配给大都会各地方政府单位的特许经营税收入;

3. 大都会各地方政府单位征收的固定或优惠职业税所得;

4. 大都会各地方政府单位征收的公司房产税收入;和

5. 总统授权满足马尼拉大都会委员会需求的其他资金来源。

此后,委员会运作所需的资金应列入一般拨款法令。

第 13 条 委员会、总负责人和委员会任何官员应受总统的直接监督和管理。不管本法令有何规定,总统仍有权撤销、修订或修改委员会、总负责人和专员的任何条例、决议或行为。

第 14 条 为了使总统能够评估和确定根据本法令整合政府职能和服务的效果,最终为马尼拉大都会建立一个更负责、更有效的政府,委员会应提交一份特别报告,并根据需要提出适当建议。

第 15 条 与本法令相抵触的所有或部分法律,以及所有行政命令或条例,据此予以废除或修改。

第 16 条 除上文另有规定外,本法令立即生效。

本法令于 1975 年 11 月 7 日在马尼拉市订立。

菲律宾关于将马尼拉定为菲律宾的首都和国民政府的永久所在地的总统令*

1976 年 6 月 24 日第 940 号总统令

马拉坎南宫

鉴于在菲律宾人民和世界的眼中，马尼拉一直是菲律宾的第一大城市，是贸易、商业、教育和文化的中心；

鉴于马尼拉自古以来就是菲律宾国民政府的所在地；

鉴于马尼拉现已成为国际会议的热门场所；

鉴于马尼拉市拥有现代化的交通、通信和住宿设施，以及现代化城市的所有其他自然属性；

因此，我，菲律宾共和国总统费迪南德·马科斯，根据宪法赋予我的权力，谨在此颁布法令，作为本国法律的一部分：

第 1 条 兹将菲律宾首都定为马尼拉，并将马尼拉大都会（根据第 824 号总统令设立）定为国民政府的永久所在地。

第 2 条 废止条款。凡与本法令相抵触或不一致的一切法律、法令、命令、公告、章程、细则或其部分内容，均据此废止、修订或修改。

第 3 条 生效日期。本法令于 1976 年 6 月 24 日起施行。

本法令于 1976 年 5 月 29 日在马尼拉市订立。

---

* 文本来源于菲律宾政府公报官方网站，网址：https://www.officialgazette.gov.ph/1976/05/29/presidential-decree-no-940-s-1976/。

菲律宾关于修改名为“关于建立马尼拉大都会和马尼拉大都会委员会及其他事项的总统令”第824号总统令的总统令*

1977年12月27日第1274号总统令

马拉坎南宫

鉴于根据第824号总统令建立的马尼拉大都会委员会,尚未组织成立或任命其成员;以及

鉴于在委员会的组织成立或成员任命之前,委员会的权力和职能必须由总督或主席行使,以确保马尼拉大都会的持续、顺畅和有效治理;

因此,我,菲律宾总统费迪南德·马科斯,根据宪法赋予我的权力,现将第824号总统令修改如下:

第1条 在第14条之后加入新的一节,称为第15条,其内容如下:“在马尼拉大都会委员会成员的组织或任命之前,其主席应行使委员会的权力和职能。”

第2条 现将第824号总统令的第15条和第16条分别重新编号为第16条和第17条。

第3条 本法令自第824号总统令生效之日起生效。

本法令于1977年12月27日在马尼拉市订立。

---

* 文本来源于菲律宾政府公报官方网站,网址:https://www.officialgazette.gov.ph/1977/12/27/presidential-decree-no-1274-s-1977/。

菲律宾关于建立人类居住署和人类发展署并拨出经费以及修订某些总统法令的事项的总统令*（节选）

1978年6月2日第1396号总统令

马拉坎南宫

第3条 国家首都区的建立。鉴于马尼拉大都会在人类住区发展方面的极端重要性，兹宣布和设立马尼拉大都会为菲律宾共和国的国家首都区，并将其管理权授予人类居住署秘书处。现对第824号总统令有关设立马尼拉大都会委员会的规定作相应修改。

第23条 生效日期。本法令立即生效。

本法令于1978年6月2日在马尼拉市订立。

---

* 文本来源于菲律宾政府公报官方网站，网址：https://www.officialgazette.gov.ph/1978/06/02/presidential-decree-no-1396-s-1978/。

菲律宾关于授予马尼拉大都会委员会部分与马尼拉大都会交通管理、控制和处罚有关的权力以及其他事项的总统令*

1978 年 11 月 21 日第 1605 号总统令

马拉坎南宫

鉴于根据第 824 号总统令(已由第 1274 号总统令修订)成立了马尼拉大都会委员会,其作为中央政府为该区域建立和管理项目以及提供公共服务,并建立和运营交通运输中心负责指挥交通活动;

鉴于马尼拉大都会的交通拥堵已达到令人震惊和严重的程度,建立一个高效的特别是能够有效应对违反交通规则行为的交通管理系统,已成为当务之急,从而消除或尽量减少居民和旅居者的出行困难、不适和不便;

鉴于现在是时候赋予马尼拉大都会委员会更大的权力和支持来履行其上述责任,以合理使用马尼拉大都会的道路、街道和通道,并通过惩罚交通违规者来减轻交通问题;

因此,我,菲律宾总统费迪南德·马科斯,根据宪法赋予我的权力,特此作出以下命令和法令:

第 1 条 马尼拉大都会委员会有权对在马尼拉大都会违反交通法规、法令、规则和条例的机动车驾驶员和操作者处以罚款和其他处罚,罚款数额和处罚办法见

---

* 文本来源于菲律宾政府公报官方网站,网址:https://www.officialgazette.gov.ph/1978/11/21/presidential-decree-no-1605-s-1978/。

本条例。为此,陆路运输委员会和交通运输委员会根据现行法律对此类违法行为予以处罚的权力特此移交给马尼拉大都会委员会。当相应的处罚是暂扣或吊销驾驶执照或证书,马尼拉大都会委员会应当暂扣或吊销驾驶执照或证书,基于公共利益并视情况将暂扣或吊销驾驶执照或证书的报告发送到陆路运输委员会或交通运输委员会,以便其更新记录。

第2条 在马尼拉大都会的公共道路、街道或通道上停驻的公共汽车的驾驶者或私家车或其附属物的拥有人,应向马尼拉大都会缴纳200比索的罚款。罚款应通过车辆停驻地的城市或自治市的财务部门缴纳,并将部分罚款分配给马尼拉大都会地方政府部门,专门用于该地方政府的交通管理和控制活动。除此之外,对于由交通执法机构拖运的车辆,应按委员会确定的数额收取拖运费,该费用应支付给扣押车辆的城市或自治市的财务部门。

为了有效执行本节,特此授权马尼拉大都会委员会规定罚款和附加费、扣押和处置抛锚机动车及其附属物的方式以及其他有关事项。

第3条 自被许可之日起计算,在十二个月内违反交通法规、法令、规则和条例,将处以以下罚款:第一次罚款10比索,第二次罚款20比索,第三次罚款50比索,第四次吊销驾驶执照一年,第五次吊销驾驶执照。但马尼拉大都会委员会可对违反条例所禁止或管制的马尼拉大都会若干公共道路、街道或通道的行为,处以其认为适当的更高处罚。因人身伤亡、财产损失所缴纳的罚款,不免除因人身伤亡、财产损失所承担的民事责任和刑事责任。

第4条 根据本法令,马尼拉大都会委员会对交通违法行为所施加的所有罚款,如果无争议,应支付给马尼拉大都会违法行为所在地的城市或自治市财务部门或菲律宾国家银行或菲律宾退伍军人银行及其分支机构。财务部门和银行应立即将所有收款转交给马尼拉大都会委员会,该委员会应持有该笔款项并按本节规定进行分配。无论是有争议还是无争议案件的罚款均应归于马尼拉大都会委员会,该委员会应将部分罚款分配给马尼拉大都会地方政府单位,专门用于马尼拉大都会的交通管理和控制活动。

第5条 如果发生交通违法行为,且不应没收驾驶执照的,应立即向违法的驾驶员发出马尼拉大都会委员会规定的交通罚单,其中应载明所犯的违法行为、罚款金额,以及建议其可以在罚单签发之日起七日内向违法行为地的城市或自治市财务部门或菲律宾国家银行或菲律宾退伍军人银行或其分支机构付款。

如果违法者没有在规定的期限内支付罚款,马尼拉大都会委员会或有关执法机构应将本案移送给相应的财务部门,以便为有管辖权的交通法院、城市或自治市法院提起诉讼作适当的准备。

驾驶员补办驾驶证时,有未缴纳罚款记录的,在缴纳罚款及相应的附加费后,方可补办驾驶证。

第 6 条 城市警察、大都会警察和警察高速公路巡逻队应协助马尼拉大都会委员会执行本法令的规定。

第 7 条 马尼拉大都会委员会应颁布适当和有效执行本法令所需的规则和条例。

第 8 条 就马尼拉大都会地区而言,特此废除或修改与本法相抵触的所有法律、法令、命令、条例、规则或其部分。

第 9 条 本法令立即生效。

本法令于 1978 年 11 月 21 日在马尼拉市订立。

菲律宾关于在马尼拉大都会的城市和自治市增设副市长及其他事项的总统令*

1979 年 12 月 4 日第 1652 号总统令

马拉坎南宫

鉴于已将马尼拉大都会的 4 个城市和 13 个自治市进行了整合,并由马尼拉大都会管辖,从而实现了该地区地方政府系统的经济、高效和精简,同时促进了马尼拉大都会首都地区的发展和进步。

鉴于有必要扩大和加强马尼拉大都会委员会的执行机构,在马尼拉大都会的 4 个城市和 13 个自治市增设副市长一职。

因此,我,菲律宾总统费迪南德·马科斯,根据宪法赋予我的权力,特此颁令如下:

第 1 条 副市长的职务和职责。兹在马尼拉大都会各大城市设副市长一职。副市长应由其所在城市或自治市的正式合格选民选举产生,任期 6 年,并协助地方行政首长行使法律赋予地方行政首长的权力和履行法律赋予地方行政首长的职责。

第 2 条 接任地方行政首长一职。地方行政首长如出现永久性空缺,应由副市长接任,任期不超过地方行政首长任期。如果地方行政首长在就职前死亡或因故不符合任职条件,副市长应担任地方行政首长,但在后一种情况下,副市长只能在

* 文本来源于菲律宾政府公报官方网站,网址:https://www.officialgazette.gov.ph/1979/12/04/presidential-decree-no-1652-s-1979/。

地方行政首长符合任职条件之前接任。

第3条 履职暂时不能规则。如果地方行政首长因休假、疾病或其他临时原因（包括离开国内）而暂时不能履行其职责，则副市长应当履行地方行政首长的职责，但任命、停职或解雇员工的权力除外。

本法令立即生效。

本法令于1979年12月4日在马尼拉市订立。

七、捷克

捷克布拉格首都法*

2000 年第 131 号

公布日期:2000 年 5 月 17 日

生效日期:2000 年 11 月 10 日

议会决议通过以下捷克共和国法律:

第一部分　首都布拉格市与其都市区的地位

第一章　基 本 规 定

第 1 条

(1)本法规定了首都布拉格市作为捷克共和国首都、地区和自治市的地位,和其都市区的地位。

(2)首都布拉格市作为一个机关法人,其独立资产和收入在本法或单行法律中有明确规定。首都布拉格市应根据本法或单行法律规定的条件,按照独立预算进行管理。

(3)首都布拉格市应以自己的名义参与法律关系,并承担由此产生的责任。

---

* 文本来源于布拉格市环保局官方网站,网址:http://envis. praha - mesto. cz/(aciekz55i541toz4m105i145)/default. aspx? id = 63371&ido = 5861&sh = -1177378344。

(4)首都布拉格市由布拉格议会独立管理;首都布拉格市的其他机构包括首都布拉格市理事会、布拉格市市长、布拉格市市政局和布拉格市的某些其他机构。

第2条

(1)布拉格市应当在本法或单行法律规定的范围内,并在布拉格市履行职责需要的范围内,执行属于布拉格市自治事项(以下简称布拉格市的自治权力)的任务。都市区应当在本法或者单行法律规定的范围内,根据都市区的需要,执行属于都市区自治事项(以下简称都市区的自治权力)的任务。

(2)布拉格市应当考虑其区域的统筹发展和公民的需求;在执行任务时,还应当维护法律和其他法律规范所规定的公共利益(以下简称公共利益)。

(3)当某一法律赋予布拉格市的机构执行国家行政管理时(以下简称布拉格市的委任权力),布拉格市的区域应被视为共和国的行政单位。

第3条

(1)布拉格市被划分为都市区。

(2)在本法和布拉格市宪章(以下简称宪章)规定的范围内,都市区应以自己的名义参与法律关系,并承担由此产生的责任。

(3)本法、单行法律和宪章界定了都市区的地位。

第4条

(1)每个都市区都应由一个区议会管理;都市区的其他机构包括都市区理事会、都市区市长、区市政局和都市区的某些其他机构。

(2)都市区应根据单行法律和宪章行使本法赋予的权力。

(3)仅当法律或宪章授权都市区行使委任权力(以下简称都市区的委任权力)时,都市区才被视为行政单位。

(4)都市区拥有独立预算,并应根据本法规定的条件,通过单行法律和宪章对各自预算进行管理。

(5)根据本法和宪章规定的条件,都市区应管理布拉格市委托给它们的资产。管理时,都市区应当在本法和宪章规定的范围内行使所有人的权利和义务。

第5条

(1)布拉格市和都市区分别在布拉格市和都市区的委任权力范围内执行任务。

(2)布拉格市有权就可能影响其自治权力的政府当局的提议表达其立场。如有可能,政府当局应事先就有关其自治权力的措施与布拉格市协商。

(3)应布拉格市和都市区的要求,政府当局应向布拉格市和都市区提供其行使权力所需的任何信息;除非单行条例另有规定,政府当局如有此类信息,应立即免费提供。布拉格市和都市区对政府当局负有同样的义务。上述规定不影响单行法律规范规定的个人数据保护。

第二章　布拉格市和都市区的公民

第6条

(1)具有捷克共和国公民身份,并在布拉格市注册拥有永久居留权的自然人,为布拉格市公民。

(2)布拉格市公民在都市区注册拥有永久居留权的,为都市区公民。

第7条

布拉格市年满18周岁的公民应享有下列权利:

(a)根据单行法律规范规定的条件,选举和被选举为布拉格议会议员;

(b)在布拉格市举行的地方公投中,根据单行法律规范规定的条件,就属于都市区的自治权力范围内的事项进行投票;

(c)请愿布拉格市理事会或布拉格议会在其自治权力范围内讨论任何事项,如果该请愿得到布拉格市1000名以上公民的签名,则上述机构应于60日内在会议上进行讨论;

(d)根据议事规则,在布拉格议会会议上发表意见;

(e)检查布拉格市上一日历年的预算和年度财政报表,布拉格议会的决议和会议记录,布拉格市理事会、布拉格议会各委员会和布拉格市理事会各委员会的决议和会议记录,并做记录;

(f)向布拉格市各机构提交提案、意见和建议;布拉格市各机构应在60日内根据这些提案、意见和建议采取行动,不得无故拖延;

(g)就布拉格市的预算草案和布拉格市上一日历年的年度财政报表发表意见,可以在规定的日期前以书面形式提出,也可以在布拉格议会会议上当面提出。

第8条

年满18周岁的都市区公民享有下列权利:

(a)根据单行法律规范规定的条件,选举和被选举为都市区议会议员;

(b)在地方公投中,根据单行法律规定的条件,就属于都市区的自治权力范围内的事项进行投票;

(c)请愿都市区理事会或都市区议会在其自治权力范围内讨论任何事项;如果

该请愿得到0.5%以上的都市区公民签字，则上述机构应于60日内在会议上进行讨论；

(d)根据议事规则，在都市区议会会议上发表意见；

(e)检查都市区上一日历年的预算和年度财政报表，都市区议会的决议和会议记录，都市区理事会、都市区议会各委员会及都市区理事会各委员会的决议和会议记录，并做记录；

(f)向都市区各机构提交提案、意见和建议；都市区各机构应在60日内对提案、意见和建议采取行动，不得无故拖延；

(g)就都市区预算草案及都市区上一日历年的年度财政报表，可以在规定的日期内以书面形式提出，也可以在都市区议会会议上当面提出。

第9条

(1)如果捷克共和国受某一国际条约约束且该国际条约已作出明确规定，第7条和第8条规定的权利也应由年满18周岁并在布拉格市或都市区注册拥有永久居留权的自然人享有。

(2)年满18周岁且在布拉格市或都市区拥有不动产的自然人也应享有第7条(c)项至(g)项和第8条(c)项至(g)项规定的权利。

第10条

(1)布拉格市可将布拉格市荣誉公民身份授予对布拉格市的发展具有重大贡献的自然人。荣誉公民有权根据议事规则在布拉格议会会议上发表意见。

(2)都市区可将都市区荣誉公民身份授予对都市区发展具有重大贡献的自然人。荣誉公民有权根据议事规则在都市区议会会议上发表意见。

(3)布拉格市可就与布拉格市有关的重要艺术、科学和其他作品颁发布拉格市奖。

(4)都市区可就与都市区有关的重要艺术、科学和其他作品授予都市区奖。

第三章　布拉格市和都市区的区域及其变更

第11条

(1)布拉格市的区域由本法附件中规定的地籍区域组成。

(2)宪章应根据下文第3款至第9款规定的条件界定都市区的范围。

(3)都市区之间的边界只能在与相关土地登记机关讨论后经都市区同意，并经布拉格议会批准后方能更改。

(4)经双方同意并经布拉格议会批准,两个或多个相邻的都市区可合并。在征得布拉格议会同意和批准的情况下,一个都市区可以划入与其相邻的另一个都市区。

(5)都市区合并或一个都市区划入另一个都市区的协议可根据各都市区议会的决定执行,但在该决定公布之日起30日内就该事项提出地方公投的建议除外。如果提出此类建议,则上述协议应以在提出本次公投的建议的都市区举行的地方公投的赞成票结果为准。

(6)都市区合并或一个都市区划入另一个都市区的协议应包括:

(a)都市区合并或一个都市区划入另一都市区的年、月、日;

(b)在合并的情况下,都市区及其机构总部的名称;

(c)都市区合并或划入后都市区的边界详细描述;

(d)合并的都市区或划入另一都市区的都市区的法人实体和组织单位的资产(包括现金)及其他权利和义务的详细描述。

(7)所有合并或划入的都市区的合法继受者是合并后的都市区或因被划入而继续存在的都市区。合并或划入后不再存在的都市区的资产(包括现金)、组织单位及其他权利义务(包括上述法人实体作为设立者和建立者的权利),在都市区合并或一个都市区划入另一个都市区之日,都转移至前述都市区。因合并而新设的都市区,或者因被划入而继续存在的都市区,应将协议副本抄送内政部(以下简称部)和有关土地登记处和税务机关。

(8)只有在一个日历年开始或区议会选举之日,都市区才可以合并或划入其他都市区。合并或某一都市区划入另一个都市区的请求应当按照以下程序向布拉格市提出:

(a)如果要在下一个日历年的1月1日进行都市区合并或划入,则最迟应在该日历年的6月30日;

(b)最迟不得迟于在都市区举行的区议会选举的月份第1日的前6个月。

(9)合并都市区或将一个都市区划入另一个都市区的协议,应当作为有关都市区产权变更记入土地登记册的依据。

第12条

(1)邻近的自治市可以与布拉格市合并,或与都市区(该都市区与另一自治市接壤且可以与布拉格市区分)合并,但只能通过议会法案进行。

(2)如果在一次地方公投中,某一都市区至少500名公民(该都市区与另一个自治市接壤)表示同意将该都市区与布拉格市分离,布拉格议会有义务,在举行地方公投之日起 90 日内,向众议院提交一份关于修改布拉格市区域的议会法案的提案。

都市区名称、街道和其他公共场所名称、建筑物编号

第 13 条

(1)都市区的名称由宪章规定。

(2)布拉格市通常是根据都市区提交的提案,决定街道、道路、广场、公园和桥梁以及其他公共场所的名称。街道、道路、广场、公园、桥梁等公共场所不得使用同一名称。街道或其他公共场所不得以在世的公共人物命名。

(3)布拉格市将从其预算中支付与街道和其他公共场所标记以及建筑物重新编号有关的费用。不动产所有人有义务将标明街道名称或其他公共场所名称的标志贴在不动产上,不得在该等标志附近放置其他标志。此类标识不得损坏、移动或遮盖。

第 14 条

(1)除非法律另有规定,否则建筑物应当标有描述性编号。

(2)作为建筑物整体一部分的建筑物附属物(如与建筑物相关的厂房、车库等)不得单独标记描述性编号。

(3)娱乐用建筑物应当标明登记编号。

(4)为便于定位,个别街道和其他公共场所的建筑物应在描述性编号的基础上加上定位编号。

(5)建筑物的编号由布拉格市决定。建筑物应分别用描述性编号对每个地籍区域进行编号。

(6)建筑物所有人有义务用布拉格市确定的编号对其建筑物进行标记,费用自理,并将其保持在适当的状态。

(7)仅在有特殊原因的情况下,才应重新编号建筑物。如果建筑物要重新编号,布拉格市应支付所有相关费用。

(8)布拉格市有义务保存与分配说明、定位和登记号码有关的记录和行政文件。

(9)实施条例应当载明下列事项:

(a)街道和其他公共场所名称标记的方法;

(b)建筑物标志的使用方法和编号位置;

(c)建筑物编号通知书所应包括的要点;

(d)分配号码所用的通知程序和方法,以及分配号码所需的文件。

布拉格市和都市区的徽章、旗帜和标志

第15条

(1)布拉格市和布拉格市建立或设立的法人实体和机构可以使用布拉格市的徽章和旗帜。

(2)都市区和都市区建立或设立的法人实体和机构可以使用都市区的徽章和旗帜。

(3)国家机关、自然人和法人经布拉格市书面同意,方可使用布拉格市的徽章和旗帜;经有关都市区书面同意,方可使用都市区的徽章和旗帜。

(4)没有徽章和旗帜的都市区可由众议院主席指定。徽章和旗帜的指定申请由布拉格市根据都市区的要求提出。

(5)布拉格市和都市区可以使用自己的标志。标志的中心印有布拉格市或都市区的徽章,布拉格市或都市区的全称应在周围注明。布拉格市或都市区仅在法律没有规定使用带有激光国徽的官方标志的义务的情况下才可使用这种标志。标志不能印成黑色。

第四章 首都布拉格市和都市区的自治权力

第16条

(1)布拉格市的自治权力包括对布拉格市及其公民利益的事务的管理,除非这种事务涉及行使布拉格市的委任权力。

(2)本法或其他法律赋予布拉格市,或本法或其他法律赋予自治市或地区的自治事项,均属于布拉格市的自治权力范围。

(3)特别是,第59条和第68条规定的事项属于布拉格市的自治权力范围。布拉格市应在其自治权力和区域范围内,根据当地条件和习俗,进一步确保为发展社会福利和满足公民需求创造条件。尤其是涉及住房需求保障,卫生、交通和通信的保障与发展、信息和教育需求、文化全面发展和公共秩序维护。

(4)布拉格市在行使其自治权力时,应遵守法律和其他法律规范。

第17条

(1)在城市管理方面,布拉格市应通过宪章安排其内部关系。宪章中应当具体规定:

(a)各都市区的列举及其区域的划定(第11条);

(b)除法律规定以外的分配给都市区自治和委任权力的事项,包括行使都市区委任的区域划分权力;

(c)讨论布拉格市和都市区预算草案及其年度财政报表和财政结果的方法;

(d)布拉格市各机构与都市区各机构之间的相互合作;

(e)都市区的货币收入来源和在自治和委任权力范围内执行任务的支出形式;

(f)讨论关于布拉格市与都市区具有普遍约束力的法规和法令的提案的方法,以及在都市区发布此类具有普遍约束力的法规和法令的方法;

(g)讨论布拉格市规划、分区编制和布拉格市与都市区之间的发展规划的方法;

(h)布拉格市委托给都市区的资产,以及都市区处理此类资产的权限;

(i)本法或者单行法律规定的其他事项。

(2)布拉格市应与都市区讨论宪章草案和宪章修正案。都市区对正在讨论的宪章及其修正案或修改的意见和建议,应当由布拉格议会讨论。

(3)布拉格市应颁布宪章,作为具有普遍约束力的法令。

第18条

(1)以下属于都市区的自治权力范围:

(a)批准有关都市区的整治规划;

(b)批准都市区的发展规划;

(c)都市区建立、设立或废除法人实体和组织单位的权力,以满足其发展和都市区居民清运和处置固体生活垃圾、维护公共场所植被、社会护理服务、文化活动、体育娱乐和旅游、存量房管理、小学、服务于小学和学前教育的设施、建立志愿消防队单位的需要,以及作为法人实体和组织单位的设立者和建立者所承担的任务;

(d)决定在都市区区域内举行地方公投;

(e)建议对都市区内的地籍区域进行变更;

(f)向自然人和法人赠送物资和货币奖励;

(g)关于公共秩序的决定;

(h)批准都市区预算,并按照预算管理财政。

(2)各都市区在行使都市区的自治权力时,适用法律和其他法律规范。

(3)布拉格市可根据宪章授权都市区就下列行为,特别是有关财产权的行为作出决定:

(a)与都市区的机构签订接受信贷、贷款或补贴,承担债务,承担保证人责任或并存债务承担的责任,以及联合协议;

(b)都市区对商业公司和协会的货币和非货币出资;

(c)都市区投资参与商业业务,但由都市区建立或设立的法人实体除外;

(d)不动产的出租、转让和购置,包括根据单行法律产生的收益;

(e)免费或有偿转让包括货币在内的动产;

(f)免费转让都市区的应收账款;

(g)放弃权利和减免应收账款;

(h)抵押动产和不动产;

(i)分期偿还债务的协议;

(j)根据第21条至第27条签订协议。

(4)布拉格市可通过宪章规定第3款所规定的都市区的决策范围。

第19条

(1)布拉格市财产中委托都市区管理的项目,根据布拉格市颁布的法律规范并自该法律规范生效之日起,委托都市区管理。如果根据一项法律需要征收财产,则布拉格市可以撤销该都市区财产管理的委托。

(2)如果都市区在处理上述资产时违反法律规范,并且未在布拉格市规定的期限内(该期限不得少于60日)补正的,则布拉格市可以撤销该都市区财产管理的委托。

(3)撤销某一都市区财产管理委托的决定,由布拉格议会通过宪章修正案的方式作出。

(4)位于都市区区域内的布拉格市财产项目可以委托给这些都市区。

布拉格市和都市区与其他地区和自治市的合作

第20条

(1)布拉格市在行使其自治权力时,可与其他地区和自治市合作。

(2)布拉格市与各地区、自治市的合作,不得适用《民法典》关于法人利益集团和联合协议的规定。

(3)根据公民联合条例,布拉格市不得与其他地区和自治市合作。

(4)都市区可以在法律或者宪章赋予的自治权力范围内,与其他都市区或者自治区域的单位合作。

第21条

(1)与其他地区的合作如下:

(a)根据为执行特定任务而订立的协议;

(b)根据单行条例建立一个法人实体。

(2)第1款中的协议应当:

(a)表明协议当事人;

(b)明确协议标的;

(c)说明协议各方的权利和义务,包括核实协议履行情况的方法;

(d)如果协议标的是建筑工程,说明施工完成后的使用方法;

(e)列明以何种方式、出于何种原因协议各方可退出协议,并就资产和财产权利达成和解。

(3)布拉格市和其他地区根据第2款规定的协议通过共同进行活动所取得的财产,适用于某一单行条例。

(4)前一款规定的协议当事人对第三人负有连带义务。

第22条

(1)在执行属于其自治权力范围内的任务时,布拉格市可与其他自治市合作。布拉格市与其他自治市之间的合作如下:

(a)根据为执行特定任务而订立的协议;

(b)根据关于成立自治市自愿联合的协议(第24条);

(c)根据其他法律规定成立联合法人实体。

(2)第21条的规定类推适用于订立履行特定任务的协议。

第23条

(1)都市区在行使自治权力履行特定任务时,也可以根据协议与其他都市区或基本自治区域单位合作。

(2)如布拉格市根据本法第18条第3款授权都市区就有关财产权行为作出决定,则协议标的不得为与该财产权有关的行为。

(3)第21条至第27条适用于根据第1款订立的协议。

第24条

(1)布拉格市可与自治市签订协议,成立自治市协会(以下简称协会)。布拉格市也可以加入已经成立的协会。

(2)协会是一个法人实体,自其在内政部登记生效之日起成立。

(3)协会的活动范围具体可以是:

(a)教育、社会福利、卫生、文化、消防、旅游和动物保护领域工作;

(b)确保布拉格市的市容整洁,公共场所的植被和照明管理,对生活垃圾的收集、清除和安全处理、使用或处置,供水和污水处理和处置;

(c)安装、扩建和改善干线网络和公共客运系统,为有关地区提供运输服务;

(d)关于空气质量保护和安装供暖改造系统以避免在住房建筑中使用对生态有害的燃料或做好建筑节能措施;

(e)经营采石场、沙坑及为开采和处理矿物原料的设施;

(f)管理布拉格市的财产,特别是当地道路、森林、存量住房、体育和文化设施以及布拉格市管理的其他设施;

(g)管理数据设施和提供有关该地区的信息。

(4)协会章程在成立时应当附在协议中,并载明下列事项:

(a)协会成员的名称和注册地址;

(b)协会的名称、注册地址和活动范围;

(c)协会的机构及其设立方式、职权范围和决策方式;

(d)协会成员的出资;

(e)协会的收入来源;

(f)协会成员的权利和义务;

(g)利润与亏损分配方式;

(h)加入和退出协会的条款,包括投资结算;

(i)布拉格市和组成该协会的自治市对协会监督的内容和范围。

(5)布拉格市和组成协会的自治市的公民有权采取下列行动:

(a)出席协会各机构的会议并查阅会议记录;

(b)向协会提交书面提案。

第 25 条

(1)布拉格市受第 22 条第 1 款(a)项和(b)项规定的协议草案的约束,自布拉格议会批准之日起至协议承兑之日止,除非协议草案的另一个自治市在草案批准之日前拒绝。

(2)第 22 条第 1 款(a)项和(b)项中的协议自各方接受之日起生效,除非协议另有规定。

(3)自治市协会的法律行为能力及其登记、废止和消灭,适用其他法律条例的规定。

第26条

(1)协会应让审计员审查其上一日历年的财务管理。

(2)审查协会财政管理的费用由协会从其预算中支付。

(3)第39条和第41条的规定类推适用于协会。

第27条

(1)布拉格市和都市区可与其他国家的自治市合作。布拉格市可以是自治区域单位国际协会的成员。

(2)协会可与其他国家的自治市协会签订合作协议。协议的标的应当属于签订合作协议的协会的活动范围。

(3)协议应当是书面的,应当得到布拉格议会或都市区议会的批准才能生效。书面协议应当包括以下内容:

(a)协议各方的名称和注册地址;

(b)协议标的和融资合作的方式;

(c)国际协会的机构及其设立方式;

(d)协议有效期。

(4)只有在捷克共和国受约束的国际协定中明确规定的情况下,法人实体才可根据合作协议成立。

(5)第2款规定的协议应当符合国家的外交政策,并经外交部事先讨论后,报内政部批准。未经批准,协议不得生效。只有在与法律或与已公布的且捷克共和国受约束的国际协定相抵触的情况下,才可以拒绝批准。

第28条

布拉格市与法人或自然人进行民事活动适用《民法典》关于法人利益集团和联合协议的规定。

罚款

第29条

(1)自然人或法人在经营过程中,如违反布拉格市具有普遍约束力的法规或法令规定的义务,布拉格市或都市区应处以最高20万捷克克朗的罚款。

(2)自然人未将其使用的土地保持干净、整洁,从而影响都市区市容或环境的,都市区可以对其处以最高5万捷克克朗的罚款。

(3)对于未能保持其使用的土地或其他财产的干净整洁或以其他方式扰乱都

市区市容或环境的法人或商人,都市区应处以最高 10 万捷克克朗的罚款。

(4)对于污染公共场所、在保护区以外的地方丢弃物品或以其他方式扰乱都市区环境的法人或商人,都市区应处以最高 50 万捷克克朗的罚款。

(5)如某一法人或商人的行为影响到一个以上都市区的区域,且受影响的都市区未能在发现违法之日起 30 日内,商定由哪一个都市区执行罚款程序,布拉格市应就罚款作出决定,并将所得罚款进行分配。

(6)根据第 1 款至第 4 款处以罚款,并不免除上述各款所述人员在布拉格市或都市区就案件情况规定的期限内采取补正措施的责任。逾期不履行的,布拉格市或都市区可以代履行,费用由责任方承担,或重复罚款。

(7)都市区可对违反第 13 条第 3 款规定义务的自然人或法人处以最高 1 万捷克克朗的罚款。

(8)都市区可对违反第 14 条第 6 款规定义务的自然人或法人处以最高 1 万捷克克朗的罚款。第 14 条第 6 款规定的义务,未在都市区规定的期限内履行的,都市区可以重复罚款。

第 30 条

(1)罚款程序可在布拉格市或都市区发现违法行为之日起一年内启动,自违法行为发生之日起最长不得超过三年。

(2)第 1 款规定的期限不包括根据另一法律对同一案件进行刑事诉讼的期限。

(3)如果另一法律允许对不履行或违反第 29 条规定的义务处以更高的处罚,则不得根据第 29 条处以罚款。

(4)罚款所得由实施罚款的主体所有,但法律另有规定的除外(第 29 条第 5 款)。

(5)对都市区罚款决定提出申诉的决定由布拉格市作出。对布拉格市罚款决定提出申诉的决定由内政部作出。申诉机关不得改变决定。

第五章 首都布拉格市和都市区的委任权力

布拉格市的委任权力

第 31 条

(1)布拉格市应根据单行法律行使赋予各地区的委任权力。除非法律或宪章另有规定,布拉格市应根据单行法律行使赋予区市政局、授权自治市当局和自治市的委任权力。

(2)布拉格市各机构在行使委任权力时,应遵守下列规定:

(a)根据议会法案及其实施条例,颁布布拉格市法令和决定自然人和法人的权利、受法律保护的利益和义务;

(b)在其他情况下,也可根据中央行政机关的政府决议和指示;中央行政机关的政府决议和指示不得对布拉格市的机构课予除法律规定以外的职责。中央行政机关的指示应在地区机构、区市政局和自治市机构的政府公报上公布才能生效。

(3)布拉格市从国家预算中获得专项经费,用于行使委任权力。

(4)布拉格市市政局或布拉格市专门机构在行使布拉格市的委任权力的行政程序中作出的决定,应经有关部委或其他中央行政机关审查。

都市区的委任权力

第32条

(1)都市区应在布拉格市宪章规定的区域内行使法律或宪章赋予的委任权力。

(2)只有由经宪章授权的都市区,才能根据单行法律授权自治区的委任权力。根据单行法律委托给区市政局或授权自治市当局的委任权力,可由宪章委托给宪章所规定的都市区。

(3)在行使委任权力时,都市区的机构应遵守下列规定:

(a)根据议会法案及其实施条例,决定自然人和法人的权利、受法律保护的利益和义务;

(b)在其他情况下,也可根据中央行政机关的政府决议和指示;中央行政机关的政府决议和指示不得对都市区的机构课予除法律规定以外的职责。中央行政机关的指示须在区域机构、区市政局和自治市机构的政府公报上公布才能生效。

(4)除非单行法律另有规定,都市区机构在行政程序中作出的决定应由布拉格市审查。

(5)都市区从布拉格市预算中获得专项经费,用于行使委任权力。

第33条

(1)如果某一单行法律涉及布拉格市的权力但没有具体说明它是否与布拉格市的自治或委任权力有关,则有关活动一律被视为属于布拉格市的自治权力范围。

(2)如果某一单行法律涉及都市区的权力但没有具体说明它是否涉及都市区的自治或委任权力,则有关活动一律被视为属于都市区的自治权力范围。

第六章　布拉格市和都市区的财政

第34条

(1)布拉格市应根据独立预算,按照本法或单行法律规定的条款处理和管理独立财产。

(2)都市区应有独立预算,并应按照本法、单行法律或宪章的规定管理财政。

(3)根据本法和宪章的规定,都市区应管理由布拉格市委托管理的财产。在管理布拉格市的此类财产时,都市区应在本法和宪章规定的范围内行使所有人的权利和履行所有人的义务。

(4)若布拉格市有财产位于新设立的都市区的区域内,但该财产已委托其他都市区管理,则这些财产的委托管理应转移至新设立的都市区。

(5)都市区可以代管布拉格市所有的财产。委托管理的日期自这些财产移交给都市区代管之日起计算。

第35条

(1)布拉格市的财产应当以有效和经济的方式使用,并符合布拉格市的利益和源于法律规定的权力的责任。布拉格市有义务照管好其财产并监督该财产的管理。布拉格市应保存其财产记录。

(2)应当保护布拉格市的财产不受破坏、损坏、盗窃或滥用。除非议会法案另有规定,布拉格市应按照其他法律规范规定的方式和条款处置不必要的财产。

(3)布拉格市和都市区有义务保护布拉格市的财产不受干涉,并有义务及时行使损害赔偿权和不当得利返还请求权。

(4)布拉格市和都市区有义务不断监督债务人是否以适当的方式及时履行其义务,并确保该义务所对应的权利不因时效或其他原因而丧失。

(5)布拉格市和都市区有义务保存国家为购置第37条第1款所规定财产提供财政资源的文件,在整个期间内该财产均由布拉格市所有。

第36条

(1)布拉格市或都市区至少应在其讨论前15日公布其出售、交换、赠送或出租不动产或用抵押不动产作为贷款的意向,在布拉格市市政局或区市政局的公告栏上发出通知,以便让利害关系人发表意见和提交投标书。布拉格市或都市区也可以当地惯常的另一种方式公布这一意向。如果布拉格市或都市区未能公布这样的意向,其法律行为自始无效。

(2)资产转让,除国家规定价格的以外,价格通常按照交易时当地市场价格确定。偏离市场价格应当是合理的。

(3)布拉格市或都市区暂时闲置的资产可出租给法人或自然人。

(4)第1款的规定不适用于布拉格市或都市区期限短于30日的房屋租赁或资产租赁或贷款的情况。第3款的规定不适用于房屋租赁。

第37条

(1)当动产、权利和不动产转让或移交布拉格市,以及当布拉格市共同出资收购此类资产时,国家有权保留为进一步管理和处置此类资产设定条件的权利。

(2)如果布拉格市违反了第1款所规定的义务,财政部或经财政部授权的当地税务局可根据单行法律规定的程序对布拉格市处以最高100万捷克克朗的罚款。罚款所得列入国家预算。

(3)如果布拉格市违反规定条件处分第1款所列财产,致使该财产不能恢复原状,布拉格市有义务支付与该财产的正常价格相对应的款项。该款项列入国家预算。

第38条

(1)布拉格市应让审计员或财政部审查其上一日历年的财政管理。都市区应让审计员或布拉格市市政局审查其上一日历年的财政管理。

(2)布拉格市应组织、指导都市区的财政管理方法,并对都市区的财政管理进行监督和审查。

(3)在第2款规定的程序中,每个都市区都有义务向布拉格市提供对都市区财政管理进行适当审查所需的所有文件和其他书面材料、信息和解释,并允许布拉格市进入都市区当局的办公场所。

(4)根据对其财政管理的监督和审查结果,每个都市区都有义务制定和执行措施,改进不足,并将这些措施的执行情况通知布拉格市。

(5)布拉格市有权审查根据第4款采取的措施的执行情况。

(6)布拉格市或都市区可要求在日历年内按照与第1款相同的准则对其财政管理进行特别审查。

(7)布拉格市或都市区应从其预算中支付其财政管理审查费用。

第39条

布拉格议会或都市区议会应在次年6月30日前讨论年度财政报表,以及关于上一日历年布拉格市或都市区财政管理审查结果的报告,并应采取措施改进不足。

第 40 条

布拉格市对国家预算和国家资金的补贴的管理也将在预算年度内由财政部或由财政部授权的税务局进行审查。发现有违法行为的,财政部应当采取措施纠正。

第 41 条

布拉格市的财产管理、布拉格市和都市区的预算和年度财政报表的编制过程以及根据上述预算的财政管理也应遵守其他法律的规定。

第 42 条

(1)如果布拉格市或都市区未能在 1 月 31 日前根据第 38 条第 1 款安排对其过去一年的财政管理进行审查,财政部可根据另一单行法律规范规定的程序对布拉格市或都市区处以最高 10 万捷克克朗的罚款。这些罚款所得列入国家预算。

(2)如果都市区未能履行第 38 条第 3 款和第 4 款规定的义务,布拉格市可根据另一单行法律规范规定的程序对都市区处以最高 10 万捷克克朗的罚款。这些罚款所得列入布拉格市预算。

(3)在这种情况下,布拉格市的财政管理将由财政部进行审查,都市区的财政管理将由布拉格市市政局进行审查。

第 43 条

如果法律规定应当事先公布或批准或事先同意布拉格市或都市区的法律行为,则核实该法律行为的文件应附有一份附件以确认上述条件已得到满足;该附件应由布拉格议会或都市区议会获得有关议会授权的两名成员签字。

第七章　布拉格市具有普遍约束力的法规和法令

第 44 条

(1)布拉格议会可在其自治权力范围内颁布具有普遍约束力的法规。

(2)布拉格市理事会可在布拉格市的委任权力范围内,在有法律授权,或者自治市、地区或区市政局根据单行法律授权的情况下,根据法律并在法律范围内发布布拉格市的法令。

(3)在下列情况下,布拉格市只能通过具有普遍约束力的法规,在其自治权力范围内课予职责:

(a)安排当地公共秩序事务;特别是可以规定哪些活动可能扰乱布拉格市的公共秩序,或可能违背公序良俗,或出于保护安全、健康和财产的原因,只能在具有普遍约束力的法规规定的地点和时间进行,或可规定在布拉格市某些公共场所禁止此类活动；

（b）组织、经营和关闭公众可公开进出的体育和文化企业，包括舞蹈娱乐活动和迪斯科舞厅，在确保公共秩序所必需的范围内规定约束条件；

（c）保护街道和其他公共场所的清洁线路，保护环境、建成区和其他公共场所的植被（以下简称公共植被），并利用布拉格市或都市区的设施；

（d）如果单行法律另有规定则依其规定。

第45条

（1）布拉格市具有普遍约束力的法规和布拉格市的法令（以下简称布拉格市法律规范）应当公开才能生效。

（2）布拉格市的法律规范将在《布拉格市法律规范官方公报》（以下简称官方公报）上公布。

（3）布拉格市的法律规范自其在官方公报上公布后第15日起生效，除非该法律规范规定的生效日期晚于该日。

（4）出于共同利益的紧迫需要，在特殊情况下，可以规定布拉格市的法律规范提前生效，但不得早于公布日期。布拉格市的法律规范应当说明构成共同利益的紧迫需要的原因，以及有关布拉格市的法律规范将提前生效的事实。在这种情况下，布拉格市的法律规范应立即公布在布拉格市市政局的官方公告栏上，以及在某些都市区当局的官方公告栏上（该法律规范在该都市区适用），并在媒体上公布。根据第2款发布上述法律规范的义务不受影响。

（5）布拉格市应在官方公报上公布其地理区域。

（6）官方公报将按顺序编号发行，每一卷都包括一个标题，标明发行日期；该日期是布拉格市法律规范的公布日期。

（7）布拉格市的法律规范应按顺序编号。布拉格市法律规范的系列编号以及官方公报的系列编号均应在日历年末结束。

（8）官方公报将刊登布拉格市法律规范的全文和宪法法院关于布拉格市法律规范的裁决。

（9）布拉格市市政局应担任官方公报的编辑人员。布拉格市的法律规范应当在布拉格市相关机构批准后15日内在官方公报上公布。

（10）印刷错误应在官方公报上发表编辑声明予以纠正。

（11）官方公报应当在布拉格市市政局、都市区当局和内政部向所有人提供。

第 46 条

(1)在通过布拉格市法律规范之前,布拉格市应与各都市区讨论布拉格市法律规范草案。

(2)都市区有权在收到有关法律规范草案后 30 日内对布拉格市的法律规范草案发表意见。在特殊情况下,可根据布拉格市理事会的决定缩短这一期限,但不得少于 15 日。如都市区在规定期限内未提出意见,则视为同意。

(3)布拉格市法律规范草案的讨论情况将在宪章中规定。

第 47 条

(1)布拉格市和都市区只有在法律规范规定的情况下,才有义务就法人和自然人的要求出具确认书和报告。

(2)布拉格市和都市区只有在掌握必要信息的情况下,才有义务签发在其他国家行使权利的确认书。

第八章　布拉格市各机关

第一节　布拉格议会

第 48 条

(1)布拉格议会由布拉格议会议员组成。布拉格议会的议员人数在 55 人至 70 人。

(2)布拉格议会下一届会议的议员人数将由布拉格议会最迟在自治市议会选举日前 85 日规定。如果布拉格议会的议员数量在此截止日期前尚未规定,则布拉格议会议员的应选名额为第 1 款所述范围的下限。

(3)布拉格议会议员的应选名额将在确定后两日内在布拉格市市政局的官方公告栏上公布。

第 49 条

关于布拉格议会议员获得和失去委任的条款将在其他法律规范中规定。

第 50 条

(1)布拉格议会议员在当选时获得委任;当选时刻是投票结束的时刻。

(2)布拉格议会的每一位议员将在当选后出席的布拉格议会第一次会议开始时宣誓。布拉格议会议员通过宣誓,来享有权利和承担义务。

(3)布拉格议会议员的誓词如下:“我承诺忠于捷克共和国。我以我的荣誉和良知承诺,我将认真履行我的职责,为布拉格市及其公民的利益着想,并将按照捷克共和国宪章和法律行事。"

(4)布拉格议会议员向议会主席作出上述宣誓,并说"我宣誓"。布拉格议会议员将在宣誓书上签字确认。

第51条

(1)布拉格议会议员有义务根据其承诺独立行使其职权,在执行任务时,不受任何命令的干涉。

(2)布拉格议会议员履行职责被视为履行公职。机构成员因工作或其他类似关系所产生的权利,不受履行议员职务的限制。

(3)布拉格议会议员在履行职责时享有下列权利:

(a)有权提交提案供布拉格议会讨论;

(b)有权向布拉格议会及其议员、布拉格议会各委员会主席、布拉格市作为建立者的法人的法定机构、布拉格市成立或设立的受补贴组织和组织单位的负责人提出询问、意见和建议,针对上述问题应当在30日内答复;

(c)除法律另有规定,有权要求委派到布拉格市市政局的布拉格市雇员和布拉格市成立或设立的法人实体的雇员提供有关布拉格议会议员职务履行有关的资料。

(4)布拉格议会议员有义务出席布拉格议会和其加入的布拉格市任何其他机构的会议,并履行因加入这些机构而承担的任务或这些机构为其安排的任务,并以不损害其职位权威的方式行事,从而维护布拉格市公民的利益。

(5)如果情况表明,布拉格议会议员参与讨论和决定布拉格市机构中属于布拉格市的自治权力范围内的某些事项,可能会对该议员或与该议员有密切联系的人,或者对于由该议员依法或根据授权书代表的自然人或法人实体产生有利或不利的影响,该议员有义务在程序开始前将这一事实通知布拉格市有关机构。布拉格市相关机构应就是否存在回避讨论和表决的理由作出决定。

布拉格议会议员的薪酬

第52条

(1)为履行职责而给予长期休假的布拉格议会议员,以及在当选为布拉格议会议员之前未被雇用但与长期休假的布拉格议会议员在相同程度上履行职责的议员(以下简称休假议员)有权获得休假时履行职责的费用。上述费用将从布拉格市的预算中支付。

(2)"费用"是指布拉格市向休假议员支付的费用,作为其履行职责的报酬;根据其他法律规范履行与布拉格议会议员职责有关的费用,特别是差旅费,不视为该项费用的一部分。

(3)第1款所列费用包括:

(a)月费;

(b)额外费用;

(c)任期结束时的费用。

(4)除第1款规定的议员外,布拉格议会议员(以下简称未休假议员)如被雇用,其雇主将给予带薪休假,以便在布拉格市规定的范围内履行其职务;履行其职务所需的时间由布拉格市决定。布拉格市应根据单行法律规范向布拉格议会议员的雇主偿付工资或薪金。未休假议员,如未受雇或有类似关系,布拉格市将从布拉格市预算中补偿其因履行职责而可证实的收入损失,固定数额由布拉格议会根据有关日历年确定。

(5)未休假议员可领取月费,并可按实施条例规定的条款再领取一笔额外费用。

第53条

(1)月费是指根据履行的工作类型按月支付的费用,金额由实施条例规定。月费包括根据职务类型规定的固定部分和根据布拉格市居民人数规定的附加费用。根据居民人数确定附加费用额,应以所涉日历年1月1日在布拉格市内注册永久居留的居民人数为基础。居民人数应四舍五入至百人。

(2)如果布拉格议会议员因病、受伤、怀孕或产假而无法履行职责,其无权领取月费。

第54条

额外费用是按照实施条例规定的条件和数额向布拉格议会议员支付的一笔款项。

第55条

(1)在布拉格议会选举时有权获得月费的休假议员,如不再有权领取月费,则在布拉格议会选举后3个月内有权获得上述费用。

(2)如果布拉格市前市长在布拉格议会选举后履行第75条规定的职责,在布拉格市选出新市长前有权领取与之前同等数额的费用。

(3)休假议员在布拉格议会举行大选之前任期结束且在任期结束时有权领取

月费的，可在任期结束后的 3 个月内领取上述费用。

第 56 条

(1)布拉格议会议员的支付日期、费用的支付和扣减均受有关自治市雇员工资支付条例的约束。类推适用《劳动法》对此类费用扣除的范围和顺序的规定。

(2)此项费用自布拉格议会议员取得本法项下权利和义务的当月开始支付。

(3)布拉格议会议员如果同时担任数职，则按月费最高的职务支付费用。如上述职务均非雇佣关系，则须支付的月费为各个职务的费用总和。

(4)布拉格议会议员在履行其职务时，有权按照适用于雇员的法律条例规定的数额和条件报销旅费。

第 57 条

(1)休假议员有权享受日历年的假期津贴；任期未满一个日历年的议员有权享受上述假期津贴的相应部分。

(2)根据议员的任期，上述比例的假期津贴相当于该议员任职期间每月或按日历年假期津贴的十二分之一，或其中的一部分。

(3)休假议员的假期津贴是五周。

(4)在假期津贴期间，给予休假议员的月费不得减少。

(5)除非本法另有规定，否则《劳动法》的规定适用于因休假议员的职务而产生的关系。就《劳动法》而言，休假议员的费用视为雇员的收入；布拉格市视为雇主，休假议员视为雇员。

(6)就税务而言，给予休假议员的费用被视为员工的福利。

第 58 条

地区可就公民担任委员会、理事会和专门机构成员向其支付单一费用。

布拉格议会的权力

第 59 条

(1)布拉格议会应就布拉格市的自治权力范围内的事项作出决定。

(2)以下事项由布拉格议会保留：

(a)向众议院提交议案；

(b)如果法律规范违反法律，则提请宪法法院废除此类法律规范；

(c)在与都市区讨论后批准大型地域单位的分区计划；都市区对与其地域范围有关的大型地域单位分区计划草案的建议、修订和改动，应当经布拉格议会讨论；

(d)在与都市区讨论后批准布拉格市的发展计划，并按照单行法律规范实施该

计划;都市区对布拉格市与其区域有关的发展计划草案的意见应当经布拉格议会讨论;

(e)经与都市区讨论后批准布拉格市内的规划和分区文件,并将其中具有约束力的部分作为布拉格市的一项法律规范予以公布;都市区对与其区域有关的规划和分区文件草案的建议、修订和改动,应当经布拉格议会进行讨论;

(f)经与都市区讨论后,批准布拉格市的预算和年度财政报表;

(g)就布拉格市的自治权力范围内的事项发布具有普遍约束力的条例;

(h)选举和罢免布拉格市市长、副市长和布拉格市理事会其他成员(议员);

(i)规定布拉格议会休假议员的人数;

(j)决定向布拉格议会议员提供特别单一费用;

(k)决定参加包括其他国家的自治区域单位国际协会,与其他自治市和地区合作,设立、建立、监督和废除不具有法人资格的法人实体和机构,以及决定布拉格市加入已经设立或建立的法人实体;

(l)与都市区讨论后,批准布拉格市地理区域发展计划,包括规定布拉格市内的交通服务范围;

(m)与都市区讨论后,批准布拉格市和都市区要求的信息系统开发计划;

(n)建立和废除布拉格市的永久性和临时性货币基金;

(o)关于在布拉格市全境举行地方公投的决定;

(p)建议改变布拉格市的地籍区域;

(q)设立和废除布拉格议会各委员会,并选举其成员;

(r)建立或废除城市警察部队;

(s)决定布拉格市与其他自治区域单位的合作以及合作形式;

(t)决定撤销市长根据第 73 条暂停执行的布拉格议会理事会决议;

(u)授予和撤销布拉格市荣誉公民和奖励;

(v)除第 68 条第 2 款(h)项外,任命代表代表布拉格议会出席布拉格市投资参与的商业公司股东大会;

(w)法律授权布拉格议会作为其自治权力的其他事项。

(3)下列涉及财产权的决定由布拉格议会保留:

(a)发行市政债券;

(b)决定标的价格超过布拉格市相关日历年核定预算中计划的布拉格市总收入的 1% 的公共订单;

(c)布拉格市对其他方价值超过500万捷克克朗的商业投资,但布拉格市成立或设立的法人实体除外;

(d)接受或提供涉及超过1000万捷克克朗的信贷、贷款并签订联合协议;

(e)承担涉及超过500万捷克克朗的其他方的债务和责任、保证人责任或并存债务承担的责任;

(f)接受或提供涉及超过5000万捷克克朗义务的补贴,除非下文另有规定;

(g)从预算中向都市区提供补贴和贷款;

(h)向从事青年、体育运动和体育教育、社会服务、消防、文化、教育和科学、卫生、禁毒、预防犯罪和保护环境等范围的公民协会、人道主义组织和其他法人实体以及自然人提供20万以上捷克克朗的补贴;

(i)免费转让超过1000万捷克克朗的应收账款;

(j)抵押不动产;

(k)购置和转让不动产,包括根据单行法律获得的收益;

(l)向商业公司、基金会、利益团体和自治市协会提供价值超过500万捷克克朗的货币和非货币出资;

(m)无偿转让动产(包括金钱),但由于个人周年纪念日和类似活动以及向为科学和教育、慈善、社会、卫生和生态目的和支持文化、体育教育和体育发展的本国法人和自然人,提供每年单人总额不超过200万捷克克朗的赠与除外,向公民提供一次性社会援助以及向自然人和法人捐赠丢失和遗弃的动物除外;

(n)超过500万捷克克朗的权利放弃和应收账款减免;

(o)抵押价值超过500万捷克克朗的动产和权利;

(p)分期付款超过18个月的协议。

(4)布拉格议会可在布拉格市的自治权力范围内为自己保留更多权力,但根据第68条第2款为布拉格市保留的权力除外。

(5)只有在法律规定的情况下,布拉格议会才能就委任权力的事项作出决定。

布拉格会议议程

第60条

(1)布拉格议会会议应由布拉格市市长书面召集,说明会议议程草案,但每3个月不得少于一次。

(2)如果三分之一的议员以书面形式请求召开布拉格议会会议,布拉格市市长有义务召开会议。在这种情况下,会议应当在布拉格市市政局收到书面请求之日起15日内举行,书面请求应当说明会议的主题。

(3)布拉格市市政局应至少在会议日期前7日,在布拉格市市政局的正式公告牌上,告知布拉格市公民布拉格议会会议的地点、时间和议程草案。

(4)布拉格议会会议对公众开放。

(5)如果政府成员、政府成员授权的代表、参议员或议会(国家)议员要求在布拉格议会会议上发言,应当允许其发言。

(6)如果在布拉格议会会议开幕时,布拉格议会不构成法定人数(第62条),布拉格市市长应终止布拉格议会会议,并召开替代会议,该会议应当在原会议之日起15日内举行。

第61条

(1)新当选的布拉格议会的第一次会议由布拉格市现任市长或布拉格市副市长召集,该会议应在法院根据单行法律规范作出裁定的截止日期之后举行,但不迟于选举结果公布后40日。

(2)新当选的布拉格议会第一次会议将选举布拉格市市长、布拉格市副市长和布拉格市理事会其他成员。第一次会议将由布拉格议会最年长的议员主持,直到布拉格市市长或布拉格市副市长选出为止。

(3)如果新当选的布拉格议会第一次会议未能在第1款规定的截止日期前召集,内政部应在该截止日期后15日内召集该会议。

第62条

决议、决定和选举只要得到布拉格议会全体议员的简单多数通过,即有效。

第63条

布拉格议会应废除布拉格市理事会和布拉格议会各委员会作出的与布拉格议会的法律规范或决议相冲突的决议。

第64条

(1)布拉格议会会议议程草案由布拉格市理事会规定并提交布拉格议会批准。

(2)布拉格议会将就在布拉格议会会议期间提出的议程外的其他事项作出决定。

第65条

布拉格议会每次会议的会议记录应当包括出席会议的布拉格议会议员人数、经批准的会议议程、表决的过程、结果和通过的决议等信息。会议记录应由布拉格市市长和指定的核查人员签字。会议记录应当在会议结束后7日内作出,并供布拉格市市政局留存备查。布拉格议会议员对会议记录有异议的,由布拉格议会下一次会议中作出。

第66条

布拉格议会将颁布议事规则,包括讨论拟提交众议院议案程序在内的详细议程规则。

第67条

(1)如果重新选举的理由成立,新布拉格议会的工作将由目前布拉格议会执行,直到新布拉格议会选举产生。但是,在这种情况下,布拉格议会不得开展第59条第2款和第3款规定的活动,除非根据该款批准财政预算管理,并规定布拉格市市政局活动的工资、薪金和材料费用的数额。

(2)如果布拉格议会或布拉格市其他机构未能按照在布拉格市全境就属于布拉格市的自治权力范围内的事项举行的地方公投的结果行事,内政部长应要求布拉格议会在两个月内作出修正。如果布拉格议会未能修正,内政部应解散布拉格议会且内政部长应在30日内召集新的选举。

(3)如果布拉格议会超过6个月未达到法定人数召开会议,内政部应根据布拉格市市长的提议解散布拉格议会。布拉格市可对这一决定提起法律诉讼。在选出新的布拉格议会之前,布拉格议会理事会应安排属于布拉格市的自治权力范围内的工作;如果布拉格市理事会无法开展此项工作,或者布拉格议会理事会尚未选出,这项工作将由布拉格市市长安排。在这种情况下,布拉格议会理事会或市长(在布拉格理事会尚未选举产生时),除了批准布拉格市的预算外,无权根据第59条第2款和第3款就布拉格议会的保留事项作出决定。

第二节　布拉格市理事会

第68条

(1)布拉格市理事会是布拉格市在布拉格市的自治权力范围内的执行机关,并对布拉格议会负责。布拉格市理事会应为布拉格议会的议事程序准备提案,并安排执行布拉格议会通过的决议。

(2)以下事项由布拉格市理事会保留:

(a)按照批准的预算安排布拉格市财政管理,并根据预算监督财政管理;

(b)在法律规定的范围内实施预算措施;

(c)在布拉格市的自治权力范围内为布拉格市市政局设定任务,并监督这些任务的执行情况;

(d)讨论和处理布拉格议会议员、布拉格市或都市区理事会各委员会提交的提案、意见和建议;

(e)制定受理和处理请愿和投诉的规则;

(f)应布拉格市市政局局长的提议,颁布布拉格市市政局的组织规则;

(g)根据单行法律规范的规定,履行布拉格议会成立或建立的法人实体和机构的成立人或建立人的职责,除非这一职责为布拉格议会所保留的;

(h)如果布拉格市是唯一股东或唯一合伙人,履行股东大会的职能;

(i)根据需要,设立和废除布拉格市理事会各委员会,并任免其主席和成员;

(j)如果一项建议应该被执行,则应审查布拉格市市政局和布拉格市理事会各委员会在布拉格市的自治权力范围内执行措施的情况;

(k)签订期限不超过20年的租赁协议和借款协议;

(l)执行其他法律规定的任务和事项;

(m)向从事青年、体育运动、社会服务、消防、文化、教育和科学、卫生、禁毒、预防犯罪和保护环境等领域的公民协会、人道主义组织和其他法人实体以及自然人提供每次不超过20万捷克克朗的补贴;

(n)决定订单标的价格不超过布拉格市相关日历年核定预算中计划的布拉格市总收入的1%的公共订单;

(o)布拉格市对其他方低于500万捷克克朗的商业投资,但布拉格市成立或设立的法人实体除外;

(p)接受或提供涉及不超过1000万捷克克朗的信贷、贷款,并签订联合协议;

(q)承担其他方涉及不超过500万捷克克朗的债务和责任、保证人责任或并存债务承担的责任;

(r)免费转让500万捷克克朗以下的应收账款;

(s)向商业公司、基金会和有益组织、自治市协会和工人协会提供价值低于500万捷克克朗的货币和非货币出资;

(t)500万捷克克朗以下的权利放弃和应收账款减免;

(u)抵押价值低于500万捷克克朗的动产和权利;

(v)期限不超过18个月的分期付款协议;

(w)规定布拉格市分配给布拉格市市政局、布拉格市不具法人资格的机构、组织单位和市警察部队的雇员人数,以及这些雇员的工资数额;

(x)根据布拉格市市政局局长的提议任免布拉格市市政局各部门主管;未经布

拉格市市政局局长的提议任免布拉格市市政局各部门的主管是无效的。

(3)除法律规定由布拉格议会保留的事项及布拉格议会自身规定保留的事项外,布拉格市理事会应在布拉格市的自治权力范围内就其他事项作出决定。

(4)布拉格市理事会应在布拉格市授权权力范围内发布法令。布拉格市理事会只有在法律有此规定的情况下,才能决定布拉格市的委任权力范围内的其他事项。

第69条

(1)布拉格市理事会由布拉格议会从布拉格议会议员中选举产生,共有11名成员,由布拉格市市长、布拉格市副市长和布拉格市理事会其他成员组成。布拉格市理事会成员应当是捷克共和国公民。

(2)如果布拉格市市长或布拉格市副市长被解职或辞职,其不再是布拉格市理事会成员。

(3)布拉格市理事会应在布拉格议会最后一次会议结束后继续行使其在本法项下的权力,直至选出新的布拉格市理事会为止。

第70条

(1)布拉格市理事会开会应符合要求。布拉格市理事会会议由布拉格市市长召集。理事会会议不对公众开放。理事会可邀请布拉格议会其他议员或其他人讨论个别项目。

(2)布拉格市理事会的决议、决定和选举,如果得到布拉格市理事会全体成员的简单多数通过,即为有效。

(3)布拉格市理事会每次会议的记录,由布拉格市市长和布拉格市副市长或其他理事会成员共同签字。会议记录应包括出席会议的布拉格市理事会成员数量、经批准的会议议程、表决过程和结果以及通过的决议。会议记录应当在会后7日内作出。关于布拉格市理事会成员对会议记录的异议,将由布拉格市理事会在下次会议中作出决定。会议记录应当供布拉格市市政局留存备查。

(4)布拉格市理事会应每6个月在布拉格议会会议上就其活动做报告。

第71条

(1)如果布拉格市理事会的成员数量在其任期内少于法定人数的一半,并且如果布拉格市理事会的成员数量在布拉格议会下次会议时不足6名,其职能将由布拉格议会行使,直至布拉格市理事会选出所需人数的成员为止。在这种情况下,布拉格议会可以委托布拉格市市长执行本应由布拉格市理事会执行的某些任务。

(2)如果布拉格市市长和布拉格市副市长与布拉格市理事会其他成员一起被免职,布拉格议会应委托布拉格议会一名议员履行布拉格市市长或布拉格市副市长的职责,同时应确定该议员的权力范围,直至选出新的布拉格市市长或布拉格市副市长为止。

第三节 布拉格市市长

第72条

(1)布拉格市市长向布拉格议会负责并履行其职务。

(2)布拉格市市长代表布拉格市处理对外关系。市长只有事先获得批准,方可进行需要获得布拉格议会或布拉格市理事会批准的行为;否则,此类行为自始无效。

(3)布拉格市市长应:

(a)与布拉格市副市长共同签署布拉格市法律规范;

(b)经内政部长事先批准,任免布拉格市市政局局长;未经内政部长事先批准,任免布拉格市市政局局长是无效的;

(c)为布拉格市市政局局长设定任务;

(d)根据单行法律规范确定布拉格市市政局局长的工资;

(e)负责及时下令对布拉格市的财政管理进行审计;

(f)在布拉格市区域上安排与国防、国家动员准备和民防有关的任务;

(g)除非法律另有规定,履行都市区市政局首领的职责;

(h)经与中央有关行政机关讨论,可以委托委员会对某些事项行使委任权力;

(i)在布拉格市的自治权力范围内执行布拉格议会委托或法律规定的其他任务。

(4)布拉格市市长应召集并主持布拉格议会和布拉格市理事会的会议,并与核查人员和会议记录员在布拉格议会和布拉格市理事会的会议记录上签字。

(5)布拉格市市长有权要求捷克共和国警察配合处理当地治安事务。捷克共和国警察应当提供所要求的合作,除非其他法律禁止。

第73条

布拉格市市长如认为布拉格市理事会的决议不正确,应暂停执行该决议。随后,布拉格市市长应将此事提交布拉格议会下次会议决定。

第 74 条

布拉格市副市长代理布拉格市市长。布拉格议会可选举一名以上的布拉格市副市长。

第 75 条

布拉格市市长应在布拉格议会会议结束后继续留任,直至选出新的布拉格市市长为止。

第 76 条

(1)布拉格市市长有权在重要场合使用职务徽章。职务徽章的中央是更大的国徽,周围是“捷克共和国”字样。

(2)布拉格市理事会可规定,在何种情况下,这些徽章可由布拉格议会议员或布拉格市市政局局长使用。

第四节 布拉格议会各委员会、布拉格市理事会各委员会和布拉格市专门机构

第 77 条

(1)布拉格议会应就其个别活动范围设立委员会作为其咨询机构。各委员会应酌情将其对所受委托事项的意见和建议提交布拉格议会或布拉格市理事会。

(2)布拉格议会应根据布拉格市理事会的提议,从布拉格议会议员中选举每一委员会的主席,从布拉格议会议员和公民中选举委员会成员,以及从布拉格市市政局雇员中选举一名委员会秘书。

(3)各委员会应执行布拉格议会委托给它们的任务。布拉格市理事会只能在法律或布拉格议会赋予布拉格市理事会的权力范围内,为委员会设定任务。各委员会就其活动对布拉格议会负责,并仅在为理事会保留的权力范围内对理事会负责。

(4)委员会成员的数量由布拉格议会规定,应当始终是奇数。各委员会应按规定开会。

(5)决议经委员会全体成员简单多数通过即为有效。委员会决议应以书面形式作出,并由委员会主席签署。

第 78 条

(1)布拉格议会应设立一个财政委员会、一个监督委员会和一个教育委员会。这些委员会至少要有 5 名成员。

(2)如果根据最近的人口普查,居住在布拉格市地理区域内的公民中至少有15%认为自己不是捷克人,布拉格议会应设立一个少数民族委员会。少数民族的代表如果是根据单行法律规范成立的协会委派的,也应是本委员会的成员。

(3)布拉格市市长、布拉格市副市长、布拉格市市政局局长以及参与布拉格市市政局预算和会计工作的任何人员不得担任财政或监督委员会成员。

(4)财政委员会应执行下列工作:

(a)监督本区域资产和财政的管理;

(b)布拉格议会委托财政委员会执行的其他任务。

(5)监督委员会应开展下列工作:

(a)监督布拉格议会和布拉格市理事会决议的执行情况;

(b)监督其他委员会和布拉格市市政局在自治权力范围内遵守法律规范的情况;

(c)布拉格议会委托委员会执行的其他监督或审查任务。

(6)教育委员会应开展下列工作:

(a)对布拉格市教育发展规划草案进行评估并形成意见;

(b)提出改善布拉格市建立的学校和学前教育或学前设施所提供的服务的建议;

(c)发表关于在青年、体育和运动领域提供补贴的意向的意见;

(d)讨论关于学校、学校教育和学前设施教育活动结果的报告;

(e)布拉格议会委托委员会执行的教育范围的其他任务。

(7)委员会应记录所进行的监督或审查,该记录应包括监督或审查的对象、发现的任何缺陷以及旨在纠正上述缺陷的拟议措施。上述记录应由委员会成员和监督或审查活动涉及的雇员签字。

(8)委员会应将上述记录提交布拉格议会,并附上监督或审查活动涉及的机构或雇员的声明。

第79条

(1)布拉格市理事会应设立委员会作为其倡议和咨询机构。各委员会应向布拉格市理事会提交其意见和建议。

(2)如果根据第72条第3款的规定委员会被授予委任权力,则它也是一个执行机关。

(3)委员会以委员的多数票通过决议。

(4)各委员会就其活动向布拉格市理事会负责;在授权委员会行使委任权力的事项时,委员会从属于有关中央行政机关。

第80条

在单行法律规定的情况下,布拉格市市长应设立布拉格市专门机构以行使布拉格市的委任权力。

第五节 布拉格市市政局

第81条

(1)布拉格市市政局(以下简称市政局)由市政局局长和布拉格市委派的其他雇员组成。市政局由市政局局长领导,该局局长是布拉格市委派给市政局所有雇员的上级。

(2)市政局应在布拉格市的自治权力范围内执行布拉格议会或布拉格理事会指派给市政局的任务。布拉格议会和布拉格市理事会均不得将法律赋予它们的权力移交市政局行使。

(3)市政局应行使布拉格市的委任权力,除非本法或其他法律将此权力指派给布拉格市其他机构。市政局应:

(a)审查都市区在行政程序中作出的决定,除非法律将此类行为指派给某一专门机构或者其他法律另有规定;

(b)管理都市区机构行使委任权力;为此目的,其应组织和执行对区市政局委任权力选定区域的审查,评估审查结果,并采取必要措施加以纠正;

(c)依照本法(第29条)实施制裁;

(d)为市政局、区市政局安排开发和运行与行政当局信息系统兼容的信息系统;

(e)参加市政局、区市政局专项业务能力考试人员的培训;

(f)监督区市政局在其委任权力范围内遵守政府决议的情况,并向他们提供专业协助;

(g)依法赋予市政局的其他职权。

(4)市政局的组织结构,包括组织单位的名称和管理人员的职位,均须在组织规则中规定。市政局的基本组织单位是部门,部门又分为分部门。布拉格市理事会成员的秘书处是特殊的组织单位。部门可被并入更高的组织单位来执行和安排某些活动。

(5)市政局局长应:

(a)执行布拉格议会、布拉格市理事会或布拉格市市长分配给市政局局长的任务;

(b)根据单行法律规范的规定,确定布拉格市委派给市政局的雇员工资和薪金;

(c)与布拉格市理事会协商后任命代表;

(d)根据法令颁布市政局的工作规则、档案规则,特别是档案移除规则;

(e)根据单行法律规范的规定,履行雇主法定机构对布拉格市委派给市政局的雇员的职能;

(f)以顾问身份出席布拉格议会和布拉格市的会议。

(6)未能根据第3款(b)项的措施在规定的范围和期限内予以纠正的,市政局局长有权向都市区理事会提出罢免都市区秘书的建议。根据第97条第2款的规定,该提案视为市政局局长的事先同意。

(7)市政局局长执行在自治和委任权力范围委派给市政局的任务,并向布拉格市长负责。

(8)市政局局长不得在政党或政治运动中担任任何职务。市政局局长不得同时担任国会议员或参议员的职位以及布拉格议会或都市区议会议员。

第六节　文件标记

第82条

(1)布拉格市各机构制作的所有书面材料均应标有"布拉格市"字样。标题用"布拉格议会"、"布拉格市理事会"、"布拉格市市长"、"布拉格市市政局"某一部门或某一类型的"布拉格市专门机构",以明确是哪个机构编写的文件。

(2)根据布拉格市的自治权力并由布拉格市各机构作出的所有决定均应加盖"布拉格市"字样的印章,并加盖布拉格市的小徽。根据布拉格市的委任权力并由布拉格市各机构作出的所有决定均应加盖"布拉格市"字样的印章,并使用较小的国徽。

官方公告栏

第83条

市政局应在24小时开放的地方设立市政局官方公告栏。

第七节 特殊专业能力

第84条

(1)布拉格市的雇员在提供其特殊专业能力的证明文件后,可从事实施条例规定的某些活动;除法律另有规定外,这也适用于布拉格市专门机构的负责人。

(2)第1款的规定不适用于与布拉格市建立工作关系满18个月的雇员。

(3)“特殊专业能力”是指掌握与所从事活动相关的法律,具有运用所从事法律规范的实际能力。特殊专业能力还包括对公共行政的基本知识、适用于区域自治机构和区域行政当局的地位和活动范围的法律以及适用于这些机构启动法律程序的法律知识(可验证)。

(4)对特殊专业能力的考核应当采用考试的方式进行,并形成证书证明。

(5)布拉格市的雇员在为安排行使委任权力范围内的决策所需的服务活动时,不得考核其特殊专业能力。

(6)被委派到市政局的布拉格市雇员,在其应当报考的最后1日起5年内有权领取养老金的,只有在该雇员提出请求时,才能考核其特殊专业能力。

(7)特殊专业能力考试和证书的颁发,由内政部会同其他有关部委和中央有关行政机关安排。

第85条

(1)布拉格市有责任允许从事特殊专业能力所要求的活动的雇员(以下简称报考者)为上述能力的鉴定和考试做准备。布拉格市应在报考者与布拉格市建立工作关系后3个月内为其报名参加考试。内政部应确保报考者自报名之日起9个月内首次参加考试。报考者应在考试前30日收到参加考试的通知。

(2)如果报考者考试不及格,可以重复考试两次。复试最迟应在考生未通过考试之日起90日内举行。

第86条

(1)第84条第2款和第85条第1款规定的期限不包括休产假、病假、基本或替代兵役、国民文职服务或为履行公职而休假的时间。

(2)第84条和第85条的规定不适用于那些委派到市政局的布拉格市雇员,他们在与布拉格市建立工作关系之前已参加了规定活动的考试。

(3)实施条例规定了需要特殊专业能力证明的活动范围、参加考试的方式和证书的要点,内政部安排专家培训的程序以及内政部与其他有关中央行政机关在核实特殊专业能力方面的合作程度。

第九章　都市区的机构

第一节　区　议　会

第 87 条

(1)区议会由区议会议员组成。

(2)除非法律另有规定,与布拉格议会及其议员的地位和行动有关的规定类推适用于区议会及其议员的地位和行动。除非法律或宪章另有规定,与布拉格议会的决策有关的规定类推适用于区议会的决策。

(3)休假的区议会议员或未休假的区议会议员,同时担任都市区市长的职务,如在区议会选举时有权领取月费,则在选举后 3 个月内,仍有权领取上述费用,除非其再次有权获得月费。

(4)休假的区议会议员或未休假的区议会议员,同时担任都市区市长,在区议会选举前任期结束,可在其任期结束后的 3 个月内领取月费。

第 88 条

(1)下一届区议会的议员人数由区议会最迟在市议会选举日前 85 日规定。如在截止日期前,区议会议员人数仍未明确,则须选出的区议会议员人数为第 2 款所述范围的下限。

(2)区议会在确定区议会议员人数时,应特别考虑都市区居民人数和地理面积。根据都市区居民人数,区议会议员人数确定如下:

(a)500 人以下:5 名至 9 名议员;

(b)500 人以上,3000 人以下:7 名至 15 名议员;

(c)3000 人以上,10,000 人以下:11 名至 25 名议员;

(d)10,000 人以上,30,000 人以下:15 名至 25 名议员;

(e)30,000 人以上,70,000 人以下:25 名至 35 名议员;

(f)70,000 人以上:35 名至 45 名议员。

(3)最迟应在待选出的区议会议员人数确定后 2 日内,在区市政局的官方公告栏上公布,并以该地惯常的另一种方式公布。

(4)用于确定区议会议员人数的人口数字,是举行选举当年 1 月 1 日的都市区居民人数。

区议会的权力

第 89 条

(1)区议会保留就本法、其他法律或宪章委托区议会处理的事项的决定权。以下事项也由区议会保留：

(a)选举和罢免都市区市长、都市区副市长和都市区理事会其他成员；

(b)规定担任区议会议员职务的人数的费用；

(d)对布拉格市规划和分区文件草案提出意见；

(e)对布拉格市的预算草案提出意见；

(f)对布拉格市的发展方案草案提出意见；

(g)批准都市区范围内的监管计划；

(h)根据布拉格市的发展计划批准都市区的发展计划；

(i)批准都市区的预算和年度财政报表；

(j)建立和废除都市区的永久和临时货币基金；

(k)建立、设立和撤销无法人资格的法人和机构；

(l)决定都市区和作为自治区域单位的其他都市区之间的合作以及合作形式；

(m)决定订单标的价格超过相关日历年都市区批准预算中计划的都市区总收入的 5% 或超过 5000 万捷克克朗的公共订单；

(n)决定在都市区区域内举行地方公投；

(o)授予和撤销都市区荣誉公民身份和奖励；

(p)决定废止都市区市长已根据第 102 条暂停执行的都市区理事会决议。

(2)如法律或宪章将下列有关财产权的事项委托给都市区，则由都市区议会作出决定：

(a)由都市区的机构签订接受信贷、贷款或补贴、承担债务、承担担保人义务或加入债务的协议和联合协议；

(b)都市区对商业公司和协会的货币和非货币出资；

(c)都市区对任何其他方的商业投资，但都市区成立或设立的法人实体除外；

(d)不动产的购置和转让，包括根据单行法律获得收益；

(e)无偿转让动产(包括金钱)，但由于个人周年纪念日和类似活动以及向为慈善、社会、卫生和生态目的和支持文化、体育教育和体育发展的本国法人和自然人，提供每年单人总额不超过 5 万捷克克朗的赠与除外，以及向公民提供一次性社会援助除外；

(f)免费转让都市区的应收账款;

(g)超过 10 万捷克克朗的权利放弃和应收账款的减免;

(h)抵押动产和不动产;

(i)抵押价值超过 10 万捷克克朗的动产和权利;

(j)分期付款超过 18 个月的协议;

(k)土地转让;

(l)建筑物转让;

(m)接受信贷(贷款),但经常账户信贷除外(除非此类信贷金额超过都市区最近批准的年度预算的六分之一);

(n)以不动产的形式向商业公司和协会提供非货币出资;

(o)公共事业建设的转让,包括公共事业建设用地的转让;

(p)具有公共植被的用地转让;

(q)根据单行法律规范转让廉租房和单个住房单元。

(3)区议会无权颁布具有普遍约束力的条例。

(4)只有在单行法律另有规定的情况下,区议会才应就委任权力的事项作出决定。

第 90 条

区议会的决议和决定,如获区议会全体议员的简单多数通过,即属有效。

第 91 条

如果都市区理事会和区议会各委员会的决议与法律规范或区议会的决议相冲突,区议会应予废除。

第 92 条

(1)如果布拉格市市长提出书面要求,都市区市长有义务召集区议会会议。

(2)如果区议会超过 6 个月未达到法定人数召开会议,布拉格议会应解散区议会。都市区可对这一决定提起法律诉讼予以补救。在选出新的区议会或任命都市区行政长官之前(第 93 条),都市区理事会应安排属于都市区的自治权力范围内的工作;如果都市区理事会尚未选出,这项工作将由都市区市长安排。在这种情况下,都市区理事会或市长(都市区理事会尚未选举产生),除了批准都市区的预算外,无权根据第 89 条就区议会的保留事项作出决定。

第 93 条

(1)有下列情形之一的,由市政局局长任命都市区行政长官:

(a)因区议会议员候选人不足或选举委员会未获委任而屡次宣布选举失败;

(b)区议会议员人数减少至低于第 88 条规定总数的一半;或者

(c)如区议会因本法所列理由而被解散。

(2)都市区行政长官领导区市政局(第 103 条),并安排行使都市区的委任权力。就已设立区市政局秘书职位的都市区而言,区市政局秘书隶属于都市区行政长官。都市区行政长官无权行使法律为区议会保留的权力,但批准都市区的预算除外。

(3)市政局局长应监督都市区行政长官的活动。与都市区行政长官工作有关的工资、薪金和材料费用由布拉格市支付。

(4)都市区行政长官的活动在新当选的区议会第一次会议之日停止。在新当选的区议会第一次会议上,都市区行政长官应就其职务的履行、都市区资产状况和财政管理情况做报告。

第二节　都市区理事会

第 94 条

(1)除非法律另有规定,与布拉格市理事会的地位和行动有关的规定类推适用于都市区理事会的地位和行动。除非法律或宪章另有规定,与布拉格市理事会的决策有关的规定类推适用于都市区理事会的决策。

(2)以下事项由都市区理事会保留:

(a)按照批准的预算安排都市区的财政管理;

(b)决定标的价格不超过第 89 条第 1 款(m)项规定的限额的公共订单;

(c)应区市政局秘书的建议,设立和废除区市政局的部门,并发布区市政局的组织规则;

(d)应区市政局秘书的提议,任免区市政局各部门负责人,并按照单行法律规范规定其报酬;未经区市政局秘书提议,任免各部门负责人无效;

(e)规定都市区委派给区市政局和都市区非法人机构的雇员总数;

(f)在委任空缺时任命一名区议会议员的替补;

(g)讨论和处理区议会议员和都市区理事会各委员会成员提交都市区理事会的提案、意见和建议;

(h)根据单行法律规范,履行区议会成立或设立的法人实体和机构的设立人或创办人的职责,除非该职位由区议会保留;

(i)决定属于都市区授权的自治权力范围内的其他事项,除非该等事项由法律为区议会保留或区议会自行保留。

(3)只有在单行法律另有规定的情况下,都市区理事会才应在委任权力范围作出决定。

第95条

(1)都市区理事会成员人数在5人至9人,但不得超过区议会议员人数的三分之一。区议会议员不足15人的都市区,不得选举都市区理事会。

(2)在没有选出都市区理事会的都市区,都市区理事会的职能由都市区市长履行,但第94条第2款(b)、(c)、(e)项和(f)项规定的由区议会行使的权力除外。

第96条

(1)如果都市区理事会成员人数在其任期内少于法定人数的一半,并且如果都市区理事会成员人数在下一次区议会会议上没有补充到法定人数的至少一半,则其职能由区议会执行,直至选出都市区理事会所需的成员人数为止。在这种情况下,区议会可委托都市区市长执行某些由都市区理事会执行的任务。

(2)如果区议会的议员人数在其任期内低于第88条第2款规定的下限,且没有替补议员接替委任空缺,则都市区理事会的活动在区议会委任空缺满30日后停止。

(3)如在任期内,都市区理事会成员人数超过区议会议员人数的三分之一,且区议会议员人数不少于11人,则都市区理事会须继续任职。

第三节 都市区市长

第97条

(1)除非法律另有规定,与布拉格市市长的地位和行动有关的规定类推适用于都市区市长的地位和行动。除非法律或宪章另有规定,与布拉格市市长的决策有关的规定类推适用于都市区市长的决策。

(2)都市区市长应在事先征得区市政局局长同意的情况下,任免区市政局秘书。已设立区市政局秘书的,应按照单行法律规范规定区市政局秘书的薪酬;未经都市区市长提议和区市政局局长事先同意,区市政局秘书的任免无效。

(3)都市区市长与布拉格市协商后,可将某些事项的委任权力委托给委员会行使。

第98条

都市区市长有权要求捷克共和国警察或布拉格市警察配合处理当地公共治安事务。除非其他法律禁止,捷克共和国警察或布拉格市警察应当提供所要求的合作。

第99条

(1)都市区市长有权以顾问身份出席布拉格议会会议;在布拉格议会会议上,如果涉及有关都市区的问题,应当允许都市区市长发言。都市区市长有权出席就都市区提交的提案而举行的布拉格市理事会会议。

(2)都市区副市长代理都市区市长。区议会可以选举一名以上的都市区副市长。

第四节 区议会各委员会、都市区理事会各委员会及都市区专门机构

第100条

(1)除非法律另有规定,有关布拉格议会各委员会和布拉格市专门机构的地位和行动的规定,类推适用于区议会各委员会和都市区专门机构的地位和行动。除非法律或宪章另有规定,与布拉格市专门机构的决策有关的规定类推适用于都市区专门机构的决策。

(2)区议会须设立监督委员会和财政委员会。

第101条

(1)都市区理事会应设立委员会作为其倡议和咨询机构。各委员会应将其意见和建议提交都市区理事会。

(2)根据第97条第3款的规定,如果某一委员会被授予委任权力,则它也是一个执行机关。

(3)委员会以成员的多数票通过决议。

(4)各委员会就其活动向都市区理事会负责;在授权委员会行使委任权力的事项时,委员会从属于市政局。

第102条

都市区市长如认为都市区理事会的决议不正确,应当暂停执行。都市区市长应随后将此事提交下一次区议会会议决定。

第五节　区 市 政 局

第 103 条

除非法律另有规定,有关市政局、市政局局长和委派给市政局的布拉格市雇员的地位和活动的规定,类推适用于区市政局、区市政局秘书和委派给区市政局的都市区雇员的地位和行动。除非法律或宪章另有规定,与市政局的决策有关的规定类推适用于区市政局的决策。

第 104 条

(1)区市政局由区市政局秘书和委派给区市政局的都市区雇员组成。如果尚未设立区市政局秘书的职位,则该职能将由都市区市长履行。区市政局在行使委任权力时,如其授权范围与市政局相同,则应当设立区市政局秘书的职位。

(2)区市政局可决定设立区市政局秘书一职。区市政局秘书向都市区市长和理事会负责执行规定的任务。第 84 条和第 85 条的规定适用于区市政局秘书。

(3)区市政局应行使都市区的委任权力,除非法律将此权力委托给都市区的其他机构。

第六节　文 件 标 记

第 105 条

(1)所有由都市区机构编制的书面材料均应标有“都市区”字样和都市区名称。标题用“区议会”、“都市区理事会”、“都市区市长”、“区市政局”某一部门、某特定类型的“都市区专门机构”等字样标明是哪个机构编写的文件。

(2)根据都市区的自治权力并由都市区各机构作出的所有决定均应加盖“都市区”字样的印章和都市区名称,并加盖都市区的小徽。根据都市区委任权力并由都市区各机构作出的所有决定均应加盖“都市区”字样的印章和都市区名称,并附有较小的国徽。

第十章　监　　督

第 106 条

(1)布拉格市自治和委任权力的行使受国家监督(以下简称监督)。对布拉格市当局行使权力的监督将由有关部委在其实质责任范围内执行。

(2)监督仅包括事后对遵守法律的情况进行评估,并以不限制该地区的自治权力或布拉格市机构的管辖权的方式进行，并避免国家对布拉格市机构的活动进行任何非法干预。

（3）监督不涉及布拉格市在行政程序中作出的决定，也不涉及在税收和收费管理程序中作出的决定。

第 107 条

（1）对布拉格市行使自治权力的监督，是为了确保布拉格市具有普遍约束力的法规以及布拉格市各机构的决议和决定与法律和其他法律规范相一致。

（2）对布拉格市的委任权力行使的监督，是为了确保布拉格市法令与法律和其他法律规范相一致；对于布拉格市各机构的其他决议和决定的监督，也是为了确保与政府决议以及各部委和其他中央行政机关的指示和命令相一致。

第 108 条

（1）如果布拉格市的任何法律规范与法律或政府或中央行政机关颁布的任何其他法律规范相抵触，内政部应暂停其效力。内政部有义务通知布拉格市该部已启动中止布拉格市某一法律规范效力的程序。布拉格市有权在内政部规定的期限内对此事提出意见，该期限不得少于自内政部要求布拉格市提出意见起 30 日。

（2）如果布拉格市相关机构未能废除布拉格市的此类法律规范，或未能使其与政府或中央行政机关颁布的法律或其他法律规范相一致，内政部长应向宪法法院申请废除布拉格市的上述法律规定。

（3）内政部关于暂停执行布拉格市法律规范的决定，自市政局收到书面决定之日起生效。上述决定应立即在官方公报上发表。

第 109 条

（1）内政部有权暂停执行布拉格市机构在布拉格市的自治权力范围内的决议或决定，前提是这些决议或决定不符合法律规范的性质，或违反法律或政府或中央行政机关颁布的其他法律规范。在布拉格市的自治权力范围内暂停执行布拉格市某机构的决议或决定的决定，自布拉格市收到书面决定之日起生效。对这种决定及时予以纠正并不产生中止效力。

（2）在暂停执行布拉格市某机构在布拉格市的自治权力范围内的决议或决定后，如果布拉格市有关机构未能在 3 个月内予以纠正，内政部应向布拉格高等法院提起撤销上述决议或决定的诉讼。在此类诉讼程序中，高等法院应按照单行法律规范以适当方式进行诉讼。如果布拉格市有关机构在法院判决之前予以纠正，则内政部应在相关部委收到布拉格市某机构予以纠正的决定或决议后 15 日内，撤销暂停布拉格市某机构在布拉格市的自治权力范围内的决议和决定的决定。

(3)如果法院驳回上述诉讼,内政部应在判决生效之日起 15 日内,撤销暂停布拉格市某机构在布拉格市的自治权力范围内的决议或决定的决定。

第 110 条

(1)相关部委应暂停执行布拉格市某一机构在布拉格市的委任权力范围内的决议或决定,前提是这些决议或决定违反法律,或政府或中央行政机关颁布的其他法律规范,或政府决议,或部委和其他中央行政机关的命令或指示。

(2)如果布拉格市的相关机构未能在相关部委规定的期限内(该期限不得少于30 日),撤销该决议或决定,或未能使其与法律或政府或中央行政机关发布的其他法律规范,或政府决议或命令,或有关部委和其他中央行政机关的决议或指示相一致,相关部委应当作出撤销该决议或决定的决定。

(3)相关部委暂停执行该决议或决定的决定和撤销该决议或决定的决定自市政局收到书面决定之日起生效。

第 111 条

(1)布拉格市理事会有权在其自治权力范围内暂停执行某一都市区机构违反法律或其他法律规范的决议或决定。暂停执行都市区机构在其自治权力范围内决议的决定,自都市区收到书面决定之日起生效。对这种决定及时予以纠正并不产生中止效力。

(2)在作出暂停执行都市区机构在其自治权力范围内决议的决定后,如果都市区的相关机构未能在 3 个月内予以纠正,布拉格市理事会应向布拉格市法院提起撤销上述决议或决定的诉讼。在此类诉讼程序中,市法院应按照单行法律规范的规定以适当方式进行。如果布拉格市的相关机构在法院判决之前予以纠正,布拉格市理事会应在收到都市区某一机构予以纠正的决议或决定后 15 日内,撤销暂停执行都市区机构在其自治权力范围内决议的决定。

(3)如果法院驳回上述诉讼,布拉格市理事会应在法院判决生效之日起 15 日内,撤销暂停执行都市区某一机构在其自治权力范围内决议的决定。

第 112 条

(1)如果都市区某一机构在其委任权力范围内的决定或决议违反法律、其他法律规范、政府决议、部委及其他中央行政机关的指示或命令,市政局应暂停执行。

(2)如果都市区的相关机构未能在市政局规定的期限内(该期限不得少于 30 日)撤销该决议或决定或未能使其与法律、其他法律规范或政府决议、各部委和其他中央行政机关的命令或指示相一致，市政局应将此事提交布拉格议会决定。

(3)相关部委暂停执行该决议或决定的决定和撤销该决议或决定的决定，自区市政局收到书面决定之日起生效。

第113条

第109条至第112条的规定不涉及布拉格市和都市区在行政程序中作出的决定，也不涉及在税收和收费管理程序中作出的决定。

第114条

(1)受委托检查市政局或专门机构活动的相关部委雇员(以下简称检查员)有义务出示书面授权。

(2)检查员执行检查时具有下列权力：

(a)要求布拉格市有关部门在规定期限内提交原始资料，并提供检查所需的完整资料；

(b)在有正当理由需要保密的情况下，应当确保提交的原始资料的安全；检查员有义务以书面形式确认收到此类资料。

(3)在进行检查时，检查员有义务：

(a)报告局长检查的启动和完成，并出示执行检查的授权书；

(b)确定被检查活动的实际情况，并与有关法律规范进行比较；

(c)妥善保护原始资料，如果不再需要原始资料时应立即返还；

(d)起草一份关于检查结果的报告。

第115条

(1)检查报告应特别包括以下内容：

(a)检查机构和被检查机构的身份证明；

(b)检查员的名字；

(c)检查的地点和时间；

(d)检查的对象；

(e)所有检查结果，包括违法和违法责任人；

(f)提出纠正措施予以纠正；

(g)确认检查结果所依据的所有原始资料。

(2)检查报告应由所有参加检查的人签字。

第116条

(1)检查员应将检查报告的内容告知局长或局长授权的代表，以及任何违法责任人。检查员应向局长或局长授权的代表提供一份检查报告副本。检查员应将报告中确定个人责任部分的副本抄送责任人及其上级。如果局长或局长授权的代表或责任人拒绝在检查报告上签字,检查员应在报告中注明。

(2)局长或局长授权的代表及责任人,可在收到检查报告15日内,就检查报告中的检查结果,以书面形式提出合理的异议。

(3)在相关部委收到异议后,检查员的上级应在30日内作出异议决定。

(4)行政规则规定的程序不适用于就第2款规定事项作出的决定。

第117条

(1)如果在检查中,布拉格市未能:

(a)履行第114条第2款规定的义务,相关部委应根据行政程序作出对布拉格市处以最高20万捷克克朗的罚款的决定;

(b)在规定期限内或宽限期限内予以纠正的,相关部委将对布拉格市处以最高100万捷克克朗的罚款。

(2)根据第1款处以的罚款归国家预算中的收入;征收和追缴此类罚款应遵循的程序由法律另行规定。

第十一章　部委与首都布拉格市的关系

第118条

(1)关于布拉格市在布拉格市的委任权力的范围,内政部应:

(a)协调各部委和其他中央行政机关发布与布拉格市的委任权力有关的命令和指示;

(b)会同有关中央行政机关,在布拉格市的委任权力选定区域组织检查,评估检查结果,并向政府提出必要措施的建议。

(2)在行使布拉格市的委任权力时,布拉格市隶属于相关部委。

(3)如相关部委的权限包括布拉格市的委任权力的部分,则相关部委应:

(a)在法律范围内,通过颁布法律规范以及在上述法律规范的范围内通过发布命令和指示,管理布拉格市的委任权力的行使;

(b)审查布拉格市各机构在行政程序中作出的决定;

(c)监督布拉格市的委任权力在相关范围的行使情况。

(4)行政规则的规定适用于审查布拉格市各机构的决定。

第二部分　共同、过渡和总结性规定

第 119 条

行政程序法适用于下列决定：

(a)布拉格市和都市区根据第 29 条和第 30 条作出的决定；

(b)布拉格市和都市区关于自然人和法人在布拉格市或都市区委任权力范围的权利、受法律保护的利益和义务的决定，除非法律另有规定。

第 120 条

(1)政府应颁布实施第 52 条、第 53 条和第 54 条的法令。

(2)内政部应颁布实施第 14 条和第 86 条的条例。

第 121 条

(1)1998 年选举产生的布拉格议会根据本法仍视为布拉格议会，其任期于 2002 年 11 月 14 日结束。

(2)本法生效之日，在任的布拉格市理事会根据本法规定视为布拉格市理事会。

(3)本法生效之日，布拉格市在任的市长根据本法规定视为布拉格市市长。

(4)本法生效之日，布拉格市在任的副市长根据本法规定视为布拉格市副市长。

(5)本法生效之日，在任的布拉格市政局根据本法规定视为布拉格市市政局。本法生效之日，布拉格市市政局在任的秘书根据本法规定视为市政局局长。

(6)本法生效之日，在任的布拉格市专门机构根据本法规定视为布拉格市专门机构。

第 122 条

(1)本法生效之日，现存的都市区(包括区域)根据本法规定视为都市区。

(2)1998 年或之后选举产生的区议会和地方议会根据本法规定视为区议会，其任期于 2002 年 11 月 14 日结束。

(3)本法生效之日，在任的区理事会和地方理事会根据本法规定视为都市区理事会。

(4)本法生效之日，都市区在任的市长根据本法规定视为都市区市长。

(5)本法生效之日，都市区在任的副市长根据本法规定视为都市区副市长。

(6)本法生效之日,区市政局和地方市政局根据本法规定视为区市政局。本法生效之日,在任的区市政局和地方市政局秘书根据本法规定视为区市政局秘书。

(7)本法生效之日,在任的都市区专门机构根据本法规定视为专门机构。

第 123 条

布拉格议会和区议会的选举应按照有关自治市议会选举的法律举行。

第 124 条

依照本法生效前施行的条例作出的建筑物编号,继续有效。

第 125 条

在本法生效前启动的行政程序中,行政机关的权限依照之前有效的法律规范确定。

第 126 条

第 33 条的规定适用于自 2003 年 1 月 1 日起生效的单行法律。

第 127 条

自 1994 年 11 月 24 日起至本法生效前,按照现行法律规范通过考试确认的特殊专业能力,视为本法所称的特殊专业能力。

第 128 条

现废除下列法律:1. 1990 年第 418 号布拉格市首都法。2. 1993 年第 8 号修正 1990 年第 418 号布拉格市首都法(经 1991 年第 439 号修正)。

第三部分　法律效力

第 129 条

本法自 2000 年各地区议会选举之日起生效。

附件:地籍区域(略)

八、加拿大

加拿大国家首都法*

加拿大法规修订汇编 1985,c. N－4
增订至 2020 年 1 月 26 日
最近一次修订:2013 年 9 月 30 日

官方法典汇编

于 2009 年 6 月 1 日生效的《立法修订汇编法》第 31 条第 1 项、第 2 项,有如下规定:

以本部公布的文本为准

31. (1)本部依本法公布的法律或法规汇编,不同其为纸本或电子格式,皆为各该法规及其内容之依据。表见为本部所公布,而无反证者,推定为本部所公布。

文本冲突的处理

(2)本部依本法公布的法律汇编,与国会执行秘书依《法规出版法》认证的原典或修正不符者,以后者为准。

文本布局

出现于部分条款正上方左边或右边空白处的黑体文本为相关条款的注释。此类注释不构成法规的一部分,仅为方便参考而加入。

---

* 文本来源于加拿大司法部官方网站,网址:https://laws－lois. justice. gc. ca/eng/acts/n－4/FullText. html。

注意事项

本汇编收录内容至2020年1月26日止。修正条文的最近生效日期为2013年9月30日。未于2013年9月30日前生效的条文,附于文末。

关于国家首都地区的发展和改善法案

简　称

简称

1. 本法案可引称为《国家首都法》。

R. S. ,c. N－3,s. 1.

释　义

定义

2. 本法适用的定义如下:

“主席”指委员会主席;(président)

“首席执行官”指委员会首席执行官;(premier dirigeant)

“委员会”指根据第3条有效存续的国家首都委员会;(Commission)

“部门”指:

(a)《财政管理法》附表一所列的部门,

(a. 1)《财政管理法》附表一所列的联邦公共行政的部门或分支,

(a. 2)依《调查法》而指定为实施《财政管理法》的任何委员会,

(b)《财政管理法》附表二或附表三所列的法人团体,及

(c)就其所有目的或就其成立所依据的《国会法》的所有目的而言,作为女王陛下代理人的任何理事会、委员会、法人团体或其他团体;(ministère)

“女王陛下”指加拿大女王陛下;(Sa Majesté)

“公路”包括街道、道路、小巷、大道或车道;(voie publique)

“地方市政当局”指全部或部分位于国家首都地区内的市政当局;(municipalité locale)

“成员”指委员会成员；(Version anglaise seulement)

“部长”指加拿大总理或总督为本法案之目的而指定为部长的加拿大枢密院其他成员；(ministre)

“国家首都地区”指加拿大政府所在地及其周边地区，详见附表；(région de la capitalenationale)

“财产”指不动产或个人财产或其中权益；(bien ou propriété)

“委员会财产”指由委员会控制和管理或以委员会名义拥有的财产；(bien de la Commission ou propriété de la Commission)

“公有土地”指由一个部门控制和管理的不动产或其中权益；(terrains publics)

“副主席”[废止，2006，c. 9，s. 283]

“工程”指任何工程、建筑或项目。(Version anglaise seulement)

R. S.，1985，c. N-4，s. 2；R. S.，1985，c. 45（4th Supp.），s. 1；1992，c. 1，s. 141；1995，c. 29，s. 55(E)；2003，c. 22，s. 224(E)；2006，c. 9，s. 283.

有效存续的委员会

有效存续的法人团体

3. (1)国家首都委员会继续存续，其由15名成员组成，包括一名主席和一名首席执行官。

成员委任

(2)除主席及首席执行官外，其他成员均应由部长委任，且需经总督批准。此外，任期不得超过4年，以尽量确保任何一年任期届满的成员不超过半数。

主席和首席执行官的委任

(3)主席和首席执行官均应由总督委任，并在总督认为适当的任期内任职。

成员

(4)除主席和首席执行官外，成员委任办法如下：

(a)三名来自安大略省地方市政当局，通常居住在国家首都地区，其中至少两名必须来自渥太华市；

(b)两名来自魁北克地方市政当局，通常居住在国家首都地区，其中至少一名来自加蒂诺河以西的加蒂诺市；以及

(c)八名来自加拿大除(a)或(b)所指的城市或市镇外的地区。

(d)和(e)[废止，2002，c. 17，s. 19]

成员资格

(5)如成员在获委任时通常居住在某地方市政当局,则该成员有资格从该地方市政当局获委任。

重新委任

(6)除首席执行官外,已连续担任两届成员的人,在其第二届任期届满后的十二个月内,没有资格再获委任担任与此之前相同的职务。

空缺

(7)委员会成员的空缺不损害其余成员的行动权利。

成员不缴纳退休金

(8)除非总督另有指示,否则《公职人员退休金法》不适用于任何成员。

R. S. , 1985, c. N – 4, s. 3; R. S. , 1985, c. 1 (4th Supp.), s. 44(E); 1995, c. 29, ss. 54, 55(E);2002, c. 17, s. 19; 2006, c. 9, s. 285.

女王陛下代理人

4. 就本法而言,委员会是女王陛下代理人。

R. S. , c. N – 3, s. 4; 1984, c. 31, s. 14.

总部

5. (1)委员会总部应位于国家首都地区。

会晤

(2)委员会每年应至少在国家首都地区举行三次会议。

R. S. , 1985, c. N – 4, s. 5; R. S. , 1985, c. 45 (4th Supp.), s. 2.

缺席或无行为能力

6. 如主席或首席执行官缺席或无行为能力,或者二者任何一个职位出现空缺,委员会应授权另一名成员以主席或首席执行官身份行事,但未经总督批准,任何人不得以主席或首席执行官身份行事超过 60 日。

R. S. , 1985, c. N – 4, s. 6; 1995, c. 29, s. 55(E); 2006, c. 9, s. 286.

首席执行官的薪酬

7. (1)首席执行官的薪酬由总督确定。

其他成员的薪酬

(2)总督可授权向主席和其他负有特别职责的成员支付津贴或其他薪酬。

费用

(3)每名成员均有权报销其在履行职责过程中产生的合理差旅费和其他费用。

R. S. , 1985, c. N－4, s. 7; 1995, c. 29, s. 55(E); 2006, c. 9, s. 287.

官员和雇员

主要负责人

8. (1)总督可随时任免一名主要负责人,主要负责人的薪酬由总督确定。

职员

(2)在符合第(3)款所批准的组织计划及雇佣条款和条件的前提下,委员会可雇佣其认为本法所需的官员、雇员及顾问,并确定其薪酬及雇佣条款和条件。

组织计划与雇佣条款和条件

(3)总督可批准:

(a)为委员会正常运作所必需的长期职位的建立和分类的组织计划;和

(b)确定各类职位的薪酬标准,以及适当的雇佣条款和条件。

R. S. , c. N－3, s. 8.

其他委员会

执行委员会

9. (1)委员会应设执行委员会,由主席、首席执行官及委员会委任的其他三名成员组成,其中至少一名成员来自魁北克省。

权力

(2)执行委员会应行使委员会委托其行使的权力和职能,并应在每次委员会会议上提交自上次委员会会议以来的执行委员会会议记录。

其他委员会

(3)委员会可设立国家首都规划委员会和其认为实施本法案所必要或适当的其他委员会。

委员会成员费用

(4)根据本条设立的执行委员会、国家首都规划委员会或其他委员会的成员,均有权报销其在履行职责过程中产生的合理差旅费和其他费用。

R. S. , 1985, c. N－4, s. 9; 1995, c. 29, s. 55(E); 2006, c. 9, s. 288.

目标、宗旨和权力

委员会的目标和宗旨

10.(1)委员会的目标和宗旨是为国家首都地区的发展、保护和改善制订计划并提供协助,以便加拿大政府所在地的性质和特征符合其国家意义。

权力

(2)就本法而言,委员会可:

(a)取得、持有、管理或开发财产;

(b)出售、授予、转让、出租或以其他方式处置或向任何人提供任何财产,但应遵守其认为必要或可取的条件和限制;

(c)建造、维护和经营公园、广场、公路、公园大道、桥梁、建筑物及其他工程;

(d)根据主管当局或部长要求,维护和改善委员会的财产或由某部门控制和管理的其他财产;

(e)与地方市政当局或其他当局合作或参与联合项目或者向其拨款,以改善、开发或维护财产;

(f)在委员会的财产上建造、维护和经营娱乐、康乐、茶点或其他公众利益场所或住所,或者批准特许经营此类场所或住所;

(g)管理、保存和维护历史遗迹或历史博物馆;

(h)就国家首都地区的规划进行调查和研究;以及

(h.1)[废止, 2013, c.33, s.213]

(i)总体上,办理和批准为达致委员会宗旨和目标及为行使委员会权力所需的事宜。

R.S., 1985, c.N-4, s.10; R.S., 1985, c.45 (4th Supp.), s.3; 2013, c.33, s.213.

发　　展

协调发展

11.委员会应根据本法案制定的总体规划,协调国家首都地区公有土地的开发。

R.S., c.N-3, s.11.

发展建议

12.(1)若:

(a)任何部门提议在国家首都地区的土地上建造、更改、扩建或拆除建筑物或其他工程，

(b)任何个人提议在国家首都地区的土地上建造、更改、扩建或拆除建筑物或其他工程，或者

(c)任何部门或个人提议变更国家首都地区公有土地的用途，

有关部门或个人应于工程开始前，向委员会提出建议以供核准。

建议批准

(2)在决定是否批准根据第(1)款提交的建议时，委员会应考虑以下事项：

(a)如属建造、更改或扩建建筑物或其他工程的建议，则应考虑该建筑物或其他工程的地点、位置、设计及方案，以及建造、更改或扩建该建筑物或其他工程的用途；

(b)如属拆除建筑物或其他工程的建议，则应考虑该建筑物或其他工程的地点、位置、设计、用途及拆除方案；及

(c)如属变更公有土地用途的建议，则应考虑土地的地点、位置、现有用途和提议用途。

禁止的情况

(3)在提请委员会并获批之前，任何部门或个人不得擅自开展根据第(1)款须向委员会提交建议的项目。

内部改造

(4)本条不适用于建筑物或其他工程的内部改造，除非此类改造是为适应该建筑物或工程的用途改变而作出的。

R. S. , 1985, c. N-4, s. 12; R. S. , 1985, c. 45 (4th Supp.), s. 5.

关于出售公有土地的建议

12.1(1)任何部门关于在国家首都地区出售公有土地的建议应在出售前提交委员会批准。

禁止的情况

(2)未经委员会批准，不得出售国家首都地区的公有土地。

R. S. , 1985, c. 45 (4th Supp.), s. 5.

总督可批准

12.2(1)若委员会拒绝批准根据第12条或第12.1条提出的建议，总督可给予批准，而总督的任何批准，就本条而言，应视为已由委员会批准。

批准的条款和条件

(2)根据第12、12.1条或本条作出的批准应受委员会或总督(视具体情况而定)认为适宜的条款和条件限制。

R. S., 1985, c. 45 (4th Supp.), s. 5.

建造铁路的权力

13. (1)委员会可根据本法案制订的计划,在国家首都地区建造铁路和相关设施。

出售、租赁等

(2)委员会可:

(a)将根据第(1)款建造的铁路及相关设施或其部分出售、转让或出租给铁路公司;或

(b)与铁路公司订立协议以实现:

(i)单独、共同或多次使用铁路或设施或者其部分,

(ii)公司维修铁路或设施或者其部分,以及

(iii)经营铁路或设施或者其部分。

《加拿大运输法》第三部分的适用情况

(3)《加拿大运输法》第三部分经适当修改后应适用于行使本条所赋予的权力,除第(2)款另有规定外,本条的任何内容均不得将委员会视为铁路公司。

R. S., 1985, c. N-4, s. 13; 1996, c. 10, s. 236.

征　　用

征用

14. (1)倘若委员会认为,为本法案实施之目的,委员会需在未经所有者同意的情况下获得土地或其中权益,委员会应就《征用法》第一部分向相关部长提出建议。

同上

(2)就《征用法》而言,部长在第(1)款中提及的为本法之目的而所需的土地或其中权益,应被视为建造公共工程或其他公共用途所需的土地或其中权益。就此而言,该法中对王室的规定应解释为对委员会的规定。

R. S., c. N-3, s. 13; R. S., c. 16(1st Supp.), s. 42.

财　产

交易限制

15.(1)除经总督批准外,委员会不得:

(a)以超过25,000元的价格收购不动产;或

(b)订立时限超过5年的租契,或批出时限超过49年的地役权。

同上

(2)除根据《财政管理法》第99条第(2)款外,委员会不得以超过10,000元的对价处置不动产。

合同条例

(3)尽管《财政管理法》第41条第(2)款另有规定,总督可根据该法案第41条第(1)款订立适用于委员会的条例。

R. S., 1985, c. N-4, s. 15; R. S., 1985, c. 45 (4th Supp.), s. 6.

税收替代型支付

16.(1)倘若委员会并非女王陛下代理人,委员会可向地方市政当局支付补助金,但不得超过市政当局就委员会不动产可能征收的税款。

例外

(2)第(1)款不适用于公园或广场、公路或公园大道、桥梁或类似构筑物。

加蒂诺公园

(3)委员会可就位于加蒂诺公园的委员会不动产向有关当局支付补助金,但此等补助金在任何课税年度均不得超过委员会的预估金额,即用以补偿有关当局在该课税年度因委员会取得该财产而蒙受的市政税和学校税损失的金额。

R. S., c. N-3, s. 15.

财　政

贷款

17. 财政部长可从综合收入基金中以贷款方式向委员会预支经国会批准的金额,但应遵守总督批准的关于利息、还款等方面的条款和条件。

R. S., c. N-3, s. 16; 1980-81-82-83, c. 17, s. 15.

普通资金

18. 在不违反第17条的情况下,出于本法案之目的,委员会可支出国会拨供委

员会使用的、委员会通过开展业务所得的或委员会通过遗赠、捐赠或其他方式收到的款项。

R. S. , c. N-3, s. 17.

细则与条例

细则

19. 委员会可为其活动的开展和管理以及为本法宗旨和规定的实施制定细则。

R. S. , c. N-3, s. 18.

条例

20. (1)总督可制定保护委员会财产的条例,维护委员会财产的秩序或防止事故发生。

惩罚

(2)总督可借规例订明因违反根据第(1)款订立的任何细则而循简易程序定罪时可施加的惩罚,但由此订明的惩罚不得超过《刑法典》第787条第(1)款所列之惩罚。

R. S. , 1985, c. N-4, s. 20; 2002, c. 13, s. 87.

所有者责任

21. (1)凡车辆违反第20条第(1)款之条例而操作或停泊,该车辆的车主可就该违例事项受到总督规定的惩罚,除非在该违例事项发生时,该车辆并非由车主本人操作或停泊,或者操作和停泊的他人并未经车主明示或默示同意(视具体情况而定)。

财产损失

(2)若任何人因违反第20条第(1)款条例而被定罪,则定罪法庭可在判刑时命令该人向委员会缴付一笔款项,以清偿或补偿委员会因该人被定罪而蒙受的财产损失或损害。

强制执行判决

(3)根据第(2)款就因违反根据第20条第(1)款订立的条例而被定罪的人而作出的命令,可在该命令提交审理该违例事项的省高等法院后,作为该法院的判决而强制执行。

R. S. , c. N-3, s. 19.

证据

22. 在因违反根据第20条第(1)款订立的条例而提出的检控中,凡述明该条例所描述的任何财产受委员会控制,并看来是由委员会或其首席执行官、主要负责人、总工程师或秘书核证的证明书,须获接纳为证据,而无须证明签署证明书之人的签字或官方身份。若无反证者,则可推定为财产受委员会控制。

R. S. , 1985, c. N-4, s. 22; 1995, c. 29, s. 55(E); 2006, c. 9, s. 289.

通　　用

馈赠

23. 委员会如认为适当,可接受作为馈赠或遗赠的财产,并可在尽管本法有其他规定但符合第10条第(2)款(b)和第15条第(1)款的情况下,为本法实施之目的且在符合馈赠或遗赠给委员会之该财产相关条款(若有)的前提下,消耗、管理或处置此类财产。

R. S. , c. N-3, s. 20; 1984, c. 31, s. 14.

审计员

24. 加拿大审计长是委员会的审计员。

R. S. , c. N-3, s. 22; 1976-77, c. 34, s. 30(F); 1984, c. 31, s. 14.

加拿大的普惠性工程

25. 特此声明:委员会的所有工程,不论是在1959年2月6日之前或之后建造或执行的,应为加拿大的普惠性工程。

R. S. , c. N-3, s. 23.

附表(第2条)

国家首都地区描述

国家首都地区由安大略省和魁北克省的部分地区组成,具体包括安大略省拉纳克县贝克威特镇和密西西比米尔斯镇部分地区普雷斯科特和拉塞尔联合县拉塞尔镇部分地区,以及渥太华市部分地区;以及坎特雷市、切尔西市和庞蒂亚克市的全部,以及魁北克省的兰格—加德纳市、拉佩什市、圣母院—德拉—萨莱特市和圣女院—蒙特市部分地区,以及加蒂诺市部分地区,同时包括魁北克省的地籍、地段或部分地段、街区或部分街区、其现在或将来的分区,以及公路、铁路通行权、岛屿、水道或其部分。但均在以下所述的边界内:从渥太华河南岸上一个与麦克纳布镇域和菲茨罗伊镇域边界相交的点开始;然后沿该边界向西南方向延伸,至菲茨罗伊镇域第二特许区地块东北和西南部分之间的线;然后沿该线向东南方向延伸,至菲茨罗伊镇域第二特许区 21 号与 22 号地块之间的线;然后沿该线以及菲茨罗伊镇域第一特许区 21 号与 22 号地块之间的线向西南方向延伸,至上述菲茨罗伊镇域与帕金顿镇域之间的边界;然后沿该边界向东南方向延伸,至帕金顿镇域第十二特许区 21 号与 22 号地块之间的线;然后沿该线向西南方向延伸,至帕金顿镇域第十二特许区地块东北和西南部分之间的线;然后沿该线向东南方向延伸,至帕金顿镇域第十二特许区 16 号与 17 号地块之间的线;然后沿该线以及第十一特许区 16 号与 17 号地块之间的线向西南方向延伸,至帕金顿镇域第十一特许区地块东北和西南部分之间的线;然后沿该线向东南方向延伸,至帕金顿镇域第十一特许区 13 号与 14 号地块之间的线;然后沿该线以及第十特许区与第九特许区 13 号与 14 号地块之间的线向西南方向延伸,至帕金顿镇域第九特许区地块东北和西南部分之间的线;然后沿该线向东南方向延伸,至帕金顿镇域第九特许区 7 号与 8 号地块之间的线;然后沿该线以及第八特许区 7 号与 8 号地块之间的线向西南方向延伸,至帕金顿镇域第八特许区地块东北和西南部分之间的线;然后沿该线向东南方向延伸,至帕金顿镇域和拉姆齐镇域之间的边界;然后沿该边界向西南方向延伸,至拉姆齐镇域第七特许区与第八特许区之间的道路;然后沿该道路向东南方向延伸,至拉姆齐镇域第八特许区 20 号与 21 号地块之间的道路;然后沿该道路向东北方向延伸,至拉姆齐镇域第八特许区地块东北和西南部分之间的线;然后沿该线向东南方向延伸,至拉姆齐镇域与贝克威茨镇域之间的边界;然后沿该边界向西南方向延伸,至贝克威茨镇域第七特许区 16 号与 17 号地块之间的线;然后沿该线以及贝克威茨镇域第六特许区 16 号与 17 号地块之间的线向东南方向延伸,至加拿大太平洋有限公司路权西北界限;然后沿该界限向东北方向延伸,至贝克威茨镇域与古尔本镇域之间的边界;然后沿该边界向东南方向延伸,至古尔本镇域与马尔伯勒镇域之间的边界;然后沿该边界向东北方向延伸,至马尔伯勒镇域与北高尔镇域之间的边界;然后沿该边界向东南方向延伸,至北高尔镇域第四特许区 35 号与 36 号地块之间的道路;然后沿第四、第三特许区与第二特许区中 35 号与 36 号地块之间的道路向东延伸,直至北高尔镇域的东边,成为丽都运河的中心线;然后沿丽都运河的中心线向北延伸,至奥斯古德镇域的西边;然后沿该边界向南延伸,至奥斯古德镇域破碎前线特许区 35 号与 36 号地块之间的道路;然后沿破碎前线特许区与第一特许区 35 号与 36 号地块之间以及奥斯古德镇域第三、第四、第五、第六、第七、第八、第九、第十、第十一特许区35号与36号地块之间的道路向东延伸，并继续沿拉塞尔镇域第一、第二、第三、第四、第五、第六、第七、第八特许区5号与6号地块之间的道路延伸，至拉塞尔镇域第八特许区与第九特许区之间的道路；然后沿该道路向北延伸，至拉塞尔镇域与坎伯兰镇域之间的边界；然后沿该边界向东延伸，至坎伯兰镇域第三与第四特许区之间的规划道路；然后沿该道路向北延伸，至坎伯兰镇域第三特许区1号与2号地块之间的线；然后沿该线向东延伸，至坎伯兰镇域渥太华河边上的第二特许区10号地块西边，有时被称为“古老的调查”的地方；然后沿渥太华河边上第二特许区10号地块西边以及渥太华河边上第一特许区10号地块西边向北延伸，至渥太华河南岸；然后跨过渥太华河向北延伸，至北岸与魁北克省白金汉郡第一区7号与8号地块之间的线相交的点；然后沿白金汉郡第一、第二、第三、第四、第五、第六、第七、第八、第九、第十、第十一区与第十二区7号与8号地块之间的线向北延伸，至白金汉郡与德里镇之间的边界；然后沿该边界向西延伸，至德里镇与东波特兰镇之间的边界；然后沿该边界向北延伸，至东波特兰镇第三区与第四区之间的区线；然后沿该区线向西延伸，至东波特兰镇与西波特兰镇之间的边界；然后沿该边界向北延伸，至西波特兰镇第四区与第五区之间的区线；然后沿该区线向西延伸，至西波特兰镇第五区7号地块东边；然后沿该边界向北延伸，至西波特兰镇第五区与第六区之间的区线；然后沿该区线向西延伸，至西波特兰镇第六区7号地块东边；然后沿该边界向北延伸，至西波特兰镇第六区与第七区之间的区线；然后沿该区线向西延伸，至西波特兰镇第七区7号地块东边；然后沿该边界向北延伸，至西波特兰镇第七区与第八区之间的区线；然后沿该区线向西延伸，至西波特兰镇第八区7号地块东边；然后沿该边界向北延伸至西波特兰镇第八区与第九区之间的区线；然后沿该区线向西延伸，至西波特兰镇与丹荷镇之间的边界；然后沿该边界向南延伸，至丹荷镇与韦克菲尔德镇之间的边界；然后沿该边界向西延伸，至韦克菲尔德 镇第十一区25号与26号地块之间的线；然后沿韦克菲尔德镇第十一、第十、第九、第八、第七、第六区与第五区25号与26号地块之间的线向南延伸，至韦克菲尔德镇第四区与第五区之间的区线；然后沿该区线向西延伸，至韦克菲尔德镇第五区4号与5号地块之间的线；然后沿韦克菲尔德镇第五、第六区与第七区4号与5号地块之间的线向北延伸，至韦克菲尔德镇第七区与第八区之间的区线；然后沿该区线向西延伸，至韦克菲尔德镇与马瑟姆镇之间的边界；然后沿该边界向北延伸，至马瑟姆镇第七区与第八区之间的区线；然后沿该区线向西延伸，至马瑟姆镇与阿尔德菲尔德镇之间的边界；然后沿该边界向北延伸，至阿尔德菲尔德镇第二区与第三区之间的区线；

然后沿该区线向西延伸,至阿尔德菲尔德镇东区的东边;然后沿阿尔德菲尔德镇东区的东边延伸,至阿尔德菲尔德镇东区 14 号与 15 号地块之间的线;然后沿阿尔德菲尔德镇东区与西区 14 号与 15 号地块之间的线向西延伸,至阿尔德菲尔德镇西区的西边;然后沿该西边向南延伸,至阿尔德菲尔德镇第一区与第二区之间的区线;然后沿该区线向西延伸,至阿尔德菲尔德镇与索恩镇之间的边界;然后沿该边界向南延伸,再沿昂斯洛县域与布里斯托尔镇域及其在渥太华河上突出部分之间的边界继续延伸,至魁北克省与安大略省之间的界线;然后跨过渥太华河向西南方向延伸至起始点,如此形成一块占地约四千七百一十五平方公里(±4715 km^2)的区域。

R. S. , 1985, c. N-4, Sch. ; 2002, c. 17, s. 20.

相关规定

— 1995, c. 29, s. 56

主任停止任职

56. 尽管《财政管理法》第 105 条第(4)款另有规定,但在本法案第 54 条生效前因该款而曾是国家首都委员会主任的每一个人均应在本法案第 54 条生效时停止任职。

— 2013, c. 33, s. 216

定义

216. 下列定义适用于第 217 条至第 220 条。

"活动和事件授权"指《国家首都法》第 2 条定义的在国家首都地区组织、赞助或推介任何可丰富加拿大文化和社会结构的公共活动和事件。(mandat en matière d'activités et de manifestations)

"委员会"指根据《国家首都法》第 3 条有效存续的国家首都委员会。(Commission)

— 2013, c. 33, s. 217

职员委任

217. 在本条生效之日,其职能与"活动和事件授权"相关的委员会的每一名职员,均被视为根据《公共服务就业法》被任命为加拿大文化遗产部职位的人员,并被视为该法第 2 条第(1)款所定义的职员。

— 2013, c. 33, s. 218

转交结余

218. 在本条生效的财政年度,依照某项国会法案拨付给委员会用于"活动和事件授权”的未用资金，都应视为已拨出用于加拿大文化遗产部的业务支出。

— 2013, c. 33, s. 219

资产、义务和授权

219. 在本条生效之日，并在“活动和事件授权”相关范围内，

(a)委员会的资产转交给由加拿大文化遗产部长所代表的加拿大女王陛下；

(b)委员会的义务由加拿大文化遗产部长所代表的加拿大女王陛下承担；

(c)颁发给委员会的许可证、执照和其他授权书，转交给由加拿大文化遗产部长所代表的加拿大女王陛下；且

(d)委员会签发的许可证、执照和其他授权，均视为由加拿大文化遗产部长所代表的加拿大女王陛下签发。

— 2013, c. 33, s. 220

诉 讼 存 续

220. 在本条生效之日，委员会作为当事方的诉讼、起诉或其他法律程序，如果在法院悬而未决，并且与活动和事件授权有关，可由加拿大女王陛下继续进行或针对加拿大女王陛下继续进行，其方式和程度与由委员会继续进行或针对委员会继续进行的方式和程度相同。

九、马来西亚

马来西亚联邦首都法*

马来西亚 190 号法律

制定日期:1961 年 4 月 1 日
修订生效日期:1977 年 10 月 1 日
本文纳入截至 2006 年 1 月 1 日的所有修正案

目　　录

* 文本来源于马来西亚总检察长办公室官方网站,网址:http://www. agc. gov. my/agcportal/uploads/files/Publications/LOM/EN/Act% 20190. pdf。

为吉隆坡市地方政府及相关事宜制定的组织法

1. 简称

本法可引称为《联邦首都法(1960)》。

2. 释义

在本法中,除非上下文另有规定——

“咨询委员会”是指根据第6条设立的吉隆坡市政局顾问团或吉隆坡市咨询委员会(英文名称);

“城市”是指吉隆坡市政局或吉隆坡市(英文名称);和

“专员”是指根据第4条任命的吉隆坡市拿督或吉隆坡市专员(英文名称)。

第一部分　城 市 区 域

3. 城市区域

(1)根据宪法第 154 条第(1)款的规定,吉隆坡市为联邦首都。

(2)吉隆坡市的区域由 1973 年宪法修正案(第 2 号)[A206 法律]第 2 条第(2)款规定的联邦领土组成。

(3)最高元首可不时在宪报刊登公告,将本市划分为若干区或分区,并豁免本法或任何影响本市的成文法在该公告所指明的一个或多个城市界线内的地方实施。

(4)根据第(3)款作出的任何豁免,并不豁免任何居住在该地方的人,使其免受任何关于差饷或税项的成文法的规范。

第二部分　专员及咨询委员会

4. 任命专员

(1)吉隆坡市的市政事务由吉隆坡市专员管理。

(2)专员应由最高元首委任,任期 5 年,如最高元首在个别情况下作出一个较短任期的决定,则任期为该决定的较短期间。

(3)在符合本法的前提下,专员应根据最高元首不时决定的条件任职。

(4)在任何时候,如最高元首觉得为了有效地管理本市的事务有必要免去专员的职务,他可在不说明任何理由的情况下免去其职务。

(5)最高元首可不时接受专员的辞职。

(6)凡专员根据本法或其他成文法的规定行使权力或执行职责,他可借书面文件将行使该等权力或履行该等职责转授给某人或某个部门,但应受该文件所订明的条件及限制所规限:

但本条并不适用于由本法或其他成文法授予他的订立附属法例的权力。

(7)如专员因疾病、缺席或其他事由而不能履行他的职能、行使他的权力或执行他的职责,或专员的职位空缺一段时间,则由联邦直辖区部秘书长或经部长书面授权的其他公职人员履行专员的职能、行使专员的权力和执行专员的职责。

5. 专员为法人团体

(1)专员在任何情况下均应是一个法人团体,其名称为“吉隆坡市拿督”,或在英文中为“吉隆坡市专员”。

(2)专员应备有正式印章,而该印章应由时任专员或专员为此而授权的其他人签署认证。

(3)专员的印章应以官方及司法方式予以公告,而在任何诉讼或法律程序中,每一份看来是由专员发出或作出且盖上专员印章并根据第(2)款认证的文件,除非有相反的证明,否则该文件应视为如此发出或作出。

(4)由专员签署的证明书,证明任何看来是由他作出或发出的文书,即为如此核证事实的结论性证据。

6. 咨询委员会

(1)为本法的目的,应设立一个机构,称为“吉隆坡市政局顾问团”,或英文称为“吉隆坡市咨询委员会”,就最高元首通过命令规定的与城市管理有关的事项,以及部长或专员提交咨询委员会的任何问题,向专员提供咨询。

(2)咨询委员会的会议和程序应由咨询委员会决定,但应遵守本法及其规定。

(3)咨询委员会的所有委员应被视为《刑法典》[574 号法律]所指的公务员。

7. 咨询委员会的组成

(1)咨询委员会应由下列人员组成,这些人员应由最高元首在宪报上刊登公告委任为委员:

但如此委任的咨询委员会委员中,应包括由雪兰莪州议会统治者提名的两人。

(2)在与本法相符的条件下,最高元首可通过条例规定咨询委员会委员的人数、类别、任命、任期、资格、取消资格、资历和退休条件,以及咨询委员会的会议和程序。

8. 专员主持咨询委员会会议

(1)专员应在切实可行的范围内出席并主持咨询委员会的所有会议,而在专员缺席的情况下,由部长书面委任的咨询委员会的委员,或在该等委员缺席的情况下,由实际出席咨询委员会的较年长的委员主持会议。

(2)专员或主持咨询委员会会议的其他委员只能在避免票数相等时投票,而在其他情况下不得投票。

9. 会议记录

(1)咨询委员会的所有议事程序均应备存纪录。

(2)在咨询委员会每次例会上,在处理其他事务前,应确认上次会议的纪录,并视情况需要而作修订或不作修订。

10. 专员可采取反对咨询委员会的行动

专员在与部长协商后,如认为适当,可反对咨询委员会向他提供的意见;但在任何情况下——

(a)他应将其决定的根据和理由以书面形式全部记录下来,以列入会议纪录;和

(b)咨询委员会的委员有权要求在会议纪录中,记录他就有争议的问题可能提出的意见或建议及其理由。

11. 公共当局保护

《公共当局保护法(1948)》[198 号法律]适用于针对专员或咨询委员会或专员的成员、官员、雇员或代理人的诉讼、起诉、控告或法律程序,这些诉讼、起诉、控告或法律程序与专员以该身份所做或所犯的行为疏忽或过失有关。

12. 专员的权力和职责

(1)除本法另有规定外,专员应在本法生效之前,具有并可行使吉隆坡市议员、总统及议员或官员所赋予或授予的所有权力及职责。

(2)除本法及根据第 16 条第(2)款作出的命令另有规定外,任何成文法、契据、文件或其他文书如在本法生效前尚未失效或解除,载有吉隆坡市议员的姓名,则该成文法、契据、文件或其他文书,除非文意另有所指,就像将该名字替换成专员一样阅读及解释。

13. 部长发布指示的权力

(1)部长可不时就其认为影响本市利益的事项,向专员发出与本法不相矛盾的指示,说明在行使本法授予的权力和根据本法赋予专员的职责时应遵循的政策,而专员应尽快实施所有该等指示。

(2)专员应向部长提供部长不时要求的关于专员财产和活动的报表、账目和其他信息。

14. 年度报告

(1)专员应在每年年底后,在切实可行的范围内向部长提交一份报告,概述专员上一年的活动,并载有部长不时指示的与专员的政策和城市事务有关的资料。

(2)部长应将每一份此类报告的副本呈交马来西亚上议院和下议院。

15. 获授权代表专员出庭的法律官员等

总检察长、副检察长和联邦律师可在马来西亚法院就涉及专员或城市事务的事项的诉讼或程序出庭并进行辩护,并做所有其他必要的事务。

第三部分 过渡性条款

16. 现有法律

(1)除本法另有规定外,《海峡住区市政条例》[第133章]和《马来亚联邦市议会法令》[第137章]对本市和影响本市的其他成文法(在本法生效前生效的)有效,但在被有权机关根据宪法或本法或其他成文法修订或撤销之前,根据本条规定作出修改,则在本法生效之后继续有效;除非文意另有所指,否则在本条内的规定——

(a)对吉隆坡市议员或总统或议员的规定,应解释为专员;

(b)对于统治者、统治者会议、国家权力机关或立法会,应视情况需要解释为部长。

(2)最高元首可在本法生效之日起两年内通过命令修订、调整或废除任何影响本市并在本法生效前生效的成文法,如果他认为这样做是有利的或必要的,以便使该成文法符合本法或消除与本法过渡条款的不一致。

17. 财产转让

(1)在不违反本条的规定及最高元首的指示的情况下,在本法生效前归属吉隆坡市议员或代表吉隆坡市议员的任何人的所有财产和资产,应在本法生效时归属专员。

(2)在本法生效前,根据与吉隆坡市议员用地有关的成文法而归属或保留的所有土地,自本法生效之日起,应归属或当作为专员用地而保留(视情况而定)。

18. 现有合同和诉讼程序

(1)除本部分另有规定外,在本法生效期前存在并根据第17条移转的任何财产的一切契据、保证书、协议、文书及工作安排,无论对专员有利还是不利,均具有完全效力并可有效地强制执行,专员犹如吉隆坡市议员或代表这些议员行事的任何人一样出现在名单中或是其中一方。

(2)根据本法,吉隆坡市政局议员或议员代表作为当事方的任何诉讼、起诉或其他法律程序,如果在本法生效前悬而未决,可由专员继续进行或针对专员继续进行,就像本法并未制定一样。

19. 服务协议的延续

在本法生效前受雇于吉隆坡市议员的每个人,在本法生效时,应视为按照与本法生效前相同的服务条款和条件移交给专员。

20. 与市政条例有关的权力

《市政条例(延展适用)条例(1948)》[1948 年第 3 号法律公告]第 3 条授予雪兰莪州议会统治者的一切权力,就本市而言,应视为自本法生效之日起授予最高元首。

21. 废除

(1)在本法生效之日,《地方当局选举条例(1950)》[1950 年第 52 号条例]第一部分及第二部分不再适用于本市,然后根据该条例第 52 条就城市作出的任何命令均应据此决定[1960 年第 194 号政府公告]。

(2)根据《地方当局选举条例(1950)》第 4 条制定的《吉隆坡自治市宪章》[1951 年第 351 号政府公告]经多次修订,现予废除。在本法生效前根据市政条例及宪法成立的市政局担任主席或议员的人,在本法生效后,不再是主席或议员(视情况而定)。

(3)《联邦首都(市政选举)条例(1958)》[1958 年第 32 号条例]现予废除。

马来西亚吉隆坡市法(1971)*

马来西亚59号法律

批准日期:1971年12月29日
本文纳入截至2006年1月1日的所有修正案

一项旨在规定授予联邦首都吉隆坡自治市城市地位的名称变更及其他事宜的法案

本法案经马来西亚上议院和下议院共同建议和通过,并由最高元首核准,具体规定如下:

简称

1. 本法可引称为《吉隆坡市法(1971)》。

名称变更

2. 根据《海峡定居点市政条例》[第133章]成立并根据《联邦首都法(1960)》[190号法律]管理的法人,应命名为"吉隆坡市政局"或"吉隆坡市"。

专员和其他人的保留权利和义务

3. (1)本法的生效不影响依法任命或提名的联邦首都专员或其他人员(视情况而定),上述人员自本法生效之日起分别担任专员或其他职务,拥有并行使先前根

* 文本来源于马来西亚总检察长办公室官方网站,网址:http://www.agc.gov.my/agcportal/uploads/files/Publications/LOM/EN/Act%2059.pdf。

据《联邦首都法(1960)》或其他成文法和细则赋予该等职位的所有权利、义务、权力和特权,犹如本法并未颁布一样。

(2)本法的规定均不影响在本法生效前由吉隆坡联邦首都自治市或以吉隆坡联邦首都自治市的名义正当采取、订立或作出的任何形式的诉讼、程序、转让、契约、交易或行为的有效性或效力。

名称修订

4. 除非与立法目的或上下文不一致,否则在成文法中——

(a)“联邦首都吉隆坡自治市”应解释为“吉隆坡市政局”或“吉隆坡市”;

(b)“市政办公室”或“专员办公室”应解释为“市政局”或“市政厅”;

(c)与吉隆坡联邦首都有关的“市政”应解释为“市政局”或“城市”;和

(d)“联邦首都吉隆坡专员”应解释为“吉隆坡拿督班达”或“吉隆坡市专员”。

《联邦首都法(1960)》的实施

5. 除上述规定外,本法的任何规定均不影响《联邦首都法(1960)》的实施。

十、美国

美国首都选址法(1790)*

批准日期:1790 年 7 月 16 日

关于建立美国政府暂时和永久所在地的法案

1. 本法案经美国参、众两院制定,规定将波多马克河和安那考斯迪亚河汇合处占地面积不超过十平方英里的范围划为美国联邦政府永久所在地。如国会无另行法律规定,在完成首都迁移前,上述划定地区所在州的法律运作不受该法案的影响。

2. 再进一步规定,美国总统有权任命三名特派员;如现任特派员拒绝执行命令或其他事由所产生的职位空缺,总统可根据需要递补特派员。此三名特派员或其中任意两位,应在总统的指导下,进行调研,并划定适当的边界,遵从于上述限制条件,界定美国联邦政府永久所在地的范围;这片被划分、界定和明确出来的区域,应被视为此法案所接受并可作为美国联邦政府永久所在地的区域。

3. 再进一步规定,上述三名特派员或其中任意两位,应有权在上文所述河流东侧的划定区域按照规定面积购买土地或接受土地赠与,将总统认为适当的土地作为美国联邦政府公用土地。此三名特派员或其中任意两位,应根据总统批准的方

---

* 文本来源于美国国会图书馆官方网站,网址:https://memory.loc.gov/cgi-bin/ampage?collId=llsl&fileName=001/llsl001.db&recNum=253。

案,在1800年12月第一个周一之前,为国会、总统以及美国联邦政府提供适当的办公或居住场所。

4. 再进一步规定,授权并要求美国总统接受社会捐款,以降低或抵扣上述购买土地和建造建筑的花费。

5. 再进一步规定,所有附属于美国联邦政府所在地的办公机构在12月第一个周一之前搬迁至宾夕法尼亚州费城,直至1800年12月第一个周一,届时将于费城举行国会。

6. 再进一步规定,1800年12月第一个周一,美国联邦政府所在地应遵照该法案搬迁至上文所述区域和地址:所有附属于上述美国联邦政府所在地的办公机构也应自行组织搬迁,并于上述日期后,停止在其他地区行使权力;搬迁所需支出将用进口税和吨位税抵扣,对此政府将提供足够拨款。

美国法典(1997年版)第40篇*(节选)

第40篇——公共建筑、财产和工程

第1章——哥伦比亚特区公共建筑、场地、公园和码头

第71a节——国家首都的联邦与特区规划机构

第71a节　国家首都的联邦与特区规划机构

(a)(1)国家首都规划委员会;设立;中央联邦机构;职能;例外职能

国家首都规划委员会(以下简称委员会)系作为联邦政府的国家首都中央联邦规划机构而设立,旨在保护其重要的历史及自然特征,但关于美国国会大厦建筑物及场地(定义见本篇第193a节和第193m节),以及本篇的任何延伸条款或增补条款涉及的建筑物或场地,或由国会大厦建筑师管理的建筑物及场地等除外。

(2)哥伦比亚特区市长;中央地方机构;职能;例外职能;特区综合规划:公民参与程序,以及与非联邦机构的磋商

哥伦比亚特区市长(以下简称市长)应为哥伦比亚特区(以下简称特区)政府的国家首都中央规划机构。市长应负责协调特区政府的规划活动,并负责制定和实施国家首都综合规划的特区纲要,其中可能包括土地利用纲要、城市改造和重建纲要、特区多年公共工程规划,以及自然、社会、经济、交通及人口规划。市长的规划责任不得延伸至委员会确定的特区联邦或国际项目和发展,亦不得延伸至本篇第193a节和第193m节或本篇任何延伸或增补部分定义之美国国会大厦建筑物及场地,或国会大厦建筑师管理的建筑物及场地。市长在履行本节规定的职责时,应制

---

* 文本来源于美国政府信息网官方网站,网址:https://www.govinfo.gov/content/pkg/USCODE-1997-title40/html/USCODE-1997-title40-chap1-sec71a.htm。

定公民参与规划程序,并与受综合规划(包括综合规划修正案,该等综合规划或修正案对特区存在一定影响或与特区相关)任何方面影响的州、地方政府,或国家首都区域内的规划机构进行适当且有意义的磋商。

(3)特区综合规划;市长和市政委员会关于影响联邦机构的职能

市长应将综合规划的各特区纲要及其任何修正案提交市政委员会进行修订或修改,并在公开听证会后通过法案予以通过。市政委员会应在通过之后、实施之前,将每一项该等纲要或修正案提交委员会审查,并就该等纲要或修正案对国家首都联邦机构的权益或职能的影响提出意见。

(4)证明;设立和实施;市政委员会的行动;联合公布联邦职能纲要和特区纲要;延长时限,市政委员会的权力;在整个规划流程中联合制定磋商程序

(A)委员会应在收到市政委员会发出的综合规划的该等特区纲要或其修正案后六十日内,向市政委员会证明该等纲要或修正案是否对国家首都联邦机构的权益或职能存在负面影响。如果委员会在六十日内未对该等纲要或修正案采取任何行动,则该等纲要或修正案应视为不存在任何上述负面影响,并应将该等纲要或修正案纳入国家首都综合规划并予以实施。

(B)委员会如在六十日内发现存在上述负面影响,应向市政委员会证明其对上述负面影响的调查结果及建议。市政委员会在收到委员会的调查结果及建议后,可采取以下行动:

(i)对该等调查结果及建议持反对意见,并以修订形式将该等纲要或修正案重新提交委员会重新审议;或

(ii)接受该等调查结果及建议,并据此修改该等纲要或修正案。

如市政委员会接受该等调查结果及建议,并根据第(ii)节修改该等纲要或修正案,市政委员会应将该等纲要或修正案呈交委员会,由委员会确定市政委员会是否已按照委员会的调查结果及建议作出该等修改。如果委员会在收到经修改之纲要或修正案后的三十日内未针对该等纲要或修正案采取任何行动,则应视为市政委员会已根据委员会的调查结果或建议对该等纲要或修正案进行了修改,且应将其纳入国家首都综合规划,并予以实施。委员会如在三十日内再次确定该等纲要或修正案对国家首都联邦机构的职能或权益存在负面影响,则不得实施该等纲要或修正案。

(C)如市政委员会对委员会的调查结果及建议持反对意见,并根据第(i)节重新提交经修改之纲要或修正案,则委员会应在收到市政委员会提交的该等经修改

之纲要或修正案后六十日内,确定该等经修改之纲要或修正案是否对国家首都联邦机构的权益或职能存在负面影响。委员会如发现存在上述负面影响,则应向市政委员会证明其调查结果(调查结果应足够详细,使市政委员会能够理解委员会反对的依据)及建议,且不得实施该等纲要或修正案。委员会如在六十日内未对该等经修改之纲要或修正案采取任何行动,则该等经修改之纲要或修正案应视为不存在任何上述负面影响,且应将其纳入综合规划并予以实施。委员会已确定对国家首都联邦机构存在负面影响的任何纲要或修正案,如果从委员会最后一次否决之日起不少于一年时间再次以修订形式提交,则就本节中规定的审查程序而言,应将其视为新纲要或新修正案。

(D)委员会和市长应视情况定期地联合公布国家首都综合规划,其中包括由委员会制定的国家首都联邦职能综合规划纲要,以及由市长和市政委员会根据本节规定制定的特区纲要。

(E)市政委员会可应委员会的要求,准予延长本节所规定的任何时限。

(F)委员会和市长应联合制定程序,以便在整个国家首都规划过程中进行适当且有意义的持续磋商。

(b)国家首都规划委员会;正式成员;公民成员:资格、任期、空缺、报酬

国家首都规划委员会应由以下成员组成:

(1)依职权,内政部长、国防部长、总务管理局局长、市长、哥伦比亚特区市政委员会主席、参议院和众议院哥伦比亚特区委员会主席,或该等成员可能不时指派的候补成员,以及

(2)5名拥有城市或区域规划工作经验的公民成员,其中3名由总统任命,2名由市长任命。由市长任命的公民成员应为哥伦比亚特区的合法居民,由总统任命的三名公民成员中,至少一名应为弗吉尼亚州的合法居民,至少一名应为马里兰州的合法居民。由总统任命的成员任期为六年,首次获任命的成员除外,总统应指派一名成员任期为两年,一名成员任期为四年。由市长任命的成员任期为四年。根据本节首次获任命的成员应于1975年1月2日就职。获任命填补空缺的任何人员,仅可在其将接替的成员任期未届满时获任命。公民成员在实际履行委员会所委派的职责时,除应补偿其因履行职责而产生的必要费用外,还应按每日100美元的费用给予其报酬。

(c)主席;主席团成员;主任及其他人员;聘用城市规划师、建筑师等;报酬

总统应指派委员会主席,委员会可从其成员中推选出其认为适当的其他主席

团成员。委员会有权聘用一名主任、一名管理人员,以及其认为必要的其他技术与行政人员。此外,在不考虑第 41 篇第 5 节、《公务员法》和《职务分类法》或第 5 篇第 3109 节的情况下,委员会可通过合同或其他方式聘用为履行其职能而可能需要的城市规划师、建筑师、工程师、估价师和其他专家或组织的临时性或间歇性(不超过一年)服务,而在任何该等情况下,报酬费用应由委员会厘定,以免超出同类服务的通常费用。

(d)咨询与协调委员会;规划与发展机构代表的参与

经各有关机构同意,委员会可设立由联邦政府和哥伦比亚特区政府各机构的代表组成的咨询与协调委员会,这将有助于这些政府机构之间获得最大限度的合作与相互联系,使首都能够按照综合规划发展。委员会可酌情邀请周边地区规划与发展机构的代表参与该等委员会的工作。

(e)一般职能范围

如本篇第 71c 节至第 71g 节下文中更具体描述的,委员会的主要职责应为(1)制定、通过和修订国家首都联邦职能综合规划,并向相应的发展机构提出相关建议;(2)在国家首都区域内作为联邦政府的中央规划机构,履行其职能,对发展规划进行审查,以便就其与综合规划的一致性提出建议;以及(3)如下文所规定,代表联邦及特区政府与区域规划委员会进行协作。

美国哥伦比亚特区自治法*

批准日期:1973 年 12 月 24 日

本文所述的《哥伦比亚特区自治法》系由国会在 1973 年 12 月颁布,并于 2013 年 12 月 26 日(本文付印前的最终修订日期)修订。法案文本采用经颁布和修订的原始格式。法律总顾问办公室对文本所作的简略注释,均以括号引出。

除第四编(特区宪章)所载列的修订条款外,本文不包括《哥伦比亚特区自治法》对其他法案予以修订的条款。

本文包括的最后一项修订法案为:2013 年 12 月 26 日批准旨在修订《哥伦比亚特区自治法》以明确哥伦比亚特区首席财务官的薪酬的法案。

目　　录

* 文本来源于哥伦比亚特区市政委员会官方网站,网址:https://dccouncil.us/dc-home-rule/。

D 部分　特区预算与财务管理

第 1 分部分　预算与财务管理

第 441 节　财政年度

第 442 节　年度预算提交

第 443 节　多年计划

第 444 节　多年基本建设改造计划

第 445 节　哥伦比亚特区法院的预算

第 445A 节　供水和排污管理局的预算

第 446 节　市政委员会制定地方预算

第 446A 节　允许在一个财政年度内增加地方资金拨款

第 446B 节　接受未列入年度预算赠款

第 447 节　预算、会计和人事体系一致性

第 448 节　市长的财务职责

第 449 节　会计监督与管理

第 450 节　普通基金和特别基金

第 450A 节　储备基金

第 450B 节　综合财务管理政策

第 451 节　关于按约定方式履行的合同的特别规则

第 452 节　教育委员会的年度预算[已废止]

第 453 节　独立机构预算的削减

第 2 分部分　审计

第 454 节　哥伦比亚特区审计员

第 455 节　绩效和财务问责

E 部分　借贷

第 1 分部分　借贷

第 461 节　特区发行和赎回基本建设项目普通责任债券的权力

第 462 节　借贷立法内容与关于发行普通责任债券的相关选举

第 463 节　借贷立法的公布

第 464 节　短期限制

第 465 节　发行普通责任债券

第 466 节　公开或非公开出售

第六编　国会保留的权力

第 601 节　保留宪法权力

第 602 节　对市政委员会的限制

第 603 节　预算程序;借款与支出限制

第 604 节　针对某些特区事务的国会法案

第七编　全民公决;政府继承;暂行规定;其他规定;哥伦比亚特区选举法修正案;施行规则;生效日期

A 部分　宪章全民公决

第 701 节　全民公决

第 702 节　选举委员会

第 703 节　全民公决和投票通知

第 704 节　赞成或反对宪章

B 部分　政府继承

第 711 节　裁撤现任政府与职能移交

第 712 节　某些委任职能与某些机构职能

第 713 节　人员、财产和资金的移交

第 714 节　现行法规、条例与其他法案

第 715 节　未决诉讼与程序

第 716 节　因裁撤专员及专员助理职务而产生的职位空缺

第 717 节　特区现状

第 718 节　哥伦比亚特区法院制度的延续

第 719 节　教育委员会的延续

C 部分　暂行规定

第 721 节　过渡时期总统的权力

第 722 节　特区可偿还的拨款

第 723 节　过渡时期的借款权限

第 724 节　根据本法首次举行的选举的政治参与

D 部分　其他规定

第 731 节　与美国的协议

第 732 节　合同或交易中的个人权益

第 733 节　通过多种来源获得报酬

美国哥伦比亚特区自治法

第一编　简称、目的与定义

简称

第 101 节　本法可引称为《哥伦比亚特区自治法》。

立法目的

第 102 节　(a)在国会保留《宪法》第 1 条第 8 款授予的国家首都的最终立法权的前提下,国会的目的是将某些立法权授予哥伦比亚特区政府;授权哥伦比亚特区登记的合格选民选举某些地方官员;授予哥伦比亚特区居民地方自治权;推动哥伦比亚特区政府结构的现代化、重组和改善;并在最大限度上与宪法上的要求相一致的情况下,减轻国会对实质上是地方特区事务的立法负担。

(b)无论哥伦比亚特区登记的合格选民是否接受本法第四编[特区宪章]所规定的自治宪章,国会均可计划实施哥伦比亚特区政府组织委员会的某些建议,并采取某些其他行动。

定义

第103节 就本法而言:

(1)术语"特区"指哥伦比亚特区。

(2)术语"市政委员会"指由第四编A部分规定的哥伦比亚特区市政委员会。

(3)术语"专员"指根据1967年第3号重组计划设立的哥伦比亚特区专员。

(4)术语"哥伦比亚特区市政委员会"指根据1967年第3号重组计划设立的哥伦比亚特区市政委员会。

(5)术语"主席"指第四编A部分规定的市政委员会主席,本法另有规定的除外。

(6)术语"市长"指第四编B部分规定的市长。

(7)术语"法案"包括市政委员会通过的任何立法,除非"法案"一词用于指本法或本法所规定的其他国会法案。

(8)术语"基本建设项日",指实体公共设施改进或改造、永久性财产收购或者设备或陈设购置,包括:

(a)与此类改进、改造、收购或购置相关的初步计划、研究和调查成本;

(b)与此类改进、改造、收购或购置及融资相关的附带成本,包括选择、专业费用、印刷或雕刻、文件制作及复制、发布公告、取得所有权、债券保险及建设期间利息的成本;及

(c)支付此类成本所耗款项相关资金或账户的补偿。

(9)术语"待办",在适用于基本建设项目时,指已获授权但尚未完工。

(10)术语"特区收入"指从税收、费用、收费、杂项收入、赠款和其他形式财务援助或者出售债券、票据或其他债务所得,以及根据成本分摊纳入特区政府管理的资金。

(11)术语"选举",除上下文另有规定外,指根据本法规定举行的选举。

(12)术语"发布",除本文另有规定外,指刊在特区某份发行量较大的报纸。

(13)术语"哥伦比亚特区法院"指哥伦比亚特区高级法院及哥伦比亚特区上诉法院。

(14)术语“财力”指税收、结余、公营事业资金或其他周转资金以及通过借款变现的资金。

(15)术语“预算”指对哥伦比亚特区所有部门或机构的所有活动的拨款、贷款或支出,并由所有现有的、提议的或预期的财力供资,包括运作和基本建设支出。

第二编 政府重组

土地重建局

第201节 (a)-(d)[1945年《哥伦比亚特区重建法案修订案》,1946年8月2日批准]。

(e)[未经修改]对本节所作的修改,不得影响《小企业法》第8(a)节中所规定的哥伦比亚特区土地重建局继续参与小企业采购项目的资格。

(f)就第713(d)节而言,哥伦比亚特区土地重建局雇员,应被视为自本编生效之日起转移至哥伦比亚特区,不得中断服务。

国家首都住房管理局

第202节 (a)国家首都住房管理局(以下简称房管局)根据《哥伦比亚特区街巷住宅法》(1934年6月12日批准)成立,系哥伦比亚特区政府的一个机构,受本法第404(b)、422(12)节规定的“组织及重组权力”的约束。

(b)《哥伦比亚特区街巷住宅法》规定的总统所有职能、权力和职责,均应归由专员[市长]行使。房管局所有雇员、财产(不动产和个人财产),以及批款、拨款和所有其他资金以及资产和负债的未动用余额(可动用或将动用),均获授权移交至哥伦比亚特区政府。

国家首都规划委员会与市规划局

第203节 [《首都公园与游乐场系统全面开发法案修订案》,1924年6月6日批准]。

哥伦比亚特区人力资源管理局

第204节 (a)《为建立国家就业体系、与各州合作促进该体系等事项而制定的法案》(1933年6月6日批准)第3节规定的劳工部长(本节简称部长)维持特区公共就业服务的职能,均移交市长。移交程序生效后,部长与特区就特区公共就业服务(包括此类服务融资)所保持的关系,应同于其与各州(就各州公共就业服务)所保持的关系。

(b)专员[市长]有权在特区设立公共就业服务机构并加以管理,且为此拥有本节第(a)节所指1933年6月6日法案规定的以和各州相同的方式与部长合作的一切必要权力。

(c)[《为建立国家就业体系、与各州合作促进该体系等事项而制定的法案》,1933年6月6日批准]。

(d)《哥伦比亚特区自愿学徒制度法案》(1933年、1946年5月20日批准)规定的劳工部长和学徒制度主任的职能,均移交由专员[市长]行使。该法第3节规定的学徒制度主任办公室予以废除。

(e)《美国法典》第5编第81章规定的部长处理特区政府雇员工伤索赔的职能,均移交由专员[市长]行使,自特区建立独立人事体系次日起生效。

(f)根据本节规定移交专员[市长]职能所雇用、持有、使用、可动用或将动用的人员、财产、档案,以及批款、拨款和其他资金的未动用余额,经美国行政管理和预算局局长决定,经授权由部长移交给专员[市长]。

(g)根据本节规定移交至特区政府的美国竞争性服务部门雇员,应保留转移之前所拥有的权利、福利和特权。

(h)[为修订1925年3月4日所批准的《规定影响海军服务各类事项等事项的法案》第22节的法案修订案,1937年8月16日批准]。

第三编　特区宪章序言、立法权及宪章修订程序

特区宪章序言

第301节　第四编[特区宪章]规定的哥伦比亚特区宪章应当在就宪章举行的全民公决中,获特区登记的合格选民过半数赞成通过后,确立特区治理方式。

立法权

第302节　除第601、602节和第603节另有规定外,特区立法权应扩大至特区内符合美国宪法和本法规定的所有合法的立法主体,但应受美国《宪法》第1条第10款对各州所施的限制。

宪章修订程序

第303节　(a)第四编规定的宪章(包括经该编修订的法律规定),除第401(a)、421(a)节及该编C部分外,可由市政委员会通过的法案予以修订,并在为此举行的全民公决中,由特区登记的合格选民过半数赞成批准。市政委员会主席应在

选举和道德委员会[选举委员会]证明此类法案已在全民公决中获得了过半数登记的合格选民的投票之日,将所有此类法案提交众议院议长和参议院议长。

(b)经登记选民批准的宪章修订案,在其提交国会之日后35个日历日(周六、周日、节假日和国会两院闭会日除外)期满之际生效,或在修订案规定日期生效,具体生效日期以较晚者为准,以下情况除外:在上述35日期间,某项反对该修订案的共同决议,已依本法第604节规定程序成为法律。此类反对修订案的共同决议,若在上述35日内经国会两院通过并转交总统,则该决议在上述35日期满后成为法律时,应视为自该决议成为法律之日起已废除该修订案。

(c)选举与道德理事会[选举理事会]应根据本节第(a)节所规定的程序,就请愿书的分发签署及举办选举活动制定其所必需的规则,以批准本法第四编[特区宪章]修订案。

(d)本节规定的修订程序,不得用于制定法律或影响与下列情况相关的法律:市政委员会不得制定受限于第601、602节和第603节的法案、决议或规则。

第四编 特区宪章

A部分 市政委员会

第1分部分 市政委员会的设立

设立与成员资格

第401节 (a)现已设立哥伦比亚特区市政委员会;市政委员会成员应由特区登记的合格选民选举产生。

(b)(1)根据本节第(a)节设立的市政委员会,由按党派原则选出的十三名成员组成。主席和四名成员应由特区全体选民选出,八名成员应分别由根据《哥伦比亚特区选举法》设立的八个选区选举产生。除本节第(3)节另有规定外,市政委员会成员任期为四年,始于选举后次年1月2日中午。

(b)(2)本编生效之日[1975年1月2日]后首次举行的市政委员会成员职位选举,由同一政党提名的普通成员(不包括主席)不得超过两名。此后,一党可提名若干名候选人竞选市政委员会普通成员职位,其人数应较此类选举当选的普通成员总数(不包括主席)少一名。

(b)(3)为填补主席职位的空缺,选举理事会应在产生上述空缺之日后的70日至174日内,结合文化和宗教节日、选举可管理性以及选民参与度等因素,择某个周二在特区举行特别选举。当选之人应在选举与道德理事会[选举理事会]证明其当选之日就职,并仅在产生上述空缺的余下任期内担任主席。主席职位出现空缺时,市政委员会应从当选的市政委员会普通成员中选出一名主席、一名临时主席,直至正式选出新主席为止。

(b)(4)在本编生效之日[1975年1月2日]后首次当选的成员中,由全体选民选出的主席和两名成员以及选自选区的四名成员,其任期应为四年;另外两名普通成员和选自选区的另外四名成员,其任期应为两年。成员任期由选举与道德理事会[选举理事会]抽签决定,但任何政党所提名的普通成员中,任期四年的不得超过一名。

(c)市政委员会可出于履职之目的酌情甄选此类其他官员和雇员。

(d)(1)为填补市政委员会选自选区的成员空缺,选举理事会应在产生上述空缺之日后的70日至174日内,结合文化和宗教节日、选举可管理性以及选民参与度等因素,择某个周二在特区举行特别选举。成功当选的补缺成员,应在选举与道德理事会[选举理事会]证明其当选之日就职,并仅在产生上述空缺的余下任期内担任市政委员会成员。

(d)(2)在市长职位出现空缺时,如主席成为补缺市长职位候选人,则主席职位应自提出候选人之日起视为空缺。由全体选民选出的隶属于某个政党的市政委员会成员出现空缺而非主席职位出现空缺时,该政党中央委员会应任命一人以填补此等空缺,直至选举与道德理事会[选举理事会]举行特别选举以补缺,而此类特别选举应由选举理事会在产生上述空缺之日后的70日至174日内,结合文化和宗教节日、选举可管理性以及选民参与度等因素,择某个周二在特区举行。受命补缺之人,应于任命之日就职,并应担任市政委员会成员,直至理事会证明经特别选举或普选选出的补缺成员当选。成功当选的补缺成员,应在选举与道德理事会[选举理事会]证明其当选之日就职,并仅在产生上述空缺之余下任期内担任市政委员会成员。对于市政委员会产生的、由全体选民选出的、不隶属于任何政党的成员空缺,则市政委员会应任命一名亦无隶属关系之人以填补此等空缺,直至该空缺以本节规定方式在特别选举中得以填补。此类由市政委员会任命之人,应与由政党中央委员会任命的成员同时就职,且任期相同。

(d)(3)尽管本节有其他规定,但任职于市政委员会、隶属于同一政党的成员

(包括主席),无论何时均不得超过三名。

(e)(1)若市政委员会根据大量证据,发现某一市政委员会成员的行为严重违反个人和专业行为最高标准,则市政委员会可以成员六分之五投票的形式,表决是否通过开除决议。开除系最高级别的惩戒措施。开除将导致该成员免职。若市政委员会确定某成员所犯违法行为属于最严重性质(包括严重威胁公众信任的违法行为),应将此等成员开除,以示严惩。为保障官方成员的履职并维护言论自由,市政委员会不得因成员行使了第一修正案权利(美国宪法)而将此等成员开除,即使该等权利的行使不宜于市政委员会和特区。

(e)(2)市政委员会应在其组织规则中纳入调查和审议开除成员的程序。

任职资格

第 402 节 担任市政委员会成员职位(包括主席职位)的人,应同时满足下列条件:(a)系合格选民;(b)在特区定居,且若其被提名参加特定选区选举,则应居住在所提名选区;(c)举行该职位普选或特别选举前,已在特区居住并定居一年;(d)任职期间未被判重罪;(e)未担任公职(市政委员会成员职位除外),为此,其所得薪酬金额应超过其相关实际费用,但本节规定均不得禁止此类人在作为市政委员会成员之际,亦担任某政党提名的美国总统和副总统候选人大会的代表或候补代表,或在美国武装部队担任预备役职务(不包括应召服现役超过 30 日的人员)。如市政委员会成员未能维持本节所规定的资格,则丧失其职位;如主席未能维持第 403(c)节所规定的资格,则丧失其职位。

薪酬

第 403 节 (a)市政委员会各成员,应获得以分期付款形式支付的薪酬,数额等于《美国法典》第 5 编第 5332 节联邦政府职员级别表工资标准第 12 级所规定的最高定额。自根据本法首次当选的市政委员会成员就职之日起的两年期结束之日起,市政委员会可通过法案提高或降低此类薪酬定额。自市政委员会根据本法规定颁布此类薪酬调整后,应适用于自此类调整颁布之日后开始的市政委员会成员任期。

(b)市政委员会所有成员执行职务所产生的实际和必要费用,应由市政委员会划拨额外津贴作为补偿。

(c)主席不得从事任何使得其所得薪酬超过其相关实际支出的工作(不论是雇员或个体户)或担任此类职位(主席职位除外)。

(d)尽管有第(a)节的规定,但自 2001 年《哥伦比亚特区拨款法案》生效之日

(2001年12月21日)起,主席应获得以分期付款形式支付的薪酬,数额较市长年薪少1万美元。

市政委员会的权力

第404节 (a)根据本法第六编规定的限制条件,本法授予特区的立法权归特区所有,并由特区根据本法予以行使。此外,除本法另有规定外,根据1967年第3号重组计划而许可、设定、赋予或转移哥伦比亚特区市政委员会的所有职能,应由市政委员会根据本法规定执行。

(b)市政委员会有权创立、废除或组织特区政府任何办公室、机关、部门或机构,并界定任何此类办公室、机关、部门或机构的权力、职责和责任。

(c)市政委员会应通过和公布议事规则,其中应包括充分公示市政委员会拟采取行动的规定。

(d)各法案应在依市政委员会指示成为法律时予以公布和编纂。

(e)由市政委员会所通过的法案,应由市政委员会主席提交市长,市长应在法案提交后10个日历日内(不包括周六、周日及节假日)批准或否决该法案。如果市长批准该法案,其应以在法案签字的方式表示同意,而该法案应根据第602(c)节规定成为法律。如果市长否决该法案,其应在法案提交后10个日历日内(不包括周六、周日及节假日)将其退回市政委员会,并书面说明否决理由。如果市长在法案提交后10个日历日内未将市政委员会通过的法案退回市政委员会,则应视为市长已批准该法案,而该法案应根据第602(c)节规定成为法律,除非市政委员会休会10日或以上而导致法案无法退回,届时该法案不得成为法律。如果市长否决法案并及时退回市政委员会后30个日历日内,出席并参加表决的市政委员会成员,有三分之二投票赞成重新制定通过该法案,则以此方式重新制定通过的法案,应根据第602(c)节规定成为法律。

(f)若市政委员会根据第446节通过预算法案,并根据本节第(e)节将该预算法案提交市长,则市长有权否决该法案任何项目和(或)规定而批准其余内容。如果市长以上述方式否决任何项目或规定,则其应在签署法案时附上所否决项目或规定的声明,并在10日内将法案和否决意见声明副本退回市政委员会。若在市长及时将以上述方式否决的项目或规定退回市政委员会后30个日历日内,出席并参加表决的市政委员会成员有三分之二投票赞成重新制定通过任何此类项目或规定,则重新制定通过的此类项目或规定应纳入预算法案,并根据第602(c)节规定成为法律。如果市长未能及时将否决项目或规定退回市政委员会,则应视为市长已批准未退回的项目或规定,而未退回的项目或规定应纳入预算法案,并根据第602(c)节规定成为法律。本节应适用于某个作为调控年[定义见1995年《哥伦比亚特区财务责任和管理援助法》第305(4)节]的财政年度的预算法案,其中,本小节第二句“10日”指“5日”,第三句“30个日历日”指“5个日历日”。

第2分部分　市政委员会的组织与程序

主席

第411节　(a)主席系市政委员会主管官员。

(b)市长职位空缺时,由主席代理。主席代理市长期间,不得行使其作为市政委员会主席或成员的权力。

法案、决议和法定人数要求

第412节　(a)除本法或市政委员会另有规定外,市政委员会为行使本法规定的权力和职责,应经出席并参加表决的市政委员会成员过半数投票后,通过法案和决议。除本节最后一句另有规定外,市政委员会应将法案用于所有立法目的。各提议法案应以实质上相同的形式审读两次,各审读程序至少间隔13日。经市政委员会最后通过后,各法案应立即以市政委员会决定的方式公之于众。如市政委员会经三分之二成员投票决定,某项法案因紧急情况经一次审读程序后即予通过,或某项法案在制定通过之际立即生效,则法案有效期不得超过90日。

决议应用于:(1)表达具有特殊或临时性质的市政委员会的简单决定、决策或指示;以及(2)批准或否决市长、选举理事会、公共服务委员会、军械库理事会、教育理事会、哥伦比亚特区大学理事会或市政委员会主任会议中心理事会根据某项法案传达的历史或传统提议。此类决议应得到该法案的特别授权,且以执行该法案为目的。

(b)市政委员会决议可要求举行特别选举,将市政委员会所欲采取行动的建议提交于民,进行咨询性全民公决。

(c)市政委员会过半数成员构成合法召开会议和处理市政委员会事务的法定人数,但未过半数成员亦可举行听证会。

市政委员会的调查

第413节　(a)市政委员会,或其授权的委员会或个人,有权调查特区事务相关事项,并可为此要求证人出席作证及出示簿册、文件等证据。为此目的,市政委员会成员(如市政委员会正在进行调查)或委员会成员,均可视情况发出传票,并在市政委员会或委员会通过决议后主持宣誓。

(b)若任何人拒绝服从向其发出的传票,市政委员会可通过决议将此事提交哥伦比亚特区高等法院,法院可命令此人出席并提供或出示与所调查事项有关的证言、簿册、文件等证据。任何不服从此命令的行为,可被法院判处藐视法庭罪,犹如不服从该法院待决案件所发出的传票或拒绝作证。

B部分　市　　长

选举、资格、空缺与薪酬

第421节　(a)现已设立哥伦比亚特区市长一职;市长由特区登记的合格选民选举产生。

(b)根据本节第(a)节设立的市长,应在党派基础上选举产生,任期四年,始于其当选后次年1月2日中午。

(c)(1)担任市长职位之人,应同时满足下列条件:(A)系合格选民;(B)举行市长普选或特别选举前,已在特区居住并定居1年;(C)任职期间未被判重罪;以及(D)未从事任何工作(无论是雇员或个体户)且未担任公职(市长职位除外),为此,其所得薪酬金额应超过其相关实际费用,但本节规定均不得解释为禁止此类人在作为市长之际,亦担任某政党提名美国总统和副总统候选人大会的代表或候补代表,或在美国武装部队担任预备役职务(不包括应召服现役超过30日的人员)。市长如未能维持本节所规定的资格,则丧失其职位。

(c)(2)为填补市长职位空缺,选举理事会应在产生上述空缺之日后的70日至174日内,结合文化和宗教节日、选举可管理性以及选民参与度等因素,择某个周二在特区举行特别选举。当选之人,应在选举与道德理事会[选举理事会]证明其当选之日就职,并仅在产生上述空缺的余下任期内担任市长。市长职位出现空缺时,由主席自产生此类空缺之日起担任代理市长,直至选举与道德理事会[选举理事会]证明新市长当选为止,届时主席应再次成为主席。主席担任代理市长期间,应领取定期向市长支付的薪酬,且不得领取作为市政委员会主席或成员的薪酬。主席担任代理市长期间,市政委员会应从由全体选民选出的市政委员会成员中选出一人担任主席,另一人担任临时主席,直至常规选出的主席调回为止。

(d)市长应获得以分期付款形式支付的薪酬,数额等于《美国法典》第5编第5314节联邦政府首长级工资标准第3级所规定的最高定额。市政委员会可通过法案增加或减少此类薪酬定额。自市政委员会根据本法规定颁布此类薪酬调整起，应适用于自此类调整颁布之日后开始的市长任期。此外,市长还可领取一笔津贴，数额由市政委员会规定,用于公务、接待和代理费用,为此市长应向市政委员会合理详细证明相关津贴名目。

权力与职责

第 422 节 市长系特区政府行政长官,特区行政权归属市长。除本法另有规定外,根据 1967 年第 3 号重组计划许可或赋予哥伦比亚特区专员的所有职能,均由市长根据本法执行。市长应负责妥善执行特区所有相关法律,并妥善管理其管辖或控制的特区事务,包括但不限于下列权力、义务和职能：

(1)市长可指定一名或数名特区行政部门官员,令其在市长丧失工作能力或不在特区工作期间,执行市长权力和履行市长义务。

(2)市长应管理与下列人员的任命、晋升、惩罚、离职和其他雇用条件相关的所有法律,此等人员包括市长办公室人员、特区行政部门工作人员,以及由哥伦比亚特区专员根据本法第 711(a)节生效日期[1975 年 1 月 2 日]前生效的法律任免的理事会、委员会和其他机构成员。影响上述工作人员及上述成员的所有立法,在市政委员会根据本节第(3)节通过设立永久性特区政府功绩制度的立法取代此类法律之前,应继续遵守国会出台的适用于特区政府官员和雇员任命、晋升、惩罚、离职和其他雇用条件的法案规定,遵守本法第 713(d)节,并在适用情况下,遵守经 1930 年 11 月 18 日第 5491 号行政命令授权的由专员和公务员委员会达成的任命特区工作人员的联合协议的规定。其应任命或指派人员担任先前由哥伦比亚特区专员或专员助理依职权担任的职务,并有权解除此类职务。由本法案授予立法权、且在本法第 711(a)节生效之日[1975 年 1 月 2 日]前不受特区专员行政管理的各机构的官员和雇员,应继续根据适用法律任命和罢免,直至此类法律由市政委员会根据本节第(3)节通过设立永久性特区政府功绩制度的立法取代为止。

(3)除本法另有规定外,市长应管理特区各部门、理事会、委员会、办公室和机构工作人员的人事。在本节生效日期[1975 年 1 月 2 日]之前或之后由国会通过的人事立法,包括但不限于根据第 714(c)节规定适用于特区政府雇员任命、晋升、惩罚、离职、薪酬、失业补偿、健康、伤残和死亡抚恤金、休假、退休、保险及退伍军人优待的立法将继续适用,直至市政委员会根据本节就特区政府功绩制度覆盖范围作出规定为止。特区政府功绩制度应根据市政委员会法案予以建立。功绩制度适用于 2006 年及之后各个财政年度特区政府雇员薪酬,但制度可就继续参与全部或部分联邦公务员制度作出规定,且应对此类制度生效日期前即受雇于特区政府人员的人事福利(包括但不限于工资、任期、休假、住房、退休、健康和人寿保险以及雇员伤残和死亡抚恤金)进行规定,至少等同于国会所通过法律或根据该法律制定的法规所规定并在根据本法所建立制度生效日期前适用于此类官员和雇员的福利,但本法规定均不禁止特区在执行根据 1995 年《哥伦比亚特区财务责任和管理援助法》第二编 A 分编批准的特区政府财务计划和预算时,区分受制度约束的官员或雇员,且本节规定均不禁止特区根据 1938 年《公平劳动标准法》第 7 节规定向雇员支付加班费。特区政府功绩制度自本节生效之日[1975 年 1 月 2 日]后 1 年至 5 年内生效。

(4)市长应通过行政理事会、办公室和机构的负责人,监督和指导此类理事会、办公室和机构的活动。

(5)市长可向市政委员会提交法案草案。

(6)市长可将其职能(不包括批准或否决市政委员会通过的法案的职能,或者批准特区与联邦政府根据第 731 节签订协议的职能)委托给市长办公机构任何官员、雇员或机构,或委托给某个行政部门负责人,受委托人经市长批准,可将其全部或部分此类职能进一步委托给其管辖的下属。前一句内容,均不得解释为允许市长可将根据第 424 节指定给哥伦比亚特区首席财务官的职能委托,而不论该等职能是否在某个调控年[定义见 1995 年《哥伦比亚特区财务责任和管理援助法》第 305(4)节]或其他年份根据该节规定指定给首席财务官。

(7)市长应委任一名城市行政长官,其应为市长服务。城市行政长官为市长首席行政官,协助市长执行本法规定的市长职能,并执行市长交办的其他职责。城市行政长官的薪酬由市长确定。

(8)市长可向美国政府的行政或立法部门提议处理任何问题的立法或诉讼建议,无论其是否属于本法所界定的特区政府权限范围。

(9)市长作为特区公章保管人,应依法使用和认证特区公章。

(10)市长有权根据市政委员会通过的规则,向市政委员会或市政委员会各委员会陈词。

(11)市长有权发布和执行履行其职能和义务所必需的行政命令,但不得与国会出台的本法或其他法案或者市政委员会的法案相抵触。

(12)市长可通过向市政委员会提交详细的重组计划,重组特区政府行政部门内的办公室、机构和其他实体。如果在市长向市政委员会提交此类重组计划后的

60日内(不包括周六、周日及节假日),市政委员会未通过否决此类重组计划的决议,则此等重组计划便可生效。

城市规划

第423节 (a)市长系特区中央规划机构。其负责协调市政府规划活动,负责编制及实施国家首都综合规划的特区要素,其中或包括土地利用要素、城市更新及再开发要素,特区市政公共工程多年项目,以及自然环境、社会、经济、交通和人口要素。市长的规划责任,不得延伸至国家首都规划委员会确定的、位于特区的联邦和国际工程和开发项目,或者1946年7月31日法案第1节和第16节所界定的美国国会大厦建筑物和场地或者其延伸或增加部分,或者由国会大厦建筑师管理的建筑物和场地。市长在履行本节规定的职责时,应制定相应程序,以推动公民参与规划;且对于特区综合规划(包括其修正案)中涉及拟议特区要素的国家首都地区的州或地方政府或规划机构,市长应制定相应程序,与其进行适当和有意义的协商。

(b)市长应在公开听证会后,将特区要素及其修正案提交市政委员会修订或修改,并通过法案予以采纳。在采纳之后、实施之前,市政委员会应将此类要素及其修正案提交国家首都规划委员会,供其针对此类要素或修正案对委员会(国家首都规划委员会)所确定的联邦机构利益及职能的影响进行审查和提出意见。

(c)此类要素及其修正案应服从并受限于以国会法案规定的方式确定的联邦机构利益及职能的相关决定。

哥伦比亚特区首席财务官

第424节 (a)概述。

(a)(1)设立。在哥伦比亚特区政府行政部门内设立哥伦比亚特区首席财务官办事处(以下简称办事处),此办事处由哥伦比亚特区首席财务官(以下简称首席财务官)领导。

(a)(2)组织分析。

(A)预算和规划办公室。根据1969年3月7日第69-96号专员令设立的预算和管理办公室,更名为预算和规划办公室。

(B)税务和税收办公室。根据1969年3月7日第69-96号专员令设立的财务和税收部,更名为税务和税收办公室。

(C)财务和国库办公室。根据1989年10月23日第89-244号市长令设立的司库办公室,更名为财务和国库办公室。

(D)财务运作和系统办公室。根据1989年10月23日第89-243号市长令设立的财务总监办公室，及根据 1989 年 10 月 23 日第 89 – 244 号市长令设立的财务信息服务办公室，合并为财务运作和系统办公室。

(a)(3)转让。办事处内设立多个下属办公室，其各自职能和人员如下，且在根据第(b)节任命首任首席财务官时一并生效：

(A)预算和规划办公室，由负责预算和规划办公室的副首席财务官领导。

(B)税务和税收办公室，由负责税务和税收办公室的副首席财务官领导。

(C)研究和分析办公室，由负责研究和分析办公室的副首席财务官领导。

(D)财务运作和系统办公室，由负责财务运作和系统办公室的副首席财务官领导。

(E)财务和国库办公室，由哥伦比亚特区司库领导。

(F)彩票和慈善游戏调控理事会，由根据 1981 年 3 月 10 日生效的《哥伦比亚特区慈善彩票、每日数字游戏、宾果游戏和抽彩合法化之法案》设立。

(a)(4)监督者。本节第(3)节所列各办公室的负责人，应为首席财务官服务。

(a)(5)办公室雇员任免。首席财务官与市长和市政委员会协商后，任命本节第(3)节所指定下属办公室负责人。首席财务官与市长和市政委员会协商后，可罢免本节第(3)节所指定办公室负责人。

(a)(6)年度预算报送。首席财务官应编制办公室人员和哥伦比亚特区所有其他会计、预算和财务管理工作人员(包括行政部门独立机构工作人员)在本年度运作所需的支出和拨款预算，并每年向哥伦比亚特区市长提交一次此等材料，以将其纳入哥伦比亚特区政府某财政年度年度预算。

(b)任命首席财务官。

(b)(1)任命。

(A)概述。首席财务官，应由市长根据市政委员会决议所提建议和同意，予以任命。经市政委员会确认后，首席财务官的姓名应提交众议院和参议院拨款委员会、众议院政府改革委员会和参议院国土安全和政府事务委员会，以进行为期 30 日的审查和提出意见，之后任命方可生效。

(B)调控年特别规则。调控年期间，首席财务官由市长依下列程序予以任命：

(i)任命前，财管局可向市长提交任命建议。

(ii)经与财管局和市政委员会协商，市长应提名一人接受任命，并将提名通知市政委员会。

(iii)自市长根据第(ii)节[本节第(ii)节]将提名通知市政委员会之日起 7 日

期限届满后,市长应将提名通知财管局。

(iv)该项提名应经财管局以过半数票通过方为有效。

(b)(2)任期。

(A)概述。在2007年6月30日之后所作的任命,其任期为5年,但在未到期任期剩余期限内作出的任命除外。任命以7月1日为1周年。

(B)过渡。就本节而言,自2005年《哥伦比亚特区综合授权法》颁布之日[2006年10月16日]起担任首席财务官的个人,应被视为已依本节获任命,但此人首次任期应自上述日期起至2007年6月30日止。

(C)延续。首席财务官在其任期届满后可续任,直至继任者就职。

(D)空缺。在符合本节第(3)节规定的前提下,首席财务官的职位空缺,应以本节第(1)节规定的与原始任命相同的方式进行填补。

(E)薪酬。首席财务官的薪酬定额,应确保在任何日历年内所付薪酬总额,不超过《美国法典》第5编第5307节规定适用于当年付予该编第5307(d)节所述雇员薪酬总额限制。

(b)(3)授权司库或者副首席财务官在职位空缺时以代理身份履行职责。

(A)担任首席财务官。

(i)概述。除第(ii)节[本节第(ii)节]规定情况外,若首席财务官职位因首席财务官死亡、辞职或无法履职而出现空缺:

(Ⅰ)哥伦比亚特区司库应以代理身份担任首席财务官,但应受限于本节第(B)节规定的时限;或

(Ⅱ)市长可指示第(a)(3)(A)节至第(D)节所述办事处其中一名副首席财务官以代理身份担任首席财务官,但应受限于本节第(B)节规定的时限。

(ii)排除特定个人。尽管第(i)节[本节第(i)节]另有规定,但若某人在截至空缺产生之日1年内担任哥伦比亚特区司库或首席财务官办事处其中一名副首席财务官(视具体情况而定)未满90日,则此人不得根据上述条款担任首席财务官。

(B)时限。首席财务官的职位空缺,在空缺产生之日起210日期限届满后,不得由任何个人根据本节第(A)节以代理身份任职来填补。

(c)首席财务官的免职。

(c)(1)概述。首席财务官仅可因故由市长免职,但应经市政委员会以不少于三分之二成员批准的决议而获批。经市政委员会决议批准后,应向众议院和参议院拨款委员会、众议院政府改革委员会和参议院国土安全和政府事务委员会提交

免职通知，以进行为期30日的审查和提出意见，之后免职方可生效。

（c）（2）调控年特别规则。调控年期间，首席财务官可因故由财管局或市长经财管局批准予以免职。

（d）首席财务官的职责。尽管本法有规定向特区政府的其他实体授予权力，但首席财务官仍享有以下职责，并应采取必要措施履行这些职责：

（d）（1）调控年期间，根据1995年《哥伦比亚特区财务责任和管理援助法》第二编A分编［第47编第3章第七分章B部分］，编制财务计划和预算供市长使用。

（d）（2）根据［本编］D部分，编制哥伦比亚特区年度预算供市长使用，并根据通过的预算编制五年财务计划，连同哥伦比亚特区预算由市长一并提交国会。

（d）（3）调控年期间，确保市长财务资料提交方式等方面，均符合1995年《哥伦比亚特区财务责任和管理援助法》［第47编第3章第七分章A部分至E部分］的要求。

（d）（4）执行适当程序，并在首席财务官权限内制定此类项目、系统及人事政策，以确保预算、会计以及人事管理系统和结构保持同步以便持续进行预算编制和管理，并确保拨款不超支。

（d）（5）调控年期间，经财管局批准，编制下列材料并提交市长及市政委员会，并予以公布：

（A）哥伦比亚特区包括拟议税收在内的所有收入（不审议此类税收来源）的年度预估数据，此类预估数据在根据本编D部分编制和提交特区政府该年度预算时对市长和市政委员会具有约束力，但市长及市政委员会可以低于首席财务官所编制的收入预估数据的标准编制预算；及

（B）每个季度均应对该年度内哥伦比亚特区的收入进行重新估算。

（d）（6）监督和负责财务往来，确保充分管理税收及财力。

（d）（7）维护会计和内部控制体系，以确保：

（A）全面披露特区政府活动所产生的财务影响；

（B）特区政府管理所需的充分的财务信息；

（C）对哥伦比亚特区所有资金、财产及其他资产的有效管理和问责；及

（D）可靠会计结果，作为编制和支持机构的预算请求及管理预算执行的基础。

（d）（8）将特区政府财务报表提交市政委员会，报表详情与提交时间均符合市政委员会的要求。

（d）（9）监督和负责评估哥伦比亚特区公共范围内所有需评估和特别评估的财

产的税收,编制税务地图,并(根据法律要求)提供此类税务和特别评估通知。

(d)(10)监督和负责(根据法律要求)征收和收取哥伦比亚特区所有税收、特别评估费、许可费等收入,并从任何来源(包括房管局)收取付予哥伦比亚特区的所有款项。

(d)(11)保管属于特区政府(或者特区政府部门或机构)或受其管理的公共基金,并将所有已缴付款项根据市政委员会(或在调控年期间根据房管局)所指定的条款及条件存入指定存放处。

(d)(12)以受托人身份保管属于特区政府或由其持有的投资及投资基金,并保管特区政府所有的债券和票据,以及接受和交付特区政府债券和票据以进行转让、登记或交换。

(d)(13)分配该年度可用于承付款项的所有批款和资金总额,以防止承付款项或开支导致该年度出现拨款短缺或需要追加拨款的情况,并(关于无限期可用的拨款和资金以及在拨款之前通过合同形成承付款项的所有授权)以最经济有效的方式分摊此类拨款、资金或授权总额。

(d)(14)在签署所有合同及租契(不论是直接签署还是通过转授间接签署)之前,应进行核实和查证,以确定是否有资金来履行特区政府在本年度内根据此类合同和租约应承担的义务。

(d)(15)规定特区政府各机关、办公室、机构所用收据、凭证、票据和债权凭证格式。

(d)(16)在支付特区政府所有账单、发票、工资单和其他索赔证明、请求或收费之前进行核证和批准,并确定此类账单、发票、工资单、索赔、请求或收费的规律性、合法性和正确性。

(d)(17)与哥伦比亚特区监察主任协调,对特区政府账目、业务和档案进行内部审计,包括检查财务往来账目或档案,亦适当考虑会计体系、内部控制及特区政府各部门和机关相关行政惯例的有效性。

(d)(18)负责管理和监管哥伦比亚特区司库。

(d)(19)监管特区政府用于发放长期和短期债务的各项借款项目及其他筹资相关项目。

(d)(20)管理特区政府现金管理项目,包括将盈余资金投资在政府和非政府有息证券和账户。

(d)(21)管理集中式特区政府工资和退休制度(不包括警官、消防队员和教师退休制度)。

(d)(22)管理适用于特区政府的会计政策和制度。

(d)(23)及时编制特区政府会计及财务运作的年度、季度和月度财务报告。

(d)(24)在各财政年度结束后120日内,编制该财政年度特区政府活动相关的完整财务报表和报告,供市长根据第448(a)(4)节规定使用。

(d)(25)根据1975年《一般立法程序法》第4a节要求,编制关于法规、多年合同、超1,000,000美元合同以及立法的财政影响报告。

(d)(26)在市长指导下编制预算,市长具体负责利用首席财务官的专业和人力资源制定预算政策,预算由市长提交市政委员会和公众,并在最终通过后提交国会和公众。

(d)(27)在所有劳资集体谈判协定和非工会薪酬提案提交市政委员会批准之前,核证是否有足够的资金履行特区政府在该年度根据此类劳资集体谈判协定和非工会薪酬提案而预期应承担的义务。

(d)(28)关于在2006年及之后财政年度根据《哥伦比亚特区残疾人教育法》提供特殊教育案件的律师:

(A)要求此类律师书面证明该律师或其代表提供了其在此类案件中获得裁决的任何和所有服务,包括根据和解协议或部分行政听证程序而由哥伦比亚特区所作出的裁决;

(B)要求此类律师披露其在此类案件中向客户推荐的与特殊教育诊断服务机构、学校或其他特殊教育服务提供商有关的财务、公司、法律、董事会成员或其他关系,作为(A)项下证明的一部分;及

(C)编制哥伦比亚特区政府(包括哥伦比亚特区公立学校)向此类律师提供证明和支付金额的季度报告,提交众议院和参议院拨款委员会。

(e)司库职能。司库应始终履行以下职责:

(e)(1)协助首席财务官报告特区政府财政收入,包括在有关季度(或年度)最后一日后的60日内提交特区政府现金状况年度和季度报告。上述报告应包括以下内容:

(A)按来源划分的财政收入和其他收入比较报告,包括税收、非税收收入和联邦财政收入、赠款和偿还款项、基本建设计划贷款和预付款。各来源应分解为特定要素。

(B)特区政府上一个季度或上一个年度现金流量报表,包括收入、支出、现金净

变动(包括期初余额、现金及投资)和期末余额(包括现金及投资)。此类报表应反映实际美元金额、计划美元金额和美元金额变化趋势,以及本季度、本年度迄今及本财政年度相关百分比变化。

(C)所涉季度或年度之季度现金流量预测,反映收入、支出、现金净变动(包括期初余额、现金及投资)和期末余额(包括现金及投资)与该季度或年度实际美元金额关系,以及后续三个季度预计美元金额。

(D)反映哥伦比亚特区政府所有投资明细总结分析的月度报告,包括:

(i)长期和短期投资总额;

(ii)按类型和金额制作的投资明细总结分析,包括购入额、销售额(交易到期日)和利息;

(iii)按类型和金额制作的投资组合分析,包括流动性、每种证券的质量和风险及类似信息;

(iv)投资战略分析,包括投资活动的近期战略计划和项目,以及根据预期市场状况所作未来投资战略预测等信息;及

(v)现金使用分析,包括:

(Ⅰ)比较拟投资现金总额预算百分比与实际投资现金百分比和美元数额;

(Ⅱ)比较以百分比(收益率)表示的下轮投资现金回报率与可比市场指标和哥伦比亚特区政府的既定收益目标;及

(Ⅲ)比较预计美元回报率和实际美元收益率。

(E)反映本财政年度长期和短期借款(包括根据第603节授权的债务)明细的总结分析,以及各后续财政年度(不超过5年)债务金额月度报告。所有此类报告应反映:

(i)按票据类型划分的未偿债务金额;

(ii)已批准发行债务和未发行债务金额,包括短期信贷额度、美国财政部借款等信息;

(iii)债务到期时间表;

(iv)债务应付利率;及

(v)偿债所需金额及相关偿债储备金。

(e)(2)根据第(d)节委派给首席财务官而由首席财务官转授的其他职能。

(f)定义。就本节(及第424a节和第424b节)而言,

(f)(1)术语“财管局”指根据1995年《哥伦比亚特区财务责任和管理援助法》

第101(a)节设立的哥伦比亚特区财务责任和管理援助局;

(f)(2)术语“调控年”具有本法第305(4)节赋予该术语的含义;且

(f)(3)术语“特区政府”具有本法第305(5)节赋予该术语的含义。

首席财务官对办公室人员和其他财务人员的权力

第424a节 (a)概述。尽管法律法规(包括规定劳资集体谈判或执行劳资集体谈判协定之法)另有规定,哥伦比亚特区首席财务官办事处雇员,包括第(b)节所述工作人员,应由哥伦比亚特区首席财务官任命,为首席财务官服务,并在其指导和管理下行事,且应被视为未在1978年《哥伦比亚特区功绩人事法》覆盖范围的可随时解雇型雇员,但本节内容均不得解释为禁止首席财务官签订管理此类雇员及工作人员的劳资集体谈判协定,或禁止执行首席财务官签订的此类协定。

(b)工作人员。本节所述工作人员如下:

(b)(1)哥伦比亚特区首席财务官办事处总法律顾问办公室的首席财务官总法律顾问和所有其他律师,以及办公室所有其他工作人员。

(b)(2)由首席财务官聘用或留任为律师的所有其他个人,或由首席财务官人事授权职位聘用或留任为律师的所有其他个人,此类个人均应在首席财务官总法律顾问指导和管理下行事。

(b)(3)办事处下属办公室[如第424(a)(2)节所述,并根据第424(a)(3)节设为下属办公室]负责人和所有工作人员,哥伦比亚特区行政部门下属机构及独立机构[根据第(c)节规定]首席财务官、代理财务官及助理首席财务官,以及哥伦比亚特区所有其他会计、预算和财务管理工作人员(包括行政部门独立机构工作人员,但不包括特区政府立法或司法部门工作人员)。

(c)任命特定行政部门机构首席财务官。

(c)(1)概述。哥伦比亚特区所有行政部门下属机构及独立机构(办事处下属办公室除外)首席财务官和助理首席财务官,应由首席财务官与机构负责人协商(如适用)后予以任命。应从首席财务官所拟备的合格候选人名单中作出此项任命。

(c)(2)过渡。在2005年《哥伦比亚特区综合授权法》颁布之日[2006年10月16日]前任命的行政部门首席财务官,可续任该职务,无须再次任命。

(d)对法律工作人员的独立权力。1978年《哥伦比亚特区政府综合功绩人事法》第8章B编不适用于首席财务官办事处或办事处所聘律师。

(e)不适用于供水和排污管理局。本节所规定的首席财务官权限,不适用于根据1996年《供水和排污管理局设立及公共工程部重组法》设立的哥伦比亚特区供水和排污管理局工作人员。

首席财务官的采购权

第424b节 首席财务官应通过采购办公室或部门为首席财务官办事处采购货物和服务,该采购办公室或部门应独立运作,不受辖于根据1986年[1985年]《哥伦比亚特区采购惯例法》设立的承包和采购办公室或任何继任办公室,但根据上述法案而适用于由该法案第105节设立的首席采购官或任何继任职位采购行为的规定,应适用于首席财务官采购办公室或部门采购行为。

C部分 司法系统

司法权

第431节 (a)特区司法权属于哥伦比亚特区上诉法院和哥伦比亚特区高级法院。高级法院有权管辖(依据普通法或衡平法)在特区内提请的民事诉讼等事项及根据特区专用法律提请的刑事案件。高级法院无权管辖美国法院依国会法案拥有专属管辖权的民事或刑事事项。上诉法院对高级法院上诉具有管辖权,并在法定范围内,有权审查市长、市政委员会或特区任何机构的命令和决定。哥伦比亚特区法院对其他法律授予哥伦比亚特区法院的其他事项亦有管辖权。

(b)哥伦比亚特区法院首席法官,应由根据第434节设立的哥伦比亚特区司法提名委员会从正式在职的法院法官中指定,任期4年或直至指定继任者为止,但首席法官任期不得超过其作为哥伦比亚特区法院法官任期。个人有资格再获任命为首席法官。

(c)在1970年《哥伦比亚特区法院重组法》颁布之日[1970年7月29日]或之后任命的哥伦比亚特区法院法官,其任期应为15年,但应在74岁时强制退休,或根据第432节规定被免职、停职或非自愿退休。上述任期结束后,该法官应续任,直至再获任命或直至其继任者获任命并取得资格为止。法官可根据第433(c)节规定再获任命。

(d)(1)现已设立哥伦比亚特区法官资格丧失认定委员会(以下简称认定委员会)。认定委员会由根据本节第(e)节规定选出的7名成员组成。此类成员任期6年,但根据第(e)(3)(A)节当选的成员,任期5年;根据第(e)(3)(B)节首次当选的成员中,一名成员任期3年,一名成员任期6年;根据第(e)(3)(C)节首次当选的成员中,一名成员任期3年,一名成员任期5年;根据第(e)(3)(D)节首次当选的成员,任期6年;根据第(e)(3)(E)节首获任命的成员,任期6年。根据第(e)(3)(B)节及第(e)(3)(C)节各自作出首次任命时,市长及哥伦比亚特区律师联合会理事会应在作出此类任命时,指定各成员任期(或长或短)。

(d)(2)认定委员会仅可在认定委员会主席或过半数成员所召集并在向所有认定委员会成员发出会议通知后举行的会议上行事。

(d)(3)认定委员会应每年从其成员中选出一名主席及委员会认为所需的其他管理人员。认定委员会可通过不抵触本法的必要程序规则来管理认定委员会业务。

(d)(4)特区政府须应认定委员会要求,向之提供其妥善履职所需的档案、信息、服务等协助及设施。如此提供的信息,认定委员会应视为特权和机密信息。

(e)(1)获认定委员会任命之人应满足下列条件:

(A)系美国公民;

(B)系特区真正居民,并在获任命前已在特区拥有实际居住地至少持续90日;及

(C)非美国立法部门或行政或军事部门或机构的官员或雇员(见《美国法典》第5编第101节和第102节);且[根据第(3)(E)节任命或指定之人除外]非美国司法部门的官员或雇员,亦非特区政府(包括其司法部门)的官员或雇员。

(e)(2)认定委员会的任何空缺,应以同于原始任命的方式填补。对于并非在上一个任期届满时出现的空缺,任何获得上述任命以补缺之人,仅可在此人前任未届满任期的剩余期间任职。

(e)(3)除本节所列所有其他资格外,认定委员会律师成员还应具备获任命为哥伦比亚特区法院法官的规定资格。认定委员会成员任命程序如下:

(A)一名成员应由美国总统任命。

(B)两名成员应由哥伦比亚特区律师联合会理事会任命,此二人在获任命前应均已至少连续5年在特区从事法律实务。

(C)两名成员应由市长任命,其中一名不得为律师。

(D)一名成员应由市政委员会任命,且不得为律师。

(E)一名成员应由哥伦比亚特区美国地方法院首席法官任命,此人应为在哥伦比亚特区任职的在职或退休联邦法官。

任何人均不得同时在哥伦比亚特区司法提名委员会和哥伦比亚特区法官资格

丧失认定委员会任职。

(f)认定委员会成员应无偿为其在委员会的正式职责服务。

(g)认定委员会有权根据第432节规定,命令哥伦比亚特区法院法官停职、退休或免职,并有权根据《哥伦比亚特区[官方]法典》第11－1504节规定,就哥伦比亚特区法院高级法官任命提出建议。

免职、停职与非自愿退休

第432节 (a)(1)在认定委员会向哥伦比亚特区上诉法院提交哥伦比亚特区法院法官的免职令后,哥伦比亚特区法院的法官应被免职,此等免职令应当证明:在美国境内的任何法院,根据联邦法律或特区法规,该法官需接受重罪处罚的最终判决。

(a)(2)哥伦比亚特区法院法官,亦应在认定委员会就以下事项作出裁定后并就其提交哥伦比亚特区上诉法院的免职令提出上诉获得维持原判之际(或在可提出此类上诉期限到期之际),被予以免职:

(A)故意渎职;

(B)故意和持续不履行司法职责;或

(C)有损司法工作或令司法机构蒙羞的其他行为。

(b)哥伦比亚特区法院法官在下列情况下应非自愿退休:(1)认定委员会裁定该法官患有精神或身体残疾(包括习惯性酗酒),而此类残疾属于或可为永久性残疾,并妨碍或严重干扰妥善履行司法职责,以及(2)认定委员会向哥伦比亚特区上诉法院提交非自愿退休令,该退休令在上诉时获得维持原判或针对该退休令提出上诉的期限届满。

(c)(1)哥伦比亚特区法院法官在下列情况下应被无薪停职:

(A)(i)第(a)(1)节规定罪行的定罪证明尚未最终确认之际,或

(ii)根据第(a)(2)节提交的免职令尚未最终确认之际;及

(B)在认定委员会向哥伦比亚特区上诉法院提交停职令之际。

本节规定的停职措施,应持续至所有上诉终止。如定罪被推翻或免职令被撤销,法官应恢复原职,并应获得薪酬及所有其他职位权利和特权。

(c)(2)哥伦比亚特区法院法官,在认定委员会根据第(b)节向哥伦比亚特区上诉法院提交非自愿退休令之际,应被暂停所有司法职责,法官可享有其退休薪酬。停职措施应持续至所有上诉终止。如非自愿退休令被撤销,法官应恢复原职,并应获得减去已领取退休薪酬的司法薪酬,并有权享有所有职位权利和特权。

(c)(3)哥伦比亚特区法院法官在下列情况下应被(带薪)暂停全部或部分司法职责:认定委员会经5名成员同意,(A)对根据本分章责令法官免职或退休的措施进行听证,并确定此类停职措施符合司法工作利益,并(B)向哥伦比亚特区上诉法院提交停职令。停职的具体施行以停职令规定(可由认定委员会酌情修改)为准,但无论如何应在所有上诉完成之前落实。

法官提名与任命

第433节 (a)除第434(d)(1)节另有规定外,总统应从根据第434节设立的哥伦比亚特区司法提名委员会所推荐人员名单中提名哥伦比亚特区法院所有法官,并经参议院建议和同意,任命上述法官。

(b)可获哥伦比亚特区法院法官提名或任命之人,应满足下列条件:

(b)(1)系美国公民;

(b)(2)系哥伦比亚特区律师联合会的在职成员,并且在获得提名前的5年内曾在特区积极从事法律事务或在特区法学院任教,或受雇为美国或哥伦比亚特区政府律师;

(b)(3)系哥伦比亚特区真正居民,在获提名前已在特区拥有实际居住地至少持续90日,并在担任此类法官期间应保留该居住地,但在本部分生效日期前获任命的法官,如根据《哥伦比亚特区[官方]法典》第11编第1501(a)节规定保留居留权,则无须系特区居民方有资格再获任命或在再获任命任期内就职;

(b)(4)由哥伦比亚特区司法提名委员会建议总统提名和任命;及

(b)(5)在提名前两年内未担任认定委员会或哥伦比亚特区司法提名委员会成员。

(c)在法官任期届满前至少6个月,哥伦比亚特区法院法官均可向认定委员会提交连任候选资格申报。如法官未如此提交申报,则任期届满将产生空缺,且此类空缺应由第(a)节及第(b)节所规定的任命予以填补。若有如此提交申报,则认定委员会应在申报候选人任期届满前至少60日,就申报候选人在本届任期内表现及是否适合连任,拟备书面评估报告并提交总统。如认定委员会认定申报候选人非常有资格连任,则该申报候选人任期应自动延长至另一完整任期,但应受限于强制退休、停职或免职规定。如认定委员会认定申报候选人有资格连任,则总统可提名该候选人,届时总统应将再次提名该申报候选人为法官一事提交参议院征求意见及同意。如总统决定不提名该申报候选人,则总统应根据第(a)节及第(b)节规定,提名另一候选人担任该职位。如认定委员会认定申报候选人不符合连任条件,则总统不得将再次提名该申报候选人为法官一事提交参议院征求意见及同意,且该法官亦无资格再获任命或者任命为哥伦比亚特区法院法官。

哥伦比亚特区司法提名委员会

第434节 (a)哥伦比亚特区现已设立哥伦比亚特区司法提名委员会(本节以下简称委员会)。委员会由根据本节第(b)节规定选出的7名成员组成。此类成员任期6年,但根据第(b)(4)(A)节当选的成员,任期5年;根据第(b)(4)(B)节首次当选的成员中,一名成员任期3年,一名成员任期6年;根据第(b)(4)(C)节首次当选的成员中,一名成员任期3年,一名成员任期5年;根据第(b)(4)(D)节首次当选的成员,任期6年;根据第(b)(4)(E)节首获任命的成员,任期6年。根据第(b)(4)(B)节及第(b)(4)(C)节各自作出首次任命时,市长及哥伦比亚特区律师联合会理事会应在作出此类任命时,指定各成员任期(或长或短)。

(b)(1)获委员会任命之人应满足下列条件:

(A)系美国公民;

(B)系特区真正居民,并在获任命前已在特区拥有实际居住地至少持续90日;及

(C)非美国立法部门或行政或军事部门或机构的成员、官员或雇员(见《美国法典》第5编第101节和第102节);且[根据第(4)(E)节任命或指定之人除外]非美国司法部门的官员或雇员,亦非特区政府(包括其司法部门)的官员或雇员。

(b)(2)委员会的任何空缺,应以同于原始任命的方式填补。对于并非在上一个任期届满时出现的空缺,任何获得上述任命以补缺之人,仅可在此人前任未届满任期的剩余期间任职。

(b)(3)委员会的职能包括根据本法第433节的规定提名候选人担任哥伦比亚特区法院法官。

(b)(4)除本节所列所有其他资格外,委员会律师成员还应具备获任命为哥伦比亚特区法院法官的规定资格。委员会成员任命程序如下:

(A)一名成员应由美国总统任命。

(B)两名成员应由哥伦比亚特区律师联合会理事会任命,此二人在获任命前应均已至少连续5年在特区从事法律实务。

(C)两名成员应由市长任命,其中一名不得为律师。

(D)一名成员应由市政委员会任命,且不得为律师。

(E)一名成员应由哥伦比亚特区美国地方法院首席法官任命,此人应为在哥伦

比亚特区任职的在职或退休联邦法官。

(b)(5)委员会成员应无偿为在委员会的正式职责服务。

(c)(1)委员会仅可在委员会主席或过半数成员所召集并在向所有委员会成员发出会议通知后举行的会议上行事。委员会会议可不向公众开放。本法第742节不适用于委员会会议。

(c)(2)委员会应每年从其成员中选出一名主席及委员会认为所需的其他管理人员。委员会可通过不抵触本法的必要程序规则来管理委员会业务。

(c)(3)特区政府须应委员会要求,向之提供其妥善履职所需的档案、信息、服务等协助及设施。委员会在履行本节规定职责时所获取或编制的信息、档案和其他材料,应视为特权和机密信息。《美国法典》第5编第552节(称为《信息自由法》)不适用于此类材料。

(d)(1)若哥伦比亚特区法院法官职位出现空缺,则委员会应在空缺出现后60日内,向总统提交提名和任命备选名单,各空缺对应3名备选人员。若在特定时间内存在的空缺多于一个,则委员会提交的备选名单中,任何一人被提名次数不得超过一次,而总统可从名单中选择一名以上被提名人。因法官任期届满而出现空缺时,委员会应在空缺出现前至少60日将被提名人名单提交总统。若总统在收到根据本节规定向其提交的名单后60日内,未能提名此类名单中一人供参议院确认,则委员会应进行提名,并经参议院建议和同意,任命其中一人填补最初向总统提交名单所欲填补的空缺。

(d)(2)若委员会向总统推荐的任何人,要求撤回推荐、死亡或由于他因丧失任哥伦比亚特区法院法官的资格,则委员会应立即向总统推荐一人代替初次推选之人。

(d)(3)对于在委员会推荐后获得及时提名之人,若此人在获此类提名时不符合第433节规定的资格,则委员会在任何情况下均不得推荐此人。

(d)(4)提交总统后,根据本节规定推荐的任何个人的姓名,应由司法提名委员会予以公布。

C－Ⅰ部分　首席检察官

首席检察官的选举

第435节　(a)哥伦比亚特区首席检察官,应由特区登记的合格选民在党派基础上选举产生。本节的任何规定均不得妨碍首席检察官职位候选人加入某个政党。

(b)(1)若首席检察官职位因辞职、永久残疾、死亡或他因出现空缺,则选举理事会应在产生上述空缺之日后的 70 日至 174 日内,结合文化和宗教节日、选举可管理性以及选民参与度等因素,择某个周二在特区举行特别选举。当选首席检察官以补缺之人,应在选举与道德理事会[选举理事会]证明其当选之日就职,且除非其再度当选,否则应仅在产生上述空缺的余下任期内担任首席检察官。

(b)(2)首席检察官职位出现空缺时,由副首席检察官自产生空缺之日起任代理首席检察官,直至选举与道德理事会[选举理事会]证明新首席检察官当选为止,届时其应再次成为副首席检察官。副首席检察官担任代理首席检察官期间,其应领取定期付予首席检察官的薪酬,且不得领取作为副首席检察官的薪酬。

(c)首席检察官任期 4 年,始于当选后的次年 1 月 2 日中午。首席检察官任期与市长任期一致。

(d)首席检察官职位候选人,在首席检察官选举举行日期前,应符合 2010 年 2 月 2 日第二次审读程序所通过的 2010 年《哥伦比亚特区首席检察官解释和当选任期修正法案》(18 - 65 号法案待签版本)第 103 节资格要求。

(e)首席检察官职位的首次选举应在 2014 年 1 月 1 日之后举行。

D 部分 特区预算与财务管理

第 1 分部分 预算与财务管理

财政年度

第 441 节 (a)概述。除本节第(b)节规定外,自 1976 年 10 月 1 日起,特区财政年度自每年 10 月 1 日开始,至下一个日历年 9 月 30 日结束。该财政年度亦应构成预算和会计年度。特区可通过市政委员会法案调整特区财政年度。若发生调整,该财政年度亦应构成预算和会计年度。

(b)例外情况。

(b)(1)军械库理事会。军械库理事会财政年度自每个日历年 1 月 1 日开始,至 12 月 31 日结束。

(b)(2)学校。自 2007 年及以后各财政年度起,哥伦比亚特区公立学校(包括公立特许学校)和哥伦比亚特区大学财政年度,自每个日历年 7 月 1 日开始,至 6 月 30 日结束。

年度预算提交

第 442 节 (a)市长应在市政委员会规定的时间,每年编制并向市政委员会提交哥伦比亚特区政府年度预算,同时应公之于众,上述预算应包括:

(a)(1)下一个财政年度的预算,细节由市长决定,应反映该财政年度特区政府的实际财务状况,并具体说明申请资金的机构和目的;并应假设在债务或现金支出基础上进行的财务交易所产生的拟议支出不超过现有财力和拟议财力;

(a)(2)年度预算咨文,包括下一个财政年度预算能确证的财务、统计信息,以及近三个财政年度核定预算、支出信息;

(a)(3)根据第 443 节规定为特区政府所有机构制订的多年计划;

(a)(4)根据第 444 节规定为特区政府所有机构制订的多年基本建设改造计划;

(a)(5)计划执行报告:将尽可能多的项目在上一个完整财政年度的实际绩效与该年度此类项目的拟议目标进行比较,此外,尽量提出衡量项目有效性的定性或定量标准(包括统计抽样或其他特殊分析结果),并说明根据哥伦比亚特区审计员和美国总审计长报告的工作情况;

(a)(6)问题分析报告:包括市政委员会在上一个财政年度预算行动中确定的、具有重大财政收入或预算影响的合理数量的问题,以及由市长选定的其他类似问题,其中应当考虑替代方案的成本和效益以及推荐或采用某种行动的理由;及

(a)(7)用于向公众发放的下一个财政年度预算摘要。

(b)市长编制和提交的预算,应包括但不限于市政委员会、哥伦比亚特区审计员、哥伦比亚特区选举与道德理事会[选举理事会]、哥伦比亚特区司法提名委员会、哥伦比亚特区区划委员会、公共服务委员会、军械库理事会、法官资格丧失认定委员会以及哥伦比亚特区供水和排污管理局下一个财政年度处于合理水平的建议支出。

(c)市长在审议预算转拨后所制定法律或者公众利益的基础上,可不时编制并向市政委员会提交其认为必需的追加预算建议或预算赤字建议。市长提交提案时,应一并提交理由说明,包括其在年度预算中被遗漏的原因。若拟议追加预算建议或预算赤字建议数额或可导致支出超过预估财力,则市长应提出增加财力所必需的建议,以满足因此增加的支出。

(d)如市政委员会通过决议要求市长编制并向市政委员会提交追加预算建议或预算赤字建议,则市长应根据本节第(c)节编制并向市政委员会提交建议。

多年计划

第443节 市长应针对纳入特区预算的所有机构、所有资金来源以及市长确定的此类项目类别,编制多年计划并纳入年度预算。编制计划时,应以最近三个财政年度的实际经验、已批准的当前财政年度预算以及至少四个后续财政年度预算为基础。该计划应包括但不限于下列事项的规定:

(1)将项目维持在当前授权水平将来的隐形成本,包括工资、薪酬和福利水平预期变化;

(2)已获授权资金的所有基本建设项目将来的隐形成本,包括确定已拨款但未动用的基本建设项目资金数额;

(3)后四个财政年度每年新增、改造或扩建项目和基本建设项目承付款项将来的隐形成本;

(4)当前和拟建基本建设项目对将来运作预算要求的影响;

(5)以当前费率或水平从现有收入来源获得的收入和资金;

(6)后两个财政年度平衡收支所需的具体税收措施;

(7)涵盖特区雇员的退休制度的保险统计情况及预期成本和收入;及

(8)每一个财政年度的还本付息总额,在该财政年度内,应当为已发行或将发行的所有债券支付还本付息款项,以及已收到或将收到的所有美国财政部贷款,在全额供资的基础上,为根据第444节编制的基本建设改造计划中所有项目的总成本提供资金;在每一个财政年度,第603(b)节规定了本财政年度和下一个财政年度债务偿还总额(与已发行和拟发行的债券以及收到或提议的美国财政部贷款的付款,分开确定)与担保限额的百分比关系。

多年基本建设改造计划

第444节 多年基本建设改造计划。市长应针对特区所有机构,根据已批准的当前财政年度预算,编制多年基本建设改造计划并纳入年度预算。该计划应包括:

(1)在下一个财政年度和其后至少四个财政年度内要求拨款或即将支出的各个全额出资基本建设项目的状况、预计使用期限和总成本,包括对上一个财政年度计划所含基本建设项目总成本变动超过5%的说明;

(2)计划分析,包括其与市长作为特区中央规划机构而根据本法第423节所制定的其他项目、提案或要素的关系;

(3)确定针对各项已确定基本建设项目应发行的债券、贷款和实际发生费用的

年度和金额;及

(4)适用的地图或其他图像。

哥伦比亚特区法院的预算

第445节 哥伦比亚特区法院应编制并每年向管理和预算办公室主任提交哥伦比亚特区法院系统运行和维护所需的支出和拨款的年度概算,以纳入年度预算。法院应提交多年计划和多年基本建设改造计划作为其预算的一部分,并应提交体现法院活动定性和定量描述及遵守美国总审计长报告情况的说明。

供水和排污管理局的预算

第445A节 (a)概述。根据1996年《供水和排污管理局设立及公共工程部重组法》设立的哥伦比亚特区供水和排污管理局,应编制并每年向市长提交管理局本年度运作所需支出和拨款的年度概算,以纳入年度预算。所有预算,在无须修订但应服从市长建议的情况下,由市长根据第446节和第603(c)节规定提交市政委员会供其制定法案。尽管本法有其他规定,市政委员会可就此类年度预算数据提出说明或建议,但无权根据本法修订预算。

(b)允许将超额收入用于超出预算的基本建设项目。尽管各财政年度向哥伦比亚特区供水和排污管理局基本建设项目拨款的金额另有规定,但若管理局某个财政年度收入超过该年度哥伦比亚特区年度预算所规定的管理局预算收入,则管理局可在该年度向基本建设项目额外承付或支出金额等于上述超额收入的款项。

市政委员会制定地方预算

第446节 (a)通过预算和补充预算。市政委员会收到市长预算提案并举行公开听证会后,在70个日历日内或根据法律其他规定,经出席并参加表决的大多数成员投票,依法通过哥伦比亚特区政府年度预算。年度预算的联邦部分,应由市长提交总统以发送国会。年度预算的地方部分,应由市政委员会主席根据第602(c)节规定程序提交众议院议长。任何年度预算的补充预算,亦应于公开听证会后,经出席并参加表决的大多数成员投票表决通过。

(b)在调控年期间发送总统。若某个财政年度为调控年,则该年度内经通过的预算,应由市长提交总统以发送国会;但本法及1995年《哥伦比亚特区财务责任和管理援助法》所载预算程序完成之前,市长不得将此类预算或修订预算或补充预算发送总统。

(c)禁止未经预算授权的承付和支出款项。除第445A(b)节、第446B节、第467(d)节、第471(c)节、第472(d)(2)节、第475(e)(2)节、第483(d)节以及第409

(f)、(g)、(h)(3)节和第(i)(3)节另有规定外,哥伦比亚特区政府官员或雇员不得承付或支出任何款项,除非:

(c)(1)此类款项已由市政委员会法案(而且之后仅根据此类授权)予以批准,且法案已由主席发送国会,并已完成第602(c)(3)节规定的审查程序;或

(c)(2)若为调控年期间承付或支出款项,则款项已由国会法案(而且之后仅根据此类授权)予以批准。

(d)对重新编制金额的限制。某个财政年度年度预算(从1995年财政年度年度预算开始)通过后,除非市长向市政委员会提出重新编制预算金额请求并获市政委员会批准,否则不得重新编制预算金额,但针对某个活动的此类请求所规定的额外支出由另一活动所减少支出抵消的情况属于唯一例外。

(e)定义。在本部分中,术语"调控年"具有本法第305(4)节赋予该术语的含义。

允许在一个财政年度内增加地方资金拨款

第446A节 (a)概述。尽管第446节第四句有所规定,考虑到税收的未预料到的增长,根据本节规定,在国会法案批准的预算中拨作哥伦比亚特区资金的拨款可能会增加:

(a)(1)预算项下"其他类型资金"拨款,以总额不超过25%幅度增加;且

(a)(2)预算项下其他拨款,以总额不超过6%幅度增加。

(b)条件。哥伦比亚特区仅在符合下列条件的前提下,方可承付和支出根据本节授权资金所增加的金额:

(b)(1)哥伦比亚特区首席财务官应证明:

(A)收入增加;及

(B)使用此类款项预计不对特区长期财务、财政或经济健康产生负面影响。

(b)(2)应根据哥伦比亚特区市政委员会针对上述各项承付和支出所制定的法律承付和支出上述款项,并应符合法律规定的其他要求。

(b)(3)此类款项不得用以资助根据法院命令处于接管状态下运作的特区政府机构。

(b)(4)除非市长已在承付或支出前至少30日通知众议院和参议院拨款委员会、众议院政府改革委员会以及参议院国土安全和政府事务委员会,否则不得承付或支出上述款项。

(c)生效日期。本节适用于2006年至2007年财政年度。

接受未列入年度预算赠款

第 446B 节 (a)接受、承付和支出款项的权力。尽管第 446(c)节有所规定，但市长经与哥伦比亚特区首席财务官协商，可接受、承付和支出特区政府收到的该节规定预算未反映的联邦、私人和其他赠款。

(b)条件。

(b)(1)首席财务官的作用；市政委员会批准。根据本节第(a)节规定，未完成下列程序前，不得接受、承付或支出联邦、私人或其他赠款：

(A)首席财务官向市政委员会提交报告，列明赠款详情；及

(B)市政委员会已审查并批准接受、承付和支出赠款。

(b)(2)视为市政委员会批准。就第(1)(B)节而言，在下列情况下，市政委员会应被视为已审查并批准接受、承付和支出某笔赠款：

(A)在收到首席财务官根据本节第(1)(A)节提交的报告后 14 个日历日内，未向市政委员会秘书提交书面的否决通知；或

(B)如在上述期限内提交否决通知，则市政委员会在首次收到首席财务官根据本节第(1)(A)节提交的报告后 30 个日历日内，没有通过决议反对接受、承付或支出赠款。

(c)在收到或批准之前，不允许有任何义务或支出。在预期根据本节第(b)(2)节获批或收到赠款的情况下，或在预期获批或收到不受该条款约束的联邦、私人或其他赠款的情况下，不得从哥伦比亚特区政府普通基金或其他基金中承付或支出任何款项。

(d)年度预算调整。对于特区政府接受的、经国会法案根据第 446 节批准预算规定款项所反映的或根据本节第(b)(2)节获批和接受的联邦、私人和其他赠款，首席财务官可以调整其预算，以反映赠款实际金额变化。

(e)报告。首席财务官应编制季度报告，列明本节规定所有联邦、私人和其他赠款详情。各报告应在其所涉季度结束后 15 日内，提交市政委员会以及众议院和参议院拨款委员会。

(f)生效日期。本节适用于 2006 年及后续各个财政年度。

预算、会计和人事体系一致性

第 447 节 市长应实施适当程序，确保预算、会计和人事管理体系和结构保持同步，以便持续实施预算和管理。任何全职或兼职雇员，均应经市政委员会法案授权批准(调控年期间经国会法案授权批准)相应职位后方可雇用。雇员应根据授权

批准该职位的市政委员会法案(调控年期间则为国会法案)所规定的项目、组织和资金类别进行分配。临时雇员的雇用以及项目之间各临时雇员的调动,均应符合作为准据法的市政委员会法案(调控年期间则为国会法案)和重新编制的程序,以确保成本与项目和资金来源准确匹配。

市长的财务职责

第448节 (a)受第603节规定的限制,除第424(d)节规定范围外,市长应负责管理特区财务事务,并为之:

(a)(1)监督和负责各项财务往来,确保充分控制收入和财力,并确保拨款不超支;

(a)(2)维持会计和内部控制体系,以确保:

(A)全面披露特区政府活动所产生的财务结果;

(B)特区政府管理所需的充分财务信息;

(C)对所有资金、财产等资产的有效管理和问责;

(D)可靠的会计结果,作为编制和支持机构预算请求以及管理预算执行的基础;

(a)(3)向市政委员会提交财务报表,报表详情与提交时间均符合市政委员会的要求;

(a)(4)如属2006年至2008年财政年度,则在各财政年度2月1日前,向市政委员会提交上一个财政年度完整财务报表及报告,并由哥伦比亚特区监察主任根据第(c)节审计;

(a)(5)出于税务目的而监督和评估特区公共范围内所有需评估和特别评估的财产,编制税务地图,并(根据法律要求)提供此类税务和特别评估的相关通知;

(a)(6)监督和负责(根据法律要求)征收特区所有税收、特别评估费、许可费和其他收入,并收取联邦政府或者特区任何机构或机关付予特区的所有款项,但本节不适用于来自哥伦比亚特区法院的款项;

(a)(7)保管属于特区(或者特区政府机构)或受其管理的所有公共基金,并根据市政委员会法案所指定的条款及条件,将所有市长掌握的资金存入市政委员会法案所指定的存管机关;

(a)(8)以受托人身份保管属于特区政府或由特区政府持有的所有投资和投资基金,并保管特区所有的债券和票据,以及接受和交付特区债券和票据以进行转让、登记或交换;及

(a)(9)分摊该财政年度所有可用作承付款项的拨款及基金总额，以防止承付款项或开支导致该财政年度出现拨款短缺或需要追加拨款，并针对无限期可用的拨款和基金以及在拨款前通过合同形成的承付款项的所有授权，以最经济有效的方式分摊此类拨款、基金或授权总额。

(b)尽管本节第(a)节有所规定，但市长可支付第483(b)节或第(c)节所要求的款项，并采取第467(b)节或第490(a)(4)(A)节或第(e)节所规定的经市政委员会法案授权批准的行动。

(c)为第(a)(4)节之目的而编制和提交的财政年度财务报表及报告，应由哥伦比亚特区监察主任(经与哥伦比亚特区首席财务官协调)根据1985年《哥伦比亚特区采购惯例法》第208(a)(4)节审计。该报告应包括一份基本财务报表、一份经审计的实际年末业绩与该等财务报表的预算文件中提交的收入的比较以及为该年度制定为法律的拨款(应使用作出该年度拨款的法律及其立法历史中包含的格式、术语和分类)。

会计监督与管理

第449节 除第424(d)节规定范围外，市长应：

(1)规定特区政府所有机关、办公室、机构所用收据、凭证、票据和债权凭证的格式；

(2)审批特区政府承担财务义务的所有合同、命令和其他文件，且此前已确定的款项应已拨付，并将在债务到期应付时可用；

(3)在支付之前，审核并批准所有针对特区政府的账单、发票、工资单以及其他索赔证明、请求或收费的证据，并在特区法律官员建议下，确定此类索赔、请求或收费的合规性、合法性和正确性；及

(4)对特区政府账目、业务和机构档案进行内部审计，包括检查财务往来账目或档案，亦适当考虑会计体系、内部控制和对应机构相关行政惯例的有效性。

普通基金和特别基金

第450节 特区普通基金，应由在本编生效日期[1973年12月24日]缴入美国财政部并记入特区普通基金或其其他收入的特区收入组成，但不包括在本编制定日期[1973年12月24日]仍存在的特别基金相关法律所适用的收入。市政委员会可不时设立特区政府有效运作所需的此类额外特别基金。特区机构、官员或雇员以其官方身份收到的所有款项，均属于特区政府，并应立即交由市长存入适当基金，但哥伦比亚特区法院收到的所有款项，均应存入美国财政部或犯罪受害者基金。

储备基金

第 450A 节 (a)紧急储备基金。

(a)(1)概述。现已设立紧急现金储备基金(以下简称紧急储备基金)作为计息账户(与普通基金其他账户分开管理),市长应在各财政年度 10 月 1 日前以现金形式存款,金额或至少为本节第(2)节所规定运作支出的 2% 以维持基金平衡,或为特区根据第(a)(7)节[本节第(7)节]补充紧急储备基金的财政年度所需的存款金额。

(a)(2)概述。运作支出定义为哥伦比亚特区综合年度财务报告中报告的本财政年度前一个财政年度的实际运作支出,减去根据本法已经设立单独储备基金的偿债支出。

(a)(3)利息。紧急储备基金所赚取的利息,应留在账户内,并仅可根据本节第(4)节支取。

(a)(4)紧急储备基金使用金额标准。首席财务官应与市长协商,制定紧急储备基金管理政策,政策应包括但不限于以下要求:

(A)紧急储备基金可用于满足不可预料和非经常性的紧急性质特殊需求,包括《罗伯特·T. 斯塔福德救灾和紧急援助法》第 102 节定义的自然灾害或灾难,或者联邦法律规定的预期之外的开支。

(B)紧急储备基金亦可用于市长根据 1980 年《哥伦比亚特区公共紧急法案》第 5 节宣布的紧急状态。

(C)紧急储备基金不得用于资助:

(i)法院所委任的接管人员或其他官员管理的哥伦比亚特区政府部门、机构或办公室;

(ii)哥伦比亚特区为本财政年度所提预算中包含的预计的减少额;或

(iii)由哥伦比亚特区政府作出或针对哥伦比亚特区政府作出的和解及判决。

(a)(5)紧急现金储备基金的拨付。仅当完成下列举措,方可从紧急储备基金中拨款:

(A)首席财务官已分析是否有其他资金来源来执行拨款的目的,以及此类拨款对紧急储备基金平衡和完整性的影响;且

(B)就自 2005 年财政年度开始的财政年度而言,首席财务官已预计根据本节第(b)节设立的应急储备基金将在拨款之际用尽。

(a)(6)通知。市长、市政委员会和哥伦比亚特区财务责任和管理援助局(若当

前财政年度属于1995年《哥伦比亚特区财务责任和管理援助法》第305(4)节定义的调控年),应在紧急储备基金支出后30日内,书面通知参议院和众议院拨款委员会。

(a)(7)补充。哥伦比亚特区应在预算程序中为每个财政年度拨付足够的资金,以补充前几个财政年度从紧急储备基金中拨付的款项,补充拨付的款项应满足如下条件:在拨款后的首个财政年度结束时,补充金额应不少于前一个财政年度拨出款项的50%,或者应将紧急储备基金恢复至所需余额的2%,以较低者为准;在拨款后的第二个财政年度结束时,补充金额应不少于前一个财政年度拨出款项的100%,或者应将紧急储备基金恢复至所需余额的2%,以较低者为准。

(b)应急储备基金。

(b)(1)概述。现已设立应急现金储备基金(以下简称应急储备基金)作为计息账户(与普通基金其他账户分开管理),市长应在各财政年度10月1日前以现金形式存款,金额至少为本节第(2)节规定的运作支出的4%以维持基金平衡,或为特区根据第(b)(6)节[本节第(6)节]补充应急储备基金的财政年度所需的存款金额。

(b)(2)概述。在本节中,运作支出的定义为哥伦比亚特区综合年度财务报告中报告的本财务年度前一个财务年度的金额,即地方基金实际运作支出,减去归属于偿债款项金额(为此已根据本法设立独立储备基金)。

(b)(3)利息。应急储备基金所赚取的利息,应留在账户内,并仅可根据本节第(4)节支取。

(b)(4)应急储备基金使用金额标准。首席财务官应与市长协商,制定应急储备基金管理政策,政策应包括但不限于以下要求:

(A)应急储备基金仅可用于满足财政年度内出现的非经常性的或不可预见的资金需求,包括因不可预见的天气等自然灾害而招致的相关支出,联邦法律所规定产生的意外义务支出,或者预算程序完成后确定的新的公共安全或健康需求或要求而招致的费用,或者实现节约成本而招致的费用。

(B)如有需要,可动用应急储备基金,以弥补特区政府连续3个月低于预算预测5%或以上的收入不足(基于2个月滚动平均数)。

(C)应急储备基金不得用于资助哥伦比亚特区为本财政年度所提出的预算中包含的预计削减。

(b)(5)应急现金储备的拨付。仅当首席财务官在分析是否有其他资金来源来执行拨款的目的,以及此类拨款对应急储备基金平衡和完整性的影响后,方可从应急储备基金中拨款。

(b)(6)补充。哥伦比亚特区应在预算程序中为每个财政年度拨付足够的资金,以补充前几个财政年度从应急储备基金中拨付的款项,补充拨付的款项应满足以下条件:在拨款后的首个财政年度结束时,补充金额应不少于前一个财政年度拨出款项的50%,或者应将应急储备基金补充恢复至所需余额的4%,以较低者为准;在拨款后的第二个财政年度结束时,补充金额应不少于前一个财政年度拨出款项的100%,或者应将应急储备基金补充恢复至所需余额的4%,以较低者为准。

(c)季度报告。首席财务官应向市长、市政委员会、哥伦比亚特区财务责任和管理援助局[若当前财政年度属于1995年《哥伦比亚特区财务责任和管理援助法》第305(4)节定义的调控年]以及参议院和众议院拨款委员会提交季度报告,其中包括应急和紧急储备基金余额和活动的月度报表。

综合财务管理政策

第450B节 (a)综合财务管理政策。哥伦比亚特区应根据综合财务管理政策进行财务管理。

(b)政策内容。综合财务管理政策应包括但不限于以下内容:

(b)(1)现金管理政策。

(b)(2)债务管理政策。

(b)(3)金融资产管理政策。

(b)(4)根据第450A(a)节制定的紧急储备管理政策。

(b)(5)根据第450A(b)节制定的应急储备管理政策。

(b)(6)旨在确定哥伦比亚特区不动产的免税政策。

(c)年度审查。综合财务管理政策应由首席财务官在各财政年度结束时进行审查,首席财务官应:

(c)(1)在每年7月1日前,向市长和哥伦比亚特区财务责任和管理援助局(财管局)[若当前财政年度属于1995年《哥伦比亚特区财务责任和管理援助法》第305(4)节定义的调控年]提交政策变更建议,以供审查;

(c)(2)在每年8月1日前,在审议根据本节第(1)节收到的意见后,将修改意见提交哥伦比亚特区市政委员会(市政委员会)批准;及

(c)(3)在每年9月1日前,向参议院和众议院拨款委员会、众议院政府改革委员会和参议院政府事务委员会,通知市政委员会制定的任何修改。

(d)第一份综合财务管理政策的制定程序。

(d)(1)首席财务官。首席财务官应在2001年4月1日前,根据本节向市长提交哥伦比亚特区初步拟议的综合财务管理政策。

(d)(2)市政委员会。市长经审查和提出意见后,首席财务官应在2001年5月1日前,将拟议的财务管理政策提交市政委员会以便及时审查和通过。

(d)(3)财管局。根据本节第(2)节通过财务管理政策后,市政委员会应立即将政策提交财管局审查,审查期不超过30日。

(d)(4)国会。财管局根据本节第(3)节审查财务管理政策后,应将政策提交参议院和众议院拨款委员会、众议院政府改革委员会和参议院政府事务委员会审查,该政策应在根据本节提交政策之日后30日生效。

关于按约定方式履行的合同的特别规则

第451节 (a)超过一年的合同。任何可供使用超过一年的拨款合同,其有效期不得超过5年,除非市政委员会就某一特定合同,经出席并参加表决的成员三分之二表决,授权批准延长该合同的有效期。此类合同应根据市政委员会法案规定的标准订立。

(b)超过特定金额的合同。

(b)(1)概述。不得签订在12个月内支出超过1,000,000美元的合同,除非市长将合同提交市政委员会批准,且市政委员会(根据市政委员会法案规定的标准)予以批准。

(b)(2)视为批准。就本节第(1)节而言,在下列情况下,市政委员会应被视为批准某份合同:

(A)市长向市政委员会提交合同之日起10日内,市政委员会任何成员均未提出批准或否决该合同的决议;或

(B)市长向市政委员会提交合同之日起45个日历日内,市政委员会并未否决该合同。

(c)[多年合同]。

(c)(1)特区可订立多年合同以获取货品及服务,而此类货品及服务的款项仅可在拨款财政年度内承付。

(c)(2)若此类款项未能用于将合同延续至下一个财政年度,则应予取消或终止合同,取消或终止合同的费用可从下列款项支付:

(A)最初可用于履行有关合同的拨款;

(B)目前可用于采购该合同所涵盖购置的类型且未承担其他义务的拨款;或

(C)为此类款项拨出的资金。

(c)(3)根据本节订立的合同,除非市长将合同提交市政委员会批准,且市政委员会(根据市政委员会法案规定的标准)予以批准,否则无效。市政委员会应在45日内采取确认行为批准该合同。若在45个日历日内未采取确认行为批准该合同,则视为否决该合同。

(d)关于按约定方式履行合同的豁免。本节规定不适用于下列合同:

(d)(1)华盛顿会议中心管理局就施工前活动、工程管理、设计或施工签订的合同。

(d)(2)哥伦比亚特区供水和排污管理局根据1996年《供水和排污管理局设立及公共工程部重组法》[1996年4月18日生效]签订的合同,但出售或租赁蓝色平原污水处理厂的合同除外。

(d)(3)根据《美国法典》第23编所实施的公路改造工程的合同,具体由市政委员会选择。

教育委员会的年度预算

第452节 [已废止]

独立机构预算的削减

第453节 (a)根据本节第(b)节的规定,除本节第(c)节的规定外,如果市长认为有必要削减某个财政年度拨予或以其他方式提供给哥伦比亚特区独立机构(包括教育委员会)的款项,以平衡特区该财政年度预算,则市长可削减此类款项。

(b)(1)仅当市长向市政委员会提交作出上述削减的提案,且市政委员会批准该提案后,市长方可根据本节第(a)节作出削减。

(b)(2)市长根据本节第(1)节提交的提案,在下列情况下,应被视为已获市政委员会批准:

(A)市长提交提案之日起10日期限届满前,市政委员会任何成员均未向市政委员会秘书提交反对该提案的书面异议;或

(B)市政委员会某名成员在本节第(A)节所述期间内提出此类书面异议,但市政委员会在该成员提出书面异议之日起45日期限届满前并未否决该提案。

(b)(3)本节第(2)(A)节及第(B)节所述期间,不包括市政委员会休会的日期(根据市政委员会规则)。

(c)本节第(a)节不适用于根据1995年《哥伦比亚特区财务责任和管理援助法》第101(a)节[1995年4月17日批准]设立的哥伦比亚特区财务责任和管理援助局,或根据1996年《供水和排污管理局设立及公共工程部重组法》第202节[1996年4月18日生效]设立的哥伦比亚特区供水和排污管理局,拨予或以其他方式提供市政委员会的款项。

第2分部分　审　　计

哥伦比亚特区审计员

第454节　(a)哥伦比亚特区现已设立哥伦比亚特区审计员一职,审计员由主席任命,并经市政委员会过半数批准。哥伦比亚特区审计员任期6年,其报酬根据市政委员会所确定的标准予以支付。

(b)哥伦比亚特区审计员每年根据其订明的原则程序以及规章制度,对特区政府账目和业务进行彻底审计。在确定应遵循的审计程序和审查凭单及其他文件和记录的范围时,哥伦比亚特区审计员应适当考虑公认的审计原则,包括会计组织和体系、内部审计控制以及相关行政惯例的有效性。

(c)哥伦比亚特区审计员应有权查阅属于或由特区政府部门、机构或其他机关使用的所有账簿、账目、档案、报告、调查结果和所有其他文件、物品或财产,以为审计提供必要的便利。

(d)哥伦比亚特区审计员应向国会、市长和市政委员会提交审计报告。此类报告应列明审计员审计范围,并应包括哥伦比亚特区审计员认为有必要向国会、市长和市政委员会通报该报告所涉及的意见和信息,以及他认为与之有关的合理建议。

(e)市政委员会应针对此类报告连同其认为有关的其他材料,向公众提供查阅渠道。

(f)市长应在适当时间内,就其为落实哥伦比亚特区审计员报告所提建议而采取的行动,向市政委员会进行书面说明。

(g)本节不适用于哥伦比亚特区法院或其账目和业务。

绩效和财务问责

第455节　(a)绩效问责计划。

(a)(1)提交年度计划。在每年(自2001年起)向国会提交哥伦比亚特区预算时,市长应针对哥伦比亚特区政府的所有部门、机构和项目,制定下一个财政年度绩效问责计划,并提交众议院政府改革和监督委员会、参议院政府事务委员会、众议院和参议院拨款委员会以及总审计长。

(a)(2)计划内容。某一财政年度的绩效问责计划应包括以下内容:

(A)为哥伦比亚特区政府该财政年度内的所有重大活动[包括由特区资助(全部或部分)的但由其他公共或私人实体实施(全部或部分)的活动]设定可衡量的、客观的绩效目标说明。

(B)对用于确定政府是否已达到本节第(1)节规定的某一财政年度活动目标的绩效衡量标准的描述。此类衡量标准应分析所涉活动的数量和质量,并应包括项目成果和结果的衡量标准。

(C)直接负责实现各目标的哥伦比亚特区管理人员的职称,及其直接主管或上级的职称。

(a)(3)关于受法院命令约束的活动的说明。除本节第(2)节规定的某一财政年度的绩效问责计划所载材料外,计划还应说明哥伦比亚特区政府在该财政年度内受法院命令约束的活动,以及法院命令对此类活动的要求。

(b)绩效问责报告。

(b)(1)提交报告。市长应在每年3月1日前(自2001年起)针对截至前一年9月30日的财政年度的哥伦比亚特区政府活动,制定绩效问责报告,并提交众议院政府改革和监督委员会、参议院政府事务委员会、众议院和参议院拨款委员会以及总审计长。

(b)(2)报告内容。某一财政年度的绩效问责报告应包括以下内容:

(A)根据第(a)节提交的该年度绩效问责计划的各个目标,与预定目标相比,所达到的实际绩效水平的说明。

(B)直接负责实现各目标的哥伦比亚特区管理人员的职称,及其直接主管或上级的职称。

(C)关于该年度内适用于哥伦比亚特区政府的法院命令情况,以及政府为遵从此类命令所采取举措的说明。

(b)(3)报告评估。总审计长应与行政管理和预算局局长协商,审查和评估根据本节所提交的绩效问责报告,且应在每年4月15日前,将对该报告的意见提交众议院政府改革和监督委员会、参议院政府事务委员会以及众议院和参议院拨款委员会。

(c)财务问责计划和报告。

(c)(1)制定和提交。首席财务官应在每年3月1日前(自1997年起)为哥伦比亚特区政府制订5年财务计划,并提交众议院政府改革和监督委员会、参议院政府事务委员会、众议院和参议院拨款委员会以及总审计长,计划应说明其提交后前五个财政年度内,政府将采取哪些举措以消除哥伦比亚特区各项资金的收支差额。

(c)(2)合规报告。

(A)提交报告。首席财务官应在每年3月1日前(自1999年起)向众议院政府改革和监督委员会、参议院政府事务委员会、众议院和参议院拨款委员会、总审计长以及国会预算办公室主任提交报告,指出哥伦比亚特区政府在上一个财政年度在多大程度上遵守根据本节所提交的该财政年度财务问责计划的适用要求。

(B)评估报告。总审计长应与国会预算办公室主任协商,审查和评估根据本节第(A)节所提交的财务问责合规报告,且应在每年4月15日前,将对该报告的意见提交众议院政府改革和监督委员会、参议院政府事务委员会以及众议院和参议院拨款委员会。

(d)季度财务报告。

(d)(1)提交季度财务报告。在每个日历季度结束后15日内(自1997年10月1日开始的季度报告起),首席财务官应向众议院政府改革和监督委员会、参议院政府事务委员会以及众议院和参议院拨款委员会哥伦比亚特区小组委员会,提交哥伦比亚特区政府前一个季度财务和预算状况的报告。

(d)(2)报告内容。根据本节第(1)节所提交的季度财务报告应包括以下信息:

(A)如特区财政年度综合现金预测所示,本季度每个月的实际现金收支与预测现金收支的比较,应附有普通基金和特区政府各种其他基金(基本建设项目基金和信托及代理基金除外)的现金预测;

(B)该财政年度余下月份现金预测。

(C)解释(i)该季度每月实际现金金额和预测现金金额的差异,以及(ii)该财政年度余下月份预测与其最初预测相比的变化。

(D)此类实际变化及预计变化对余下月份及财政年度现金结余总额的影响。

(E)说明对满足预算的影响,如何在追加预算请求中反映结果,或如何作出可能需要各机构减少其他领域支出的其他政策决定。

(F)说明未清应收款项和未偿应付款项的账龄,并解释如何在现金收支预测中反映上述款项。

(G)各部门或机构专职同等职位的实际数量、专职雇员的实际数量、兼职雇员的实际数量和临时雇员的实际数量,以及每类职位和雇员的资金来源。

(H)截至该季度末,哥伦比亚特区财务责任和管理援助局所持有的各个账户的余额报表,以及根据该局提供的资料对该季度各账户内活动的说明。

(e)向哥伦比亚特区财务责任和管理援助局提交报告。

如果市长根据本节提交某财政年度(或其任何季度)相关报告的某个财政年度为 1995 年《哥伦比亚特区财务责任和管理援助法》规定的调控年,则市长应向根据该法案第 101(a)节设立的哥伦比亚特区财务责任和管理援助局提交报告,且报告提交对象还应包括本节要求市长向其提交报告的其他个人。

E 部分 借 贷

第 1 分部分 借 贷

特区发行和赎回基本建设项目普通责任债券的权力

第 461 节 普通责任债券——发行权;赎回权。

(a)(1)在不违反第 603(b)节限制情况下,特区可通过发行普通责任债券以偿还特区在任何时间尚未偿还的债务、支付特区普通基金截至 1990 年 9 月 30 日未偿还累积营运赤字 331,589,000 美元、支付或偿还特区普通基金截至 1997 年 9 月 30 日未偿还累积营运赤字 500,000,000 美元,以及支付用于收购或进行其各种基本建设项目的费用。此类债券为有息债券,利息的支付日期、利率和到期日应以本法第 462 节规定为准,且应由市长不时根据具体情况决定,以使此类债券具有可交易性。

(a)(2)1992 年 9 月 30 日后,特区不得发行任何普通责任债券,以资助本节第(1)节所述的运作赤字。

(b)特区可保留在债务到期前赎回其任何或所有债务的权利,赎回方式和价格由市长在债务发行前确定。

借贷立法内容与关于发行普通责任债券的相关选举

第 462 节 (a)市政委员会可通过法案授权发行用于第 461 节规定目的的普通责任债券。此类法案至少应包含下列条款:

(a)(1)简要说明该法拟资助的各项工程;

(a)(2)确定授权各项此类工程的法案;

(a)(3)规定拟融资工程可能产生的债务的最高限额;

(a)(4)规定该债务应支付的最高利息率;

(a)(5)规定发行的最长允许到期日和一年内应支付的最高偿债额;及

(a)(6)在市政委员会酌情决定将此类债券发行问题提交由特区合格选民投票表决的情况下,规定举行此类选举的方式、日期、赞成或反对招致此类债务的投票方式,以及此类选举所用的投票形式。

(b)针对发行普通责任债券问题的选举举行后,方可根据第602(c)节将授权发行此类债券的法案转交众议院议长和参议院议长。

(c)尽管第602(c)(1)节另有规定,但本节第(a)(6)节要求列入任何授权发行普通责任债券法案的规定,应自该法案颁布之日起生效。

借贷立法的公布

第463节 (a)哥伦比亚特区市政委员会根据第462(a)节授权发行普通责任债券的各项法案生效后,市长应在特区内至少一份发行量较大的报纸上不止一次公布该法案,并附上法案生效通知。通知格式大致如下:

通　　知

哥伦比亚特区市政委员会授权发行普通责任债券的下列法案(随本通知一并公布)已生效。根据《哥伦比亚特区自治和政府重组法》的规定,对此类债券有效性提出质疑的起诉、诉讼或程序的期限,在本通知首次公布之日起20日期限结束时届满。

市长

(b)未能公布本节第(a)节规定的通知,或公布该通知时出现任何错误,均不削弱市政委员会授权发行此类债券法案的效力或依据该法案所发行任何债券的有效性。

短期限制

第464节 (a)根据第463(a)节关于授权发行普通责任债券法案生效的通知,自首次公布之日起的20日期限结束时:

(a)(1)为确定此类法案所授权债券的有效性,该法案或其序言或标题中所包含的任何事实列举或陈述应被视为真实无误,且特区和所有其他利益相关者不得否认任何此类事实列举或陈述;及

(a)(2)此类法案以及与授权发行该债券相关的所有程序,包括就发行该债券问题举行的选举,应被视为特区已按照本法案和所有其他适用法律正式、定期地采

纳、通过和完成,以确定该法案和程序的有效性;除在20日期限结束前开始的起诉、诉讼或程序外,任何法院对质疑该等立法或程序有效性的诉讼或程序均无管辖权。

(b)根据第463(a)节关于授权发行普通责任债券法案生效的通知,自第一次公布之日起的20日期限结束时,在以下情况下,任何法院对质疑根据该法案发行的任何普通责任债券有效性的诉讼或程序均无管辖权:

(b)(1)此类普通责任债券是基于诚信和公平市价购买的;

(b)(2)此类普通责任债券实质上包含以下声明,该声明对哥伦比亚特区具有约束力:

"兹证明:《哥伦比亚特区自治和政府重组法》及其他适用法律要求在该债券发行和发行之前应已存在、已发生、已履行的所有条件、手续和事宜,均已存在、已发生、已履行;并且,包含该债券的债券组合连同哥伦比亚特区所有其他债务,均在法律所规定的各项债务和其他限制之内。"

发行普通责任债券

第465节 (a)根据第461(a)节授权发行普通责任债券的市政委员会法案生效后,市长可根据法案授权发行普通责任债券。普通责任债券可以发行法案授权债券本金总额的全部或部分。

(b)每次发行的普通责任债券,其本金应从债券发行之日起3年内开始以年度分期付款方式支付,并在债券发行之日起30年内完成支付。

(c)每次发行的普通责任债券,应由授权发行债券的市政委员会法案指定签署该债券的官员以手签或传真签署,但至少应有一人以手签签署。除非市政委员会另有规定,否则附在债券的息票应经市长传真签名认证。

公开或非公开出售

第466节 根据本部分发行的普通责任债券,可在协商的基础上(以市长认为符合公共利益的方式)非公开出售,或至少在规定出售日期的10日前,通过在刊登市政债券公告的日报[纽约市(纽约)出版的刊登市级债券通知并主要用于金融新闻或州级和市级债券主题的日报]以及在特区出版的一份或多份发行量大的报纸上不止一次发布出售通知后,在密封投标情况下以公开形式出售。除了说明其他事项,上述通知还应指出,除非向市政委员会存入一张金额至少相当于所投标普通责任债券票面金额2%的保兑支票或银行本票作为定金,否则不得审议任何投标,此外市长保留拒绝任何一个和所有投标的权利。

在特区收入设立担保权益的权力

第 467 节 (a)概述。根据第 461(a)节、第 471(a)节、第 472(a)节或第 475(a)节授权发行普通责任债券或票据的市政委员会法案,可在特区收入设立担保权益,作为支付该法案所授权债券或票据的额外担保。

(b)法案内容。在特区收入设立担保权益的此类法案,可能包含下列条款(此类条款可作为与此类债券或票据持有人所签订合同的部分):

(b)(1)说明受此类担保权益约束的特定特区收入;

(b)(2)设立合理需要的偿债储备基金或者其他特别基金;

(b)(3)授权特区市长签署为债券或票据担保的信托契约;

(b)(4)根据信托契约,向委托人授予必要的、方便的或适当的财产、权利、权力及义务;

(b)(5)授权特区市长签订和修改有关下列事项的协议:

(A)受此类担保权益约束的特区收入及债券或票据收益的保管、收取、使用、处置、担保、投资及支付;及

(B)在没有此类协议的情况下,特区有权采取的行动(或不采取行动);

(b)(6)规定违约时债券持有人的救济办法;及

(b)(7)授权特区市长就债券或票据的发行、出售、交付、担保和支付而采取其他行动。

(c)担保权益的时间选择和确立。尽管有《哥伦比亚特区[官方]法典》第 28 编第 9 节的规定,根据本节第(a)节在特区收入设立的担保权益,自该担保权益设立时起即有效、有约束力并可强制执行,无论是否实际交付资金或其他财产,亦无论是否采取进一步行动。无论是否记录或归档与该担保权益有关的声明、文件或文书,此类担保权益均应有效、有约束力并可强制执行。此类担保权益所产生的留置权,对于向特区提出索赔的个人或法人而言有效、有约束力并可强制执行,无论该等个人或法人是否已收到此类留置权相关的通知。

(d)不受拨款限制的债务和支出。第 446(c)节不适用于特区收入中用以根据本节第(a)节担保普通责任债券或票据的债务或支出。

第 2 分部分　短 期 借 款

借款以如期偿还拨款

第 471 节 (a)若无可用的未分配收入以支付根据第 446 节所作的拨款,市政

委员会可通过法案授权发行普通责任票据。一个财政年度内初次发行的所有此类普通责任票据,其总额不得超过特区该财政年度拨款总额的2%。

(b)根据本节第(a)节通过市政委员会法案授权所发行的普通责任票据均可续期。此类票据,包括票据的续期,均应在授权初次发行此类票据的法案生效的财政年度的后一个财政年度的最后一日到期支付。

(c)第446(c)节不适用于特区为支付根据本节第(a)节所发行的普通责任票据本金、利息或赎回溢价而承付或支出的款项。

预期收入借款

第472节 (a)概述。在预计某个财政年度将征收的或收取的收入时,市政委员会可通过法案授权为该财政年度发行普通责任票据,此类票据称为预期收入本票。

(b)未偿还票据总额限制。根据本节第(a)节所发行的所有预期收入本票,其在某个财政年度内任一时间的未偿还总额,不得超过市长根据本节规定所证明该财政年度特区预期总收入的20%。市长应在预期票据每次原始发行前15日内,证明该财政年度的特区预期总收入。

(c)允许未偿还期限。根据本节第(a)节发行的预期收入本票均可续期。此类票据,包括票据续期,均应在票据初次发行财政年度的最后一日到期支付。

(d)授权法案生效日期;不受拨款限制的付款。

(d)(1)生效日期。尽管第602(c)(1)节另有规定,但市政委员会根据本节第(a)节授权发行预期收入本票的法案均应在下列日期生效:

(A)若法案在某个调控年[定义见1995年《哥伦比亚特区财务责任和管理援助法》第305(4)节]颁布,则在哥伦比亚特区财务责任和管理援助局批准之日生效;或

(B)若法案在其他年份颁布,则在颁布之日生效。

(d)(2)不受拨款限制的付款。第446(c)节不适用于特区为支付根据本节第(a)节所发行的预期收入本票的本金、利息或赎回溢价而承付或支出的款项。

到期前可赎回的票据

第473节 根据本部分发行的票据均不得见票即付,但票据均可在到期前根据票据规定时间予以赎回。

票据出售

第474节 根据本部分发行的所有票据,在不作事先宣传的情况下,可以不低

于票面价值和应计利息的价格非公开出售。

预期债券票据

第 475 节 (a)授权发行。

(a)(1)概述。在预期发行普通责任债券时,市政委员会可根据本节通过的法案授权发行普通责任票据,此类票据称为预期债券票据。

(a)(2)目的;允许发行用以偿还债务的普通责任债券。根据本节发行的预期债券票据,其收益应用于根据第 461 节发行普通责任债券的目的,该票据应构成债务,可通过根据该节规定发行的普通责任债券而予以偿还。

(b)年度最高偿债额。市政委员会授权发行预期债券票据的法案,应根据支付年度本金和年度利息的预估时间表[基于自债券发行之日起或自债券的原始票据的原始发行之日(以较早发生者为准)起的 30 年内此类债券的最高平均年度利率],为此类预期票据债券确定年度最高预估偿债额。此类票据或续期票据处于未偿还状态时,发行原始预期债券票据时所预估的年度最高偿债额应包括在第 603(b)节所规定的计算中。

(c)允许未偿还期限。预期债券票据,包括续期票据,均应在票据初次发行财政年度后的第三个财政年度的最后一日到期支付。

(d)市政委员会的一般权力。若市政委员会某项授权发行预期债券票据的法案有所规定,则预期债券票据可在法案授权时间内、以法案授权金额连续发行,并在法案授权允许的最大利率范围内计息。

(e)授权法案生效日期;不受拨款限制的付款。

(e)(1)生效日期。尽管第 602(c)(1)节另有规定,但市政委员会根据本节第(c)节授权续期预期债券票据或根据第 461(a)节发行普通责任债券以退还预期债券票据的法案,均应在下列日期生效:

(A)若法案在某个调控年[定义见 1995 年《哥伦比亚特区财务责任和管理援助法》第 305(4)节]颁布,则在哥伦比亚特区财务责任和管理援助局批准之日生效;或

(B)若法案在其他年份颁布,则在颁布之日生效。

(e)(2)不受拨款限制的付款。第 446(c)节不适用于特区为支付根据本节所发行的预期债券票据的本金、利息或赎回溢价而承付或支出的款项。

第3分部分　债券和票据的支付

特别税款

第481节　(a)市政委员会根据第461(a)节授权发行普通责任债券的法案,在市政委员会确定有必要征收特别税款或费用的情况下,应规定每年征收特别税款或费用。征收此类税款或费用不受税率或金额限制,其金额连同其他可用和适用的特区收入,将足以支付到期应付的上述普通责任债券的本息。此类税款或费用的征收时间和方式应与其他特区税款相同,征收时应在单独的偿债基金中留出,并不可撤销地专用于支付上述本息。

(b)美国总审计长应每年对根据本节第(a)节预留和存入的各项偿债基金的款项进行审计。

特区的充分信任和尊重

第482节　凡根据第461(a)节、第471(a)节或第472(a)节所发行的普通责任债券或票据的本息,均以特区的充分信任和尊重为抵押,无论是否在此类债券或票据或在发行授权此类债券或票据的法案中载明此类抵押。

普通责任债券和票据的支付

第483节　(a)市政委员会应在哥伦比亚特区政府根据第446节所通过的某个财政年度的年度预算提供足够的资金,以支付根据第461(a)节、第471(a)节或第472(a)节发行的且在该财政年度到期应付的所有普通责任债券或票据的本息。

(b)市长应确保根据第461(a)节、第471(a)节或第472(a)节所发行的普通责任债券和票据的本息到期得付,包括可从其他没有专门用途的资金中支付该本息。

(c)[已废止]

(d)第446(c)节不适用于:

(d)(1)根据第481(a)节预留在偿债基金的款项;

(d)(2)为支付根据第461(a)节、第471(a)节或第472(a)节所发行的普通责任债券或票据的本金、利息或赎回溢价而承付或支出的款项;

(d)(3)市政委员会根据本节第(a)节在哥伦比亚特区政府年度预算或其修正案或补充案所规定的承付或支出的款项;或

(d)(4)市长根据本节第(b)节或第(c)节承付或支出的款项。

第 4 分部分　美国的充分信任和尊重

美国的充分信任和尊重不得抵押

第 484 节　特区根据本部分所发行的债券、票据或其他债务的本金或利息，均不得以美国的充分信任和尊重作抵押。美国对特区根据本部分所发行的债券、票据或其他债务的本金或利息的支付，概不负责。

第 5 分部分　免税；合法投资；水污染；水库；大都会的贡献；收益债券

免税

第 485 节　市政委员会根据本编发行的债券和票据及其利息，应免征除房地产税、遗产税和赠与税外的所有联邦和特区税款。

合法投资

第 486 节　尽管其他法律对受托人的资金投资有限制，特区内的所有国内保险公司、国内保险协会、执行人、管理人、监护人、受托人及其他受托人，可以合法地将偿债基金、资金、信托基金或属于他们或在他们控制下的其他基金投资于根据本编发行的债券，本节旨在为投资于所有偿债、保险、退休、补偿、养老金和信托基金的债券或票据进行授权。国家银行业协会有权为其自身账户或客户账户来交易、承销、购买及出售市政委员会发行的债券和票据，其程度等同于国家银行业协会根据《修订制定法》第 5136 节第 7 款规定的交易、承销、购买及出售美国、美国各州或其政治分支机构债务的权利范围。所有联邦建筑和贷款协会、联邦储蓄和贷款协会，以及位于特区的银行、信托公司、建筑和贷款协会以及储蓄和贷款协会，可为其自身账户或他人账户购买、出售、承销及交易根据本编发行的所有债券或票据。本节所载的内容，均不得解释为免除任何个人、公司、协会或团体在选择购买或投资证券时应尽的合理谨慎的责任。

水污染

第 487 节　(a)针对由马里兰州和弗吉尼亚州按比例分摊的特区生活污水工程和其他为上述各州地方辖区提供服务的水污染工程的特区债务，市长应每年预估偿还上述债务所需的特区本息费用。市长根据本节第(b)节所述协议确定的金额，应用于排除马里兰州和弗吉尼亚州在污染工程费用的份额，不受第 603(b)节规定的特区基本建设项目债务的限制。

(b)市长应与有关各州和地方辖区签订协议,根据废物处理设施使用和运营产生的效益,规定每年向特区支付的废物处理服务费率和收费款项。每份协议均应规定,此类费率和收费的预估款额要提前缴付,但应在每年后作出调整。此类费率和收费应足以支付设施使用寿命期间的建造成本、资金利息、运营和维护费用及必要设备更换费用。

波托马克河水库成本

第 488 节 (a)对于国会授权在波托马克河或其支流修建水库的非联邦部分费用,市长有权就特区直接或间接向美国支付的特区应承担的公平份额的部分,与美国、波托马克河流域任何州、该州的任何机构或政治分支机构,及任何其他具有决定权的州或地方当局签订合同。合同可包含市长认为必要或适当的规定。

(b)除非市政委员会颁布的法案另有规定,否则根据本法授权签订的合同,特区政府支付的所有款项和特区政府收到的所有款项应从市长指定的基金支付或存入市长指定的基金。从特区供水系统向特区外供水的收费可进行调整,以反映特区根据本法案授权的合同支付的、可公平归因于特区外供水的部分费用。

(c)兹授权为施行本节规定拨出必要的款项。

特区对华盛顿都会区运输局的贡献

第 489 节 尽管其他法律有不同的规定,但在下述情况下,以本法的规定为准:从 1976 年财政年度开始,1969 年《国家首都交通法》规定的区域道路系统成本中的特区应承担份额,可从根据本编发行的特区普通责任债券的销售收益中支付。

收益债券和其他债务

第 490 节 (a)(1)根据本节第(2)节的规定,市政委员会可通过法案或决议授权发行应税和免税收益债券、票据或其他债务,借此融资、再融资或偿还资金,并协助地区或地区机构或代表任何合格申请人融资、再融资或偿还基本建设项目和其他事业,包括以下领域基本建设项目或事业:住房、卫生设施、运输及公用设施、制造业、体育、会议及娱乐设施;休养、旅游和招待设施;安置和装备特区政府或其机构的运作所需的设施;公共基础设施开发和再开发;小学、中学和大学设施;为学生或代表学生支付教育费用提供贷款的教育计划;用于安置和装备与创新商务或工业技术和社会服务的研究、开发、应用或生产相关的业务的设施;供水及排污设施[定义见本节第(5)节];污染管理设施;固体和危险废物处置设施;停车设施、工商业开发;经授权的特区基本建设支出;及其他由市政委员会决定有助于特区内居民的健康、教育、安全或福利,或为特区内居民创造或保留就业机会,或促进特区内经济发展的物业或项目，以及与上述项目有关或作为上述项目补充的设施或物业（不论是不动产或个人物业）；上述设施或财产的租购融资；与收益债券、票据或其他债务的发行、持有、担保、流动性或信用增级相关的成本，包括资本化利息和准备金，以及债券保险、信用证和担保投资成本，远期购买、再销售、拍卖和互换协议的成本。此类融资、再融资或偿还，可以通过直接或间接向个人或法人提供贷款、购买任何抵押、票据或其他证券，或购买、租赁或出售财产来实现。

（a）（2）根据本节第（1）节发行的收益债券、票据或其他债务，均属特区特别义务，且均为可转让票据，不论此类收益债券、票据或其他债务是否为《哥伦比亚特区［官方］法典》第28编第28：8－102（1）（a）节定义的证券。

（a）（3）根据本节第（1）节发行的收益债券、票据或其他债务，应根据其授权发行的市政委员会法案或决议规定予以支付和担保（就本金、利息及溢价而言）。市政委员会或者市政委员会根据本节第（a）（6）节授权的代表机构，其授权发行收益债券、票据或其他债务的法案或决议，可规定（A）收益债券、票据或其他债务从现有收入、资产、财产（供水及排污设施相关债券、票据或债务，则包括供水及排污企业基金收入、资产或其他财产）中予以支付，以及（B）通过不动产抵押或在现有收入、资产或其他财产（供水及排污设施相关债券、票据或债务，则包括供水及排污企业基金收入、资产或其他财产）中设定担保权益，为此类收益债券、票据或其他债务担保。

（a）（4）（A）市政委员会根据本节第（1）节授权发行收益债券、票据或其他债务时，可就现有收入、资产或财产的获取、使用或处置达成或授权市长达成协议。此类协议可在现有收入、资产或财产上设立担保权益；为支付此类收益债券、票据或其他债务，可规定保管、收取、担保、投资及支付现有收入（包括信托基金）；可抵押任何财产；可规定以收益债券、票据或其他债务收益融资或再融资的事业的购置、建造、维护和处置；亦可规定特区在未签订此类协议的情况下有权采取的行动（或不采取行动）。此类协议，均可根据本节第（1）节所发行的收益债券、票据或其他债务持有人的利益而转让，或均可构成与上述持有人所签订的合同的组成部分。

（B）尽管《哥伦比亚特区［官方］法典》第28编第9节另有规定，根据本节第（A）节设立的担保权益，自其设立时起有效、有约束力并可强制执行，无论是否实际交付基金或其他财产，亦无论是否采取进一步行动。无论是否记录或归档该担保权益相关声明、文件或文书，此类担保权益均应有效、有约束力并可强制执行。此类担保权益所产生的留置权，对于向特区提出索赔的个人或法人而言有效、有约束力并可强制执行，无论该等个人或法人是否已收到关于此类留置权的通知。

(C)特区为支付或担保根据本节第(1)节所发行的收益债券、票据或其他债务而持有的基金,不论此类基金是否以信托形式持有,均可以特区及其存管机关同意的方式进行担保。基金存管机关可为基金存管提供担保。

(a)(5)本节第(1)节中,术语“供水及排污设施”指用于水的获取、处理、储存和分配,废水的收集、储存、处理和运输,雨水排放,以及处理工序所产生的液体和固体的处置。

(a)(6)(A)市政委员会可通过法案,将市政委员会因本节第(a)(1)节所享有的权力,转授予任何特区机关,使其有权发行应税或免税收益债券、票据或其他债务,以便为本节所确定的目的借入款项。为本节目的,市政委员会应具体规定为何种事业可根据本节转授权力发行收益债券、票据或其他债务。任何特区机关仅可根据本节规定行使本节第一句所述市政委员会转授予其的权力和附带权力,并应符合本节和授权条款的规定。

(B)特区机关根据本节第(A)节所述权力转授所发行的收益债券、票据或其他债务,应通过其决议予以发行,且决议不得视为市政委员会法案。

(C)本节内容均不得解释为限制、损害或取代法律赋予特区机关的权力。

(b)美国拥有的财产均不得抵押或受担保权益约束,以担保根据本节第(a)(1)节发行的收益债券、票据或其他债务。

(c)根据本节第(a)(1)节发行的此类收益债券、票据或其他债务,皆非特区一般义务,不得由特区做抵押或涉及特区信用或征税权(除非涉及专用税),且不得构成特区债务,或构成第602(a)(2)节所规定的用于私人事业的公共信贷贷款。

(d)此类债券、票据或其他债务,均应根据市政委员会的法案发行,而无须将发行问题提交特区登记的合格选民批准或否决。

(e)市政委员会根据本节第(a)(1)节授权发行的收益债券、票据或其他债务的法案可:

(e)(1)简要说明发行此类债券、票据或其他债务的目的;

(e)(2)确定授权该目的的法案;

(e)(3)规定债券、票据或其他债务的发行和出售(包括议价出售或竞价出售)的形式、条件、规定、方式和方法;

(e)(4)规定违约时债券、票据或其他债务持有人的权利和补救措施;

(e)(5)规定与债券、票据或其他债务的发行、出售或者担保相关的其他事项;及

(e)(6)授权市长采取与债券、票据或其他债务的发行、出售、交付、担保和支付有关的行动,包括规定此类市政委员会法案未包含的条款或条件。

(f)第446(c)节不适用于:

(f)(1)根据本节第(a)(1)节所发行的收益债券、票据或其他债务销售收益中承付或支出的金额(包括应计利息或溢价金额);

(f)(2)为支付根据本节第(a)(1)节所发行的收益债券、票据或其他债务的本金、利息或溢价而承付或支出的金额;

(f)(3)根据本节第(a)(1)节的规定,为担保收益债券、票据或其他债务而承付或支出的金额;及

(f)(4)根据与发行收益债券、票据或其他债务相关的承付款项而承付或支出的金额,这些债务涉及根据本节第(a)(1)节发行的收益债券、票据或其他债务融资的各项事业的维修、维护和基本建设改造。

(g)(1)市政委员会可根据本节第(a)节将其发行收益债券、票据及其他债务的权力,转授予其设立的住房融资机构(无论机构系在1980年4月12日之前或之后设立),以资助或协助资助主要是中低收入住房领域的企业。为此,市政委员会应界定何为中低收入住房领域的企业。此类住房融资机构,仅可根据本节行使本节第一句规定的由市政委员会转授予该机构的权力(无论此项转授系在1980年4月12日之前或之后作出)。

(g)(2)根据本节第(1)节规定的权力转授而由特区住房融资机构发行的收益债券、票据及其他债务,应通过机构决议发行,且此等决议不得视为市政委员会法案。

(g)(3)第446(c)节不适用于:

(A)根据第(g)(1)节[本节第(1)节]所发行的收益债券、票据或其他债务销售收益中承付或支出的金额(包括应计利息或溢价金额);

(B)为支付根据第(g)(1)节[本节第(1)节]所发行的收益债券、票据或其他债务的本金、利息或溢价而承付或支出的金额;及

(C)为担保根据第(g)(1)节[本节第(1)节]所发行的收益债券、票据或其他债务而承付或支出的金额。

(h)(1)市政委员会可将其根据本节第(a)节享有的在公用事业设施、污染管理设施以及供水及排污设施领域[定义见本节第(a)(5)节],通过发行收益债券、票据及其他债务以借款为企业提供资助或协助其融资或再融资的权力,转授予根

据1996年《供水和排污管理局设立及公共工程部重组法》设立的哥伦比亚特区供水和排污管理局。供水和排污管理局仅可根据本节行使本节第一句由市政委员会转授予该局的权力(无论此项转授系在本节颁布之日[1996年8月6日]之前或之后作出)。

(h)(2)根据本节第(1)节规定的权力转授而由哥伦比亚特区供水和排污管理局发行的收益债券、票据及其他债务,应通过该局决议发行,且此等决议不得视为市政委员会法案。

(h)(3)第446(c)节不适用于:

(A)根据本节所发行的收益债券、票据或其他债务销售收益中承付或支出的金额(包括应计利息或溢价金额);

(B)为支付根据本节所发行的收益债券、票据或其他债务的本金、利息或溢价而承付或支出的金额;

(C)为担保根据本节所发行的收益债券、票据或其他债务而承付或支出的金额;或

(D)为根据本节资助的设施的维修、维护和基本建设改造而承付或支出的金额。

(i)(1)市政委员会可将其根据第(a)节发行符合下列条件的收益债券、票据及其他债务的权力,转授予根据2000年《烟草结算融资法》设立的哥伦比亚特区烟草结算融资公司(本节以下简称公司):此类收益债券、票据及其他债务以借款资助哥伦比亚特区基本建设项目和其他事业或协助其融资或再融资,且仅由烟草总结算协议的付款支付和担保。公司仅可根据本节和2000年《烟草结算融资法》的规定,行使本节第一句由市政委员会转授予该公司的权力(不论此项转授系在本节颁布之日之前或之后作出)。

(i)(2)根据第(1)节规定的权力转授而由公司发行的收益债券、票据及其他债务,应通过公司决议发行,且决议不得视为市政委员会的法案。

(i)(3)第446(c)节不适用于:

(A)根据本节所发行的收益债券、票据或其他债务销售收益中承付或支出的金额(包括应计利息或溢价金额);

(B)为支付根据本节所发行的收益债券、票据或其他债务本金、利息或溢价而承付或支出的金额;

(C)为担保根据本节所发行的收益债券、票据或其他债务而承付或支出的金

额;或

(D)为根据本节资助的设施的维修、维护和基本建设改造而承付或支出的金额。

(i)(4)在本节中,术语“烟草总结算协议”指哥伦比亚特区和美国主要烟草产品制造商在1998年11月23日签订且可不时修订的结算协议(及相关文件)。

(j)根据本节第(a)(1)节发行的收益债券、票据或其他债务,并非特区政府普通责任债券,不应包含在确定所有未偿债务的总额中,但须受第603(b)节规定的限制。

(k)如果特区发行的收益债券、票据或其他债务,由一个或多个非政府个人或实体承担偿还其最终债务,则特区的此类发行行为可通过市政委员会决议予以授权。特区发行所有其他的收益债券、票据或其他债务,应通过市政委员会法案予以授权。

(l)在调控期(定义见1995年《哥伦比亚特区财务责任和管理援助法》第209节)内,根据本节第(a)(1)节授权发行收益债券、票据或其他债务的市政委员会法案或决议,均应提交哥伦比亚特区财务责任和管理援助局根据该法案第204节予以证明。财管局在调控期内所作出的证明,对于本节根据市政委员会法案或决议发行的收益债券、票据或其他债务均具有效力,不论此类收益债券、票据或其他债务在该调控期内或之后发行。

(m)以下法律规定不适用于特区根据本节第(a)(1)节授权的租赁购买融资条款所购置、持有和处置的财产:

(m)(1)《授权在哥伦比亚特区出售不再用于公共目的的某些房地产的法案》(1939年8月5日批准)。

(m)(2)《哥伦比亚特区[官方]法典》第16编第13章第三分章。

(m)(3)哥伦比亚特区法律中禁止或限制租赁购买融资的其他规定。

(n)以下定义适用于本节:

(n)(1)术语“收益债券、票据或其他债务”指特别基金债券、票据或其他债务(包括调换债券、票据或其他债务),用于借款融资、协助融资、再融资或补偿、归还或偿还用于本节第(a)(1)节规定目的款项的本金和利息(如有),其本金和利息将以本节规定方式支付和担保,且为特殊债务,但不得以哥伦比亚特区的充分信任和尊重作抵押。

(n)(2)术语“特区机关”指根据市政委员会法案或美国法律正式设立的哥伦

比亚特区政府机构或机关(包括独立机构或机关)、管理局、委员会、理事会、部门、分部、办公室、团体或官员,无论是在1997年《哥伦比亚特区债券融资改进法》颁布之日(1997年8月5日)之前或之后设立。

(n)(3)术语“现有收入”指除普通基金税款收入外,可合法用于相关目的而非专门用于其他事项的总收入,包括企业基金、赠款、补贴、捐款、费用、专用税款和费用、投资收入以及根据本节所发行的收益债券、票据或其他债务的收益。

(n)(4)术语“企业基金”指以类似于私营企业的方式融资或经营的基金或账户,或为管理控制、会计责任、资本保全、公共政策或其他目的而建立的基金或账户,以便更容易定期地单独确定收入、支出或净收入。

(n)(5)术语“专用税款和费用”指依法专用于支付收益债券、票据或本节授权的其他债务的还本付息费用、为此目的提供和维持的准备金、或为与收益债券、票据或其他债务相关的企业提供流动资金或维护、修理、重建或改善该企业的税费、附加税、增值税或代替税费的费用支出。

(n)(6)术语“税收增额”指在规定时间和地区内,分配给由不动产增值或是销售额增加而加征的税款(本法第481节规定用于支付特区普通责任债务的特别税款除外),该税收增额须专款专用,不得用于其他目的,并应由市政委员会以法案形式对其用途作细化规定。

F部分　独立机构与当局

选举委员会

第491节　《哥伦比亚特区选举法》第3节修订如下:“第3节(a)设立哥伦比亚特区选举委员会(本节以下简称委员会),由三名成员组成,其中不超过两名成员应来自同一政党,在征得委员会的意见和同意后,由市长任命。成员任期为三年,根据本法首次任命的成员除外。一名成员任期一年,一名成员任期两年,一名成员任期三年,由市长指定。

(b)任何被任命填补委员会空缺的人员,仅可在其将所填补的成员未满的任期内被任命。

(c)成员可以连任,如未连任,成员应在其继任者被任命并具备资格之前任职。

(d)市长应不时指定委员会主席。”

规划委员会

第 492 节 (a)[1920 年 3 月 1 日法案第 1 节修正案]。

(b)(1)[1938 年 6 月 20 日法案第 2 节修正案]。

(b)(2)[1938 年 6 月 20 日法案第 5 节修正案]。

公共服务委员会

第 493 节 (a)应设立公共服务委员会,该委员会职能为确保在哥伦比亚特区内开展业务的每一家公用事业单位均提供安全、充分且在所有方面公平合理的服务及设施。此类公用事业单位针对已提供或将提供的设施或服务收费,应遵循公平、合理和无歧视原则。禁止针对此类设施或服务进行任何不公平、不合理或歧视性收费(并特此宣布不公平、不合理或歧视性收费为非法收费)。

(b)[2013 年 3 月 4 日法案第 8 节第 97(a)款修正案]。

军械库委员会

第 494 节 [1948 年 6 月 4 日法案第 2 节修正案]。

教育委员会

第 495 节 [已废止]

哥伦比亚特区供水和排污管理局独立的财务管理、人事与采购权力

第 496 节 (a)财务管理、人事与采购权力。尽管本法[本章]或哥伦比亚特区法律有其他规定,哥伦比亚特区供水和排污管理局财务管理、人事与采购职能与职责应完全根据其管理机构通过的法规和条例来确定。前一句中的内容不得解释为影响向哥伦比亚特区供水和排污管理局对第 445A、451(d)、453(c)节或第 490(g)节[第 490(h)节]的适用。

(b)与现行授权法律保持一致。哥伦比亚特区供水和排污管理局管理机构通过的关于建立管理局财务管理、人事与采购职能及责任的规章制度,应符合 1996 年《供水和排污管理局设立和公共工程部重组法》(该法案自 2008 年 1 月 1 日起生效)。

第 497 节 动议、全民公决与罢免

第 1 号修正案 动议与全民公决

第 1 节 [定义](a)"动议"一词系指哥伦比亚特区选民可提出立法动议(拨款立法除外),并直接向哥伦比亚特区登记的合格选民提出上述立法动议供其批准或不予批准的程序。

(b)"全民公决"一词系指哥伦比亚特区登记的合格选民可中止哥伦比亚特区

市政委员会的法案(紧急法案、征税法案或一般经营预算拨款法案除外),直至将该法案提交登记的合格选民供其批准或不予批准的程序。

第2节 [程序](a)可向哥伦比亚特区选举与道德委员会[选举委员会]提交一份请愿书以提出动议或全民公决,请愿书中应载有登记的合格选民的签名,签名人数应相当于哥伦比亚特区已登记选民人数的5%;但提交的全部签名中应包括本市5个或5个以上选区中每一个选区已登记选民人数5%的选民的签名。用于计算上述要求的登记选民人数应根据选举与道德委员会[选举委员会]在提交特定动议或全民公决请愿书的签名前30日(包括30日)或更长时间发布的最新官方登记选民人数进行计算。

(b)(1)在按本节规定向哥伦比亚特区选举与道德委员会[选举委员会]提交全民公决请愿书后,哥伦比亚特区选举与道德委员会[选举委员会]应按照《哥伦比亚特区自治法》第404节、第446节的规定,通知哥伦比亚特区市政委员会法案的有关监管人(美国总统或参议院议长和众议院议长),且美国总统或参议院议长和众议院议长应酌情将该法案或其部分发回哥伦比亚特区市政委员会主席。在举行全民公决之前,不得对上述法案或其部分采取进一步行动。

(b)(2)根据《哥伦比亚特区自治法》第404节的规定,不得对任何已形成法律的法案进行全民公决。

第3节 [在选举中提交议案]哥伦比亚特区选举与道德委员会[选举委员会]应在收到议案后至少90日内举行的下一个次普选、特别选举或初选中,提交一项未作任何改动的动议议案。哥伦比亚特区选举与道德委员会[选举委员会]应在收到本法第2节规定的请愿书后114日内,就全民公决议案举行选举。如果先前排定的普选、初选或特别选举,将在收到本法第2节规定的请愿书后的第54日至第114日举行,则哥伦比亚特区选举与道德委员会[选举委员会]可在该次选举中进行全民公决。

第4节 [否决议案]如果有过半数登记的合格选民投票否决该法案,则该法案应视为全民公决否决该法案或其部分,哥伦比亚特区市政委员会不得在哥伦比亚特区选举与道德委员会[选举委员会]对全民公决结果进行证明之日起365日内就全民公决中提出的问题采取行动。

第5节 [通过议案]如果在全民公决中,过半数登记的合格选民投票批准某项法案或以动议方式通过某项立法,则该法案或立法一经哥伦比亚特区选举与道德委员会[选举委员会]就该法案或动议的投票进行证明后,即成为市政委员会法案，且该法案应受第602节条文规限。

第6节 ［简称和摘要］哥伦比亚特区选举与道德委员会［选举委员会］有权拟定动议和全民公决事项的简称和摘要，以准确反映拟议的全民公决或动议的目的和意义。任何公民均可在拟动议或全民公决的选举前30日（包括30日）内，向哥伦比亚特区高等法院申请一份具有强制令性质的令状，以纠正哥伦比亚特区选举与道德委员会［选举委员会］任何不准确的简称和摘要，并责成该委员会适当说明动议或全民公决议案的摘要。

第7节 ［通过执行本分章所必需的法案］哥伦比亚特区市政委员会应在本修正案生效之日［1978年10月27日］起180日内通过为执行本分章所必需的法案。在1978年10月1日之前，不得向哥伦比亚特区选举与道德委员会［选举委员会］提交发起动议或全民公决的请愿书。

第2号宪章修正案　罢免当选公职人员

第1节 ［罢免定义］"罢免"一词系指哥伦比亚特区合格的选民可要求在哥伦比亚特区当选官员（哥伦比亚特区国会代表除外）任期届满前举行选举，以对该官员进行罢免或留任的程序。

第2节 ［程序］如果对应选区的登记选民向哥伦比亚特区选举与道德委员会［选举委员会］提交经上述10%的选民签署的要求罢免普选选出的官员的请愿书，则哥伦比亚特区政府的任何当选官员（哥伦比亚特区国会代表除外）均可由其当选选区的登记选民罢免（普选选出的官员，则一般由哥伦比亚特区登记选民罢免）。关于上述某选区10%的登记选民人数，应根据选举与道德委员会［选举委员会］在提交相应罢免请愿书签名的前30日（包括30日）或更长时间发布的最新官方登记选民人数进行计算。就罢免普选选出的官员而言，上述10%的登记选民签名中应包括本市5个或5个以上选区每一个选区已登记选民人数10%的选民的签名。哥伦比亚特区选举与道德委员会［选举委员会］应在收到本法第2节规定的请愿书后114日内举行选举。如果先前排定的普选、初选或特别选举将在收到本法第2节规定的请愿书后的第54日至第114日举行，则哥伦比亚特区选举与道德委员会［选举委员会］可在该次选举中提出罢免议题。

第3节 ［启动罢免程序时限］不得在当选官员任期的前365日或最后365日内启动罢免程序。在某一罢免选举结果对其有利时，在该罢免选举举行后一年内，亦不得启动罢免程序。

第4节 ［官员被罢免；补任］如果在选举中投票的合格选民过半数同意罢免

某当选官员,该当选官员将予以罢免。上述罢免所产生的空缺应按照《哥伦比亚特区自治法》第401(d)、421(c)(2)节以及《哥伦比亚特区选举法》第10(a)节规定的补任其他空缺同样的方式进行补任。

第5节 [通过执行本分章所必需的法案]哥伦比亚特区市政委员会应在本修正案生效之日[1978年10月27日]起180日内通过为执行本分章所必需的法案。在1978年10月1日之前,不得向哥伦比亚特区选举与道德委员会[选举委员会]提交罢免请愿书。

第五编 联邦付款[已废止]

市长、市政委员会与联邦行政管理和预算局的职责

第501节 [根据1997年8月5日通过的1997年《国家首都振兴和自治改进法案》第11601(a)节废止]。

拨款授权

第502节 [根据1997年8月5日通过的1997年《国家首都振兴和自治改进法案》第11601(a)节废止]。

第六编 国会保留的权力

保留宪法权力

第601节 尽管本法有其他规定,美国国会保留在任何时候行使其作为特区立法机关的宪法权力,可就任何议题为特区立法,不论是否属于本法赋予市政委员会的立法权范围,包括修正或废除在本法和市政委员会通过的法案颁布之前或之后生效的特区法律。

对市政委员会的限制

第602节 (a)除本法明确规定外,市政委员会无权通过任何违反本法规定的法案,亦无权:

(a)(1)对美国或几个州的任何财产征收税款;

(a)(2)为支持私营企业提供政府信贷;

(a)(3)颁布法案,或颁布法案以修订或废止国会法案(该法案涉及美国的职能或财产,或仅在特区内适用或亦适用于特区的法案);

(a)(4)就《哥伦比亚特区[官方]法典》第11编的规定(哥伦比亚特区法院的组织和管辖权相关规定)颁布法案、决议或法规;

(a)(5)针对非特区居民的全部或部分个人收入,直接或从其源头征收税款(本节中,“个人”与“居民”一词应按1947年《哥伦比亚特区收入与特许经营税法》[1947年7月16日批准通过]第一编第4节中的定义理解);

(a)(6)颁布关于允许在哥伦比亚特区内建造超过1910年6月1日法案[《哥伦比亚特区建筑物高度管制法案》]第5节所规定高度限制的建筑物的法案、决议或法规,并在本法颁布之日[1973年12月24日]生效;

(a)(7)颁布关于心理健康委员会的法案、决议或条例;

(a)(8)颁布关于哥伦比亚特区美国特区法院或特区内除特区法院以外的其他美国法院的法案或条例,或关于哥伦比亚特区美国检察官或美国司法官的职责或权力的法案或条例;

(a)(9)就《哥伦比亚特区[官方]法典》第23编(与刑事诉讼有关)的规定,或就《哥伦比亚特区法典》第22编或第24编(与犯罪和囚犯待遇有关)的法律规定,或就与第22编第32章规定的条款有关的刑事犯罪,在根据本法首次选举的市政委员会成员就职之日后48个完整日历月期间,颁布法案、决议或法规;或

(a)(10)就根据1995年《哥伦比亚特区财务责任和管理援助法》第101(a)节设立的哥伦比亚特区财务责任和管理援助管理局颁布法案、决议或法规。

(b)本法的任何规定均不得解释为在本法第四编[特区宪章]生效日期[1975年1月2日]前,授予特区政府对国家动物园、哥伦比亚特区国民警卫队、华盛顿输水管道管理处、国家首都规划委员会或任何联邦机构高于专员[市长]职权的职权,本法另有明确规定的除外。

(c)(1)除根据1921年《预算与会计法》提交给总统的市政委员会法案外,市政委员会根据第412(a)节确定的法案,应在紧急情况下立即生效,并建议对本法第四编[特区宪章]进行修正,但第462(c)节和第472(d)(1)节规定的除外,市政委员会主席应向众议院议长和参议院议长转呈以下法案的副本:市政委员会通过并经市长签署,或经市长否决后又经出席并参加表决的三分之二市政委员会成员重新通过的每一项法案;市政委员会通过并经市长允许在未经市长签名的情况下即生效的每一项法案;以及每一项动议法案和应经全民公决通过的法案,且该等法案已获就该项动议或全民公决进行表决的登记的合格选民过半数通过。除本节第(2)节另有规定外,上述法案应自主席将上述法案转呈众议院议长和参议院议长之日

起30个日历日期限(不包括周六、周日和节假日,以及两院因无限期休会3日以上,休假3日以上,或闭会3日以上期间的任何一日)届满时,或在上述法案规定的日期生效,以较晚者为准,除非在上述30日期限内,有一项否决上述法案的共同决议已经成为法律。如果在上述30日期限内,任何否决上述法案的共同决议已经国会两院通过并已转呈总统,则该等决议应在30日期限届满后成为法律,且自该等决议成为法律之日起,即视为已废止上述法案。除本节第(d)、(e)、(f)节外,第604节的规定应适用于根据本节否决法案的共同决议。

(c)(2)如主席就《哥伦比亚特区[官方]法典》第22、23节或第24节制定的法案转呈上述法案,则该等法案应在主席将其转呈众议院议长和参议院议长之日起60日期限届满时生效,除非在上述60日内,已以法律形式颁布了一项反对这一法案的共同决议。在反对这一法案的共同决议于上述60日内获得国会两院通过并已转呈总统的情况下,该决议在60日期限届满后即成为法律,且应视为自该决议成为法律之日起废止这一法案。第604节关于审议共同决议的快速程序的规定,应适用于否决本节所述法案的共同决议。

(c)(3)市政委员会应连同根据本节转呈的每一项法案,附呈一份该法案生效前四个财政年度内哥伦比亚特区因该颁布法案而产生的费用估算,并附上估算依据的相关说明。

预算程序;借款与支出限制

第603节 (a)本法中的内容均不得解释为对现行法律、法规或基本程序和惯例(国会、总统、联邦行政管理和预算局及美国审计总署,各自在哥伦比亚特区政府总预算的编制、审查、提交、核查、授权及拨款流程中的职责)作出任何变更。

(b)(1)在任何财政年度内,均不得发行由市长估算、并经哥伦比亚特区审计师证明的、其数额会导致在任何财政年度内,按所有未偿还的普通责任债券和财政部借款债务的总额,将所需的本金及利息按顺序偿还并存入偿债基金的金额会超过特区收入的17%[减去用于支付收益债券的费用或收入、用于第490(a)节所述的供水及排污处理设施的收入、收费或费用]的普通责任债券(偿还未偿债务的债券除外),或财政部基本建设项目借款(包括用于服务或担保为此目的而发行的收益债券的费用或收入、退休金、退休系统收入,以及上述财政部借款和一般债务或收益债券的销售收入)。财政部基本建设项目借款包括从美国财政部获得的所有借款,但财政部长根据1939年《哥伦比亚特区税收法案》[1939年7月26日批准]第六编的规定向特区预支的资金除外。

(b)(2)根据1957年《哥伦比亚特区体育场法案》[1957年9月7日批准]所载权力所产生的债务和根据第201节、第202节转移或设立的机构所产生的债务(无论是在该等转让或设立之前或之后发生的),以及1996年10月1日前发行的哥伦比亚特区普通责任债券(用于市政工程局、供水及排污处理公用事业管理局基本建设项目的融资)所产生的债务,不应包含在确定所有未偿债务的总额中,但应受前节规定限额的限制。

(b)(3)[本小节]第(1)节中规定的17%的限额应按以下方式计算:

(A)由市长估算并经哥伦比亚特区审计师证明的,确定相当于特区收入的17%的美元金额[减去用于支付收益债券的费用或收入、用于第490(a)节所述的供水及排污处理设施的收入、收费或费用(包括用于服务或担保为此目的而发行的收益债券的费用或收入)、退休金、退休系统收入,以及上述财政部借款和一般债务或收益债券的销售收入],将在发行债券的财政年度记入特区;

(B)确定每个财政年度中所有未偿还的普通责任债券的实际本金与利息总额[减去1996年10月1日之前发行的哥伦比亚特区普通责任债券(用于市政工程局、供水及排污处理公用事业管理局基本建设项目的融资)当年应支付的本金和利息的可拨出部分],以及上述财政部借款;

(C)确定拟发行的普通责任债券或上述财政部借款期限内每个财政年度应偿还的本金与利息金额;及

(D)如果在任何一个财政年度中,将本节的(B)和(C)相加而得出的金额超过本节(A)中所确定的金额,则不得发行拟议的普通责任债券或本节(C)的财政部借款。

(c)除本节(f)节规定外,市政委员会不得批准任何会导致特区政府在任何财政年度内的开支超出市长估算可从特区该财政年度的所有可用资金的获得的所有资源。预算应确定为平衡所提交的预算所需的任何增税措施。市政委员会应在其预算批准的范围内通过上述增税措施。

(d)除本节(f)节规定外,市长不得将不平衡的预算[根据第603(c)节规定]提交总统以提请国会批准。

(e)本法中的规定均不得解释为影响《美国修订制定法》第3679节(所谓的《反赤字法》)对特区政府的适用性。

(f)如某一财政年度为调控年〔定义见1995年《哥伦比亚特区财务责任和管理援助法》[1995年4月17日批准]第305(4)节〕。

(f)(1)则本节第(c)节、第(d)节不适用;且

(f)(2)市政委员会不得批准,市长也不得向总统提交任何与根据本法案第二编A分编制定的财务计划和财政年度预算不一致的预算。

针对某些特区事务的国会法案

第604节 (a)本节由国会制定:

(a)(1)分别行使参议院和众议院规则制定权,因此,此等规定应视为每一院规则的组成部分,但仅适用于本节所述决议在参议院或众议院应遵循的程序;且这些法规仅在与其他法规不一致的情况下取代其他法规;及

(a)(2)充分认可参议院和众议院随时以与该院任何其他规则相同的方式和范围修改该规则(就有关该院的程序而言)的宪法权利。

(b)就本节而言,"决议"仅指共同决议,决议条款规定如下:"……赞成或反对哥伦比亚特区市政委员会的下列法案:……"酌情填写上述空白区域,适当表明赞成或反对的理由;但不包括指定一项以上法案的决议。

(c)关于市政委员会法案的决议,应由参议院议长提交参议院哥伦比亚特区委员会或由众议院议长提交众议院哥伦比亚特区委员会(视情况而定)。

(d)如某项决议提交委员会20个日历日结束后,委员会未作报告,则可提案解除委员会进一步审议与已提交委员会的同一市政委员会法案有关的其他决议的职权。

(e)解除提案仅限由赞成该决议的个人提出,该提案是极度保密的(但在委员会就同一法案决议发表公报后不得提出),并由同等人数的赞成和反对决议的人员以不超过1小时为限展开辩论。针对提案进行修正是不符合规程的,提案重新审议同意或不同意该提案的表决也是不符合规程的。

(f)不管是否同意解除委员会职权的提案,该提案均不得延期,亦不得就同一法案的其他决议进一步提出另一项解除委员会职权的提案。

(g)委员会在已就决议作出报告或已被解除进一步审议决议的职权的情况下,可在其后的任何时候(即使之前提出的具有同样效力的提案已遭否决)重新提案着手审议该决议。该项提案是极度保密的且不容争议。针对该提案进行修正是不符合规程的,提案重新审议同意或不同意该提案的表决也是不符合规程的。

(h)关于该决议的辩论,由同等人数的赞成和反对人员以不超过10小时为限展开。进一步限制辩论的提案不容争议。针对该提案进行修正或重新提出提案是不符合规程的,提案重新审议同意或不同意该提案的表决也是不符合规程的。

(i)就解除委员会职权或审议决议而提出的延期提案,以及着手审议其他议项的提案,应不经辩论直接作出决定。

(j)对主席关于适用参议院或众议院(视情况而定)议事规则而对有关决议的程序提出上诉的决定,应不经辩论直接作出决定。

第七编　全民公决;政府继承;暂行规定;其他规定;哥伦比亚特区选举法修正案;施行规则;生效日期

A部分　宪章全民公决

全民公决

第701节　应在选举委员会确定的日期(不超过本法颁布之日起5个月内)举行全民公决(本部分中称宪章全民公决),以确定特区登记的合格选民是否接受本法第四编[特区宪章]中规定的宪章。

选举委员会

第702节　(a)选举委员会应按本部分的规定进行宪章全民公决,并核证全民公决结果。

(b)除非根据本编规定接受宪章,否则本节不会以其他方式生效,但选举委员会在履行其在本法规定的职责时,应受本法第七编E部分的适用条款的规限。

全民公决和投票通知

第703节　(a)宪章全民公决应包括下列内容,并在空白处适当填写相关内容:

"《哥伦比亚特区自治和政府重组法案》,颁布时间,提议制定一项哥伦比亚特区治理宪章,但仅在特区就这一议题进行投票的登记的合格选民过半数接受的情况下,该宪章才生效。

请在下方的一个方格中,注明您赞成或反对宪章。

□赞成宪章

□反对宪章。

此外,如果在本次全民公决中就这一议题进行投票的特区登记的合格选民,有过半数投票赞成设立邻里顾问委员会,则上述法案应授权设立邻里顾问委员会。

请在下方的一个方格中,注明您赞成或反对设立邻里顾问委员会。

□支持邻里顾问委员会

□反对邻里顾问委员会。"

(b)可采用纸质投票或通过计票机进行投票。选举委员会可针对宪章全民公决第二、四款作出其认为必要的修改,如果它认为使用计票机必要时可以允许使用计票机。

(c)选举委员会应在宪章全民公决日期前5日,将宪章全民公决选票样本和有关选民的投票地点、投票日期及时间的资料寄给每名登记的合格选民。

(d)选举委员会应在宪章全民公决日期前1日,在特区一份或多份普通发行量的报纸上公布投票地点、投票日期及时间。

赞成或反对宪章

第704节 (a)如在宪章全民公决中投票的登记的合格选民过半数投票支持宪章,则应视为,自选举委员会按照本节第(b)节的规定向美国总统用书面形式证明宪章的全民公决结果之时起通过宪章。

(b)选举委员会应在合理期限内,但在任何情况下不得超过宪章全民公决之日起30日内,向美国总统、参议院秘书和众议院秘书用书面形式证明宪章全民公决的结果。

B部分 政府继承

裁撤现任政府与职能移交

第711节 根据1967年第3号重组计划设立的哥伦比亚特区市政委员会、哥伦比亚特区市政委员会主席办公室、哥伦比亚特区市政委员会副主席办公室、哥伦比亚特区市政委员会其他7名成员办公室、哥伦比亚特区专员办公室及哥伦比亚特区专员助理办公室,自1975年1月2日中午起裁撤。本节不得解释为恢复在上述计划中或此前以其他方式裁撤的特区内的任何政府机构或办公室。

某些委任职能与某些机构职能

第712节 哥伦比亚特区市政委员会(根据1967年第3号重组规划设立)的职能,已由哥伦比亚特区市政委员会或专员委任给特区官员、雇员或机构(包括该机构的内部或下属团体)的特区专员的职能,根据1967年第3号重组规划第501节赋予特区公共服务委员会、区划咨询委员会、区划调整委员会、契据登记办公室或军械库委员会或上述机构的任何人员、雇员或上述机构内部或下属团体的职能,均不得视为根据本法第404(a)节移交给市政委员会的职能。上述各项职能(包括委任和授权)都被移交给官员、雇员或机构(包括此类机构的内部或下属机构),直至根据本法设立市长或市政委员会(或同时设立市长和市政委员会)之后,将根据本法授予的权力撤销、修改或转让上述委任或授权。

人员、财产和资金的移交

第713节 (a)在根据本法规定将职能移交给市政委员会、市长或机构或官员的任何一种情况下,兹授权(自职能移交之日起)将职能移交给市政委员会、市长、相关机构或由该官员领导的机构,用于管理特区市政委员会、该等机构或官员、人员(哥伦比亚特区专员、专员助理、哥伦比亚特区市政委员会主席、哥伦比亚特区市政委员会副主席及上述机构的成员均为本法废除)、财产、档案、未动用的拨款余额以及其他主要与所移交职能有关的资金。

(b)如因执行本节第(a)节而产生的问题,则应按照以下规定裁决:

(b)(1)对于由联邦官员或机构移交的职能,由美国行政管理和预算局局长负责裁决;及

(b)(2)就其他职能而言,(A)如该等职能已移交市政委员会,则由市政委员会负责裁决或按市政委员会所规定的方式执行;以及(B)如该等职能已移交市长或其他官员或机构,则由市长负责裁决。

(c)根据本节授权调任市政委员会、市长或任何机构的人员,如市政委员会或相关机构的负责人发现调任人员超出其履行职能所需,则该等人员应依法调往特区或联邦政府的其他职位,或从该部门离任。

(d)官员或雇员不得因其根据本法被调任特区政府或根据本法离任,而被剥夺其在调动前所拥有的任何公务员权利、福利和特权,亦不得剥夺其离任而可能享有的上诉权或复审权。

现行法规、条例与其他法案

第714节 (a)关于根据本法移交职能的官员或机构的法规、条例或其他法案(以及由上述官员或机构发布、制定、采取或授权的条例或其他法案),应如未进行过该等移交一样继续有效,但根据法律或法律授权而修改或不适用者除外;但在这种移交之后,在该等法规、条例或其他法案中对根据本法进行移交的官员或机构的规定应予以保留,并应改为对接管所移交职能的官员或机构的规定。

(b)如本节第(a)节所用,"其他法案"一词包括但不限于法规、政令、合同、契约、政策、决定、指令、批准、授权、许可、命令或委任。

(c)除非本法另有明确规定,否则本法所载的规定均不得解释为影响与特区政

府有关的人事立法对特区政府的适用性,直至市政委员会另行选择提供同等或相当的保障。

未决诉讼与程序

第 715 节 (a)任何官员或机构以其官方身份或就其履行官方职能而依法提起或针对其提起的起诉、诉讼或其他司法程序,均不得因本法规定的生效而终止;除非法院确定该等起诉、诉讼或其他司法程序的存续对解决所涉问题是不必要的,否则应允许继续进行该等起诉、诉讼或其他司法程序,并替换成适格的当事人。

(b)依法提起的行政诉讼或程序均不得仅因本法规定的生效而终止,但此类诉讼或程序应替换成适格的当事人、官员或机构,然后继续进行。

因裁撤专员及专员助理职务而产生的职位空缺

第 716 节 在第一任市长根据本法上任后的下一个 7 月 1 日之前,因第 711 节规定而在特区机构中产生的职位空缺(裁撤专员及专员助理职务而产生的职位空缺),均不得影响上述机构其余成员行使其职权;但仅在过半数任职成员投票赞成的情况下,上述机构才能提起诉讼。

特区现状

第 717 节 (a)构成美国政府永久所在地的所有区域应继续指定为哥伦比亚特区。根据哥伦比亚特区《修订制定法》第 2 节的规定,哥伦比亚特区应保持并继续作为市政机关。该市政机关应继续承担所有职责、义务、责任及负债,并分别享有赋予上述市政机关或专员的所有权力、权利、特权、豁免及资产。

(b)在本法第四编生效之日[1975 年 1 月 2 日]生效的法律或条例均不得视为已经本法修正或废止,本法有明确规定或上述法律或条例与本法不一致的情况除外,但此类法律或条例均可通过本法授权的法案或决议,或国会法案予以修正或废止。尽管有本法第 752 节的规定,但上述废止权不得解释为授权市政委员会通过修正案或以其他方式修正或废止《美国法典》第 5 编第 73 章第 3 分章的规定。

(c)本节内容均不影响哥伦比亚特区与弗吉尼亚州之间根据 1945 年 10 月 31 日法案[《关于在哥伦比亚特区与弗吉尼亚联邦之间确立边界线以及其他事项的法案》]第一编的规定确立或可能随后确立的边界线。

哥伦比亚特区法院制度的延续

第 718 节 (a)哥伦比亚特区上诉法院、哥伦比亚特区高等法院,以及哥伦比亚特区法官资格丧失认定委员会应按照 1970 年《哥伦比亚特区法院重组法案》的规定延续,但应符合本法第四编[特区宪章]C部分及第602(a)(4)节的规定。

(b)在本法第四编[1975年1月2日]生效日期前任命的哥伦比亚特区法院法官的任期和任职资格,以及哥伦比亚特区法官资格丧失认定委员会成员的任期和任职资格,均不受本法第四编[特区宪章]C部分规定的影响。本法任何规定均不得解释为延长上述法官或委员会成员的任期。本法第四编生效日期[1975年1月2日]后任命的哥伦比亚特区法院法官和哥伦比亚特区法官资格丧失认定委员会的成员,应根据第四编[特区宪章]C部分的规定进行任命。

(c)本法任何内容均不得解释为在处理哥伦比亚特区法院法官的退休和报酬问题上,修改、废止或减少根据《哥伦比亚特区[官方]法典》第11编第1561节至第1571节及第703节、第904节所应履行或享有的职责、权利、特权或利益。

教育委员会的延续

第719节 任何当选哥伦比亚特区教育委员会成员的任期以及教育委员会的权力与职责不受第495节规定的影响。本节规定均不得解释为延长上述成员的任期,亦不得解释为终止上述成员的任期。

C部分 暂行规定

过渡时期总统的权力

第721节 特此授权并要求美国总统在本法颁布之日起至市政委员会第一次会议之日止,以行政命令或其他方式就特区政府的行政管理通过相关法案,以使选举委员会能够妥善履行本法规定的职能。

特区可偿还的拨款

第722节 (a)财政部长有权从财政部未另行拨付的款项中预支750,000美元给哥伦比亚特区,用于(1)支付教育委员会的费用(包括对其成员的补偿),以及(2)以其他方式执行本法的规定。

(b)根据本节规定预支的款项,应在第四编生效之日[1975年1月2日]后的第二个财政年度内,由特区普通基金全额无息偿还美国。

过渡时期的借款权限

第723节 (a)市长有权接受美国财政部为特区提供的借款,部长有权向市长提供借款(借款金额由市长决定),用于完成国会在1983年10月1日之前或截至1984年9月30日的财政年度为哥伦比亚特区政府颁布拨款法案之日之前(以较晚者为准)已批准或拨出建设和施工服务资金的基本建设项目(视情况而定)。此外,上述借款可包括用于支付特区在1969年《国家首都运输法》中规定的区域道路系统成本中的特区应承担份额。

(b)根据本节在任何6个月期间内预支的借款,应以部长在该期间开始时确定的利率为准。根据部长的判断,该利率可反映出到期日向财政部借款的费用,期限大致相当于借款未偿还期间。

(c)在符合第603(b)节规定限额的情况下,有权根据本节拨款,就截至1982年9月30日的财政年度提供总额为155,000,000美元的借款,就截至1983年9月30日的财政年度提供总额为155,000,000美元的借款,以及就截至1984年9月30日的财政年度提供总额为155,000,000美元的借款。

(d)本节规定的提供借款的权力只有在拨款法案所规定的范围或数额内,才能在任何财政年度有效。

根据本法首次举行的选举的政治参与

第724节 (a)为使哥伦比亚特区政府从委任政府过渡到本法规定的民选政府期间保持连续性,任何任职在美国或哥伦比亚特区政府的人员不得因其任职,而被禁止其:

(a)(1)在根据本法举行的第一次初选和普选中,担任本法第四编[特区宪章]规定的哥伦比亚特区市长、市政委员会主席或成员的候选人,及

(a)(2)如为候选人,则不得禁止其在本节第(1)节所规定的选举中积极参与政治管理或政治运动。

(b)上述候选人资格应视为该人员从选举委员会获得一份正式提名呈请书并在该呈请书上其姓名处加盖公章之日起生效,并应在以下日期终止:

(b)(1)如该候选人在根据哥伦比亚特区选举法提交呈请书的截止日期届满前,因无能力或无资格成为该呈请书所述职位的真正被提名人,而不再有资格作为该职位的被提名人,则在届满日次日终止;

(b)(2)如该候选人获选担任与上述提名呈请书有关的任何职位,则在选举后该候选人就任之日终止;

(b)(3)如该候选人在为提名该候选人而举行的初选中落选,则在该初选日期后的30日期限届满时终止;及

(b)(4)如该候选人在为提名该候选人而举行的普选中落选,则在该普选日期后的30日期限届满时终止。

(c)本节规定应自 1975 年 1 月 2 日起终止。

D部分　其 他 规 定

与美国的协议

第 731 节　(a)为避免重复并促进效率和节约,下列机构的官员或雇员:

(a)(1)美国政府的官员或雇员可为哥伦比亚特区政府效力;及

(a)(2)哥伦比亚特区政府的官员或雇员可为美国政府效力。

(b)(1)应按以下协议提供本节项下的服务:

(A)由哥伦比亚特区政府的官员或雇员与美国政府的官员或雇员协商;及

(B)经美国行政管理和预算局局长和哥伦比亚特区市长批准。

(b)(2)每份协议均应规定,因提供服务而产生的费用应由被服务政府按照本节第(c)节所规定的方式承担,而所提供服务的定额或费用应基于所提供服务的实际费用。

(b)(3)为执行根据本节达成的协议,该协议可规定以下机构官员与雇员的义务代行和权力委任:

(A)哥伦比亚特区政府可将其职责由美国政府的官员与雇员义务代行或进行权力委任;及

(B)美国政府可将其职责由哥伦比亚特区政府的官员与雇员义务代行或进行权力委任。

(c)在根据本节第(b)节达成的协议提供服务时:

(c)(1)美国政府所产生的费用,可从被服务的哥伦比亚特区政府拨给官员或雇员的款项中支付;及

(c)(2)哥伦比亚特区政府所产生的费用,可从被服务的美国政府拨给官员或雇员的款项中支付。

(d)应美国特勤局局长的要求,哥伦比亚特区大都会警察局局长应无偿协助特勤局与美国特勤局军警司根据《美国法典》第 3 编第 302 节和第 18 编第 3056 节规定履行的安保职责。

合同或交易中的个人权益

第 732 节　任何被判违反《美国法典》第 18 编第 208 节的特区官员或雇员,应丧失其职务或职位。

通过多种来源获得报酬

第 733 节 (a)除本法另有规定外,任何人不得因担任其他职务或职位或通过其他来源获得报酬(包括退休金),而丧失作为选举委员会成员服务或获得报酬的资格。

(b)根据美国法律,担任其他职务或职位或从其他来源获得报酬的权利,不得因其作为委员会成员提供服务或获得报酬而被剥夺,前提是这种服务不妨碍其在其他职务或职位上履行职责。

美国公务员委员会协助发展特区公务员功绩制度

第 734 节 特此授权美国公务员委员会就进一步发展第 422(3)节所规定的功绩制度或其他制度,向市长和市政委员会提供建议和协助,且该委员会有权与特区政府达成协议,提供合格人才登记册作为招聘来源,以根据需要填补特区职位空缺。对于美国公务员委员会所提供的任何特定服务的费用,可根据本法第 731 节的规定予以补偿。

收益共享限制

第 735 节 [1972 年 10 月 20 日通过的 1972 年《州与地方地方财政援助法》第 141(c)条修正案][已废止]。

独立审计

第 736 节 (a)除根据第 455 节进行的审计外,总审计长每年还应审计哥伦比亚特区政府的账目和运作情况。审计工作应按照总审计长规定的原则、条例和方式进行。总审计长在规定遵循的程序和检查档案的范围时,应考虑公认的审计原则,包括会计组织与制度、内部审计与控制以及相关的行政惯例的有效性。

(b)总审计长应将每份审计报告提交国会以及哥伦比亚特区市长和市政委员会。报告应包括审计范围和总审计长认为使国会、市长和市政委员会了解审计业务所必需的信息,以及总审计长认为可取的建议。

(c)(1)市长应在收到总审计长的审计报告后 90 日内,以书面形式向市政委员会说明哥伦比亚特区政府为遵守总审计长的建议所采取的措施,并将上述说明的副本提交国会。

(c)(2)市政委员会在收到市长的说明后,可将总审计长的报告及市政委员会认为有关的其他材料开放供公众查阅。

(d)为执行本节的规定,应向总审计长提供为方便审计所必需的、哥伦比亚特区政府所有或使用的档案和财产。市长应为审计的开展提供便利。

调整

第737节 (a)根据第731节的规定,经市政委员会批准,市长与美国行政管理和预算局局长有权就特区欠美国或美国欠特区的款项应予以确定和支付的方式和方法,达成一项或多项协议。

(b)美国应向特区补偿因在特区举行主要与联邦政府相关的集会、游行和其他示威活动而产生的必要费用。确定及支付偿还该等特区所需款项的方式及方法,应按照根据本节第(a)节达成的协议确定。

(c)市政委员会要求特区的每一名官员及雇员提供一份保函及市政委员会规定数额的保证金。所有上述保函的保险费应从特区拨款中支付。

邻里顾问委员会

第738节 (a)市政委员会应通过法案将特区划分为邻里委员会地区,并应在收到至少5%合格的邻里委员会地区登记选民签署的请愿书后,为该分区设立一个民选邻里顾问委员会。市政委员会在命名上述邻里委员会时,应考虑为服务管理而划定的自然地理边界、选区及区划。

(b)各邻里顾问委员会成员的选举均应是无党派的,并应由选举和道德委员会[选举委员会]管理。邻里顾问委员会应由各委员会辖区内单一成员选区的登记的合格选民选举产生。

(c)各邻里顾问委员会:

(c)(1)可就公共政策事宜向特区政府提供建议,包括就邻里委员会辖区内的规划、街道、休闲、社会服务项目、健康、安全和卫生等方面而作出的决定;

(c)(2)可在邻里委员会辖区内为公共目的雇用工作人员并支出公共资金和其他捐赠资金;及

(c)(3)享有市政委员会法案规定的其他权力,承担市政委员会法案规定的其他义务。

(d)除法律规定的其他通知外,应按照市政委员会法案规定的方式,及时通知各邻里顾问委员会所要求或提议的分区变更、变动、公共设施改进、批准,或对委员会辖区内的邻里规划与发展有重要意义的许可,供其审查、评论和建议。

(e)为了支付邻里顾问委员会的费用,使其能够招用必要的工作人员,并为邻里委员会辖区内人民开展福利事业。拨付给各邻里顾问委员会的经费与拨款总额之比例,应与该邻里委员会的人口数与特区人口数之比例相同。市政委员会可授权采用其他方式为邻里顾问委员会提供经费。

(f)市政委员会应通过法案就各邻里顾问委员会的资金和账目的处理作出规定,并应就各邻里顾问委员会人员的招用制定指导方针,其中应包括确定此类雇员在特区政府中的地位,但所有此类规定和指导方针对于所有邻里顾问委员会均应统一,并应规定雇用和解雇雇员的决定应由邻里顾问委员会作出。这些规定应在切实可行的范围内符合特区的常规预算、经费和审计程序,以及人事功绩制度。

(g)市政委员会有权根据本法的规定,就本节设立的邻里顾问委员会进行立法。

(h)本节上述规定仅在与本法第703(a)节的规定相符时才生效。

国家首都服务区

第739节 (a)在哥伦比亚特区内设立的国家首都服务区,根据本节的以下规定,应包括主要的联邦纪念碑、白宫、国会大厦、美国最高法院大楼以及毗邻国家广场和国会大厦的联邦行政、立法、司法办公楼,本节(f)节对此作了更具体的说明。

(b)总统办公机构设国家首都服务局局长,由总统任命。总统应通过国家首都服务局局长,确保在可行的范围内,在本节第(a)节规定的、特别是本节第(f)节规定的区域内,利用哥伦比亚特区政府的服务,提供充分的消防与卫生服务。除由1946年7月31日法案第1节和第16节中界定的美国国会大厦和场地[《关于定义美国国会大厦场地、规范其使用及其他事项的法案》(已修订)],1949年8月18日法案第11节界定的美国最高法院大楼和场地[《关于维持美国最高法院大楼和场地治安的法案》(已修订)],以及1950年8月4日法案第11节界定的国会图书馆大楼和场地[《关于维持国会图书馆大楼和场地治安的法案》(已修订)]组成的国家首都服务区部分外,国家首都服务局局长应当保证在本节第(a)节和本节第(f)节中规定的其他区域内,对街道与公路提供充分的警察保护和维护。

(c)国家首都服务局局长有权按照《美国法典》第5编第5314节规定的联邦政府首长级工资标准第4级的最高定额领取薪酬。局长可根据《美国法典》第5编关于竞争性职务任命的规定,任命必要的人员,并根据该编第51章和第53章第三分章关于分类和联邦政府职员级工资标准的定额,确定所任命人员的薪酬。

(d)[1889年3月1日通过的《哥伦比亚特区民兵组织条例》第45节修正案]。

(e)(1)在本节生效日期后一年内[1973年12月24日或1975年1月2日],授权并指示总统向国会提交一份报告,说明在国家首都服务区内将行政保护局与美国公园警察合并并统一由国家首都服务局局长领导的可行性和可取性。

(e)(2)上述报告应包括总统在执行本节第(1)节规定时认为必要的建议,包括关于立法行为和行政措施的建议。

(f)(1)(A)本节第(a)节规定的国家首都服务区具体如下:

从当前的弗吉尼亚—哥伦比亚特区边界点起,西至西奥多·罗斯福岛最北端,东至波托马克河东岸;

然后自平均高水位线处沿海岸大致向南,至肯尼迪中心西北角;

然后自肯尼迪中心北侧向东,至E街高速公路;

然后自高速公路向东至西北E街,然后自西北E街向东至西北第18街;

然后自西北第18街向南至西北宪法大道;

然后自宪法大道向东至西北第17街;

然后自西北第17街向北至西北宾夕法尼亚大道;

然后自宾夕法尼亚大道向东至西北杰克逊广场;

然后自杰克逊广场向北至西北H街;

然后自西北H街向东至西北麦迪逊广场;

然后自西北麦迪逊广场向南至西北宾夕法尼亚大道;

然后自西北宾夕法尼亚大道向东至西北第15街;

然后自西北第15街向南至西北宾夕法尼亚大道;

然后自西北宾夕法尼亚大道向东南至西北约翰马歇尔广场;

然后自西北约翰马歇尔广场向北至西北C街;

然后自西北C街向东至西北第3街;

然后自西北第3街向北至西北D街;

然后自西北D街向东至西北第2街;

然后自西北第2街向南至西北宪法大道与西北路易斯安那大道交叉口;

然后自西北路易斯安那大道向东北至北国会街;

然后自北国会街向北至西北马萨诸塞大道;

然后自西北马萨诸塞大道向东南至联合广场周围;

然后沿联合广场至东北F街;

然后自东北F街向东至东北第2街;

然后自东北第2街向南至东北D街;

然后自东北D街向西至东北第1街;

然后自东北第1街向南至东北马里兰大道;

然后自马里兰大道大致向北和向东至东北第2街；

然后自东北第2街向南至东南C街；

然后自东南C街向西至东南新泽西大道；

然后自东南新泽西大道向南至东南D街,然后自东南D街向西至运河街公园大道；

然后自运河街公园大道向东南至东南E街；

然后自东南E街向西至西南运河街与南国会街交叉口；

然后自西南运河街向西北至西南第2街；

然后自西南第2街向南至西南弗吉尼亚大道；

然后自弗吉尼亚大道大致向西至西南第3大街；

然后自西南第3大街向北至西南C街；

然后自西南C街向西至西南第6街；

然后自西南第6街向北至独立大道；

然后自独立大道向西至西南第12街；

然后自西南第12街向南至西南D街；

然后自西南D街向西至西南第14街；

然后自西南第14街向南至华盛顿海峡中部；

然后沿华盛顿海峡中部大致向南和向东至莱斯利·麦克奈尔堡北部边界线的正西方；

然后自该点向正东至华盛顿海峡的一侧；

然后沿华盛顿海峡一侧平均高水位线处大致向南和向东,至与阿纳科斯蒂亚河的汇合处；

然后自平均高水位线处沿北岸至第11街大桥最北端；

然后沿第11街大桥北侧大致向南和向东,至阿纳科斯蒂亚河东岸；

然后自平均高水位线处沿海岸大致向南和向西,至阿纳科斯蒂亚河与波托马克河的汇合处；

然后自波托马克河平均高水位线处沿东岸大致向南,至其与目前的哥伦比亚特区东南边界线交汇处；

然后沿上述东南边界线向南和向西,至与目前的弗吉尼亚—哥伦比亚特区边界的交界点；

然后沿弗吉尼亚—哥伦比亚特区边界向北和向西,顺着波托马克河至起点。

(B)本节第(A)节所述区域以街道为界的,则该街道及其人行道均应包括在上述范围内。

(f)(2)自本法生效之日[1973 年 12 月 24 日]起,任何在本节第(1)节所述区域附近或与之邻接的联邦不动产均应视为包含在上述范围内。

(f)(3)就本节第(2)节而言,在本节第(1)节所述区域附近或与之邻接的联邦不动产应:

(A)视为包括但不限于莱斯利麦克奈尔堡、华盛顿海军工厂、阿纳科斯蒂亚海军附属设施、美国海军基地、博林空军基地和海军研究实验室;及

(B)不得解释为包括本法颁布之日[1973 年 12 月 24 日]之前即位于哥伦比亚特区边界之外的区域,亦不得解释为包括位于第 11 街大桥北侧的阿纳科斯蒂亚公园东部的部分或岩溪公园的部分。

(g)(1)在遵守本节第(2)节的前提下,授权并指示总统对本节所述区域进行勘测,以便确定该区域的适当边界标志与界限,并以其指定的方式和地点对该区域的地图和法定说明进行归档,而上述说明及地图应具有与本法所载内容相同的效力,但在印刷上述法定说明和地图的流程中,任何可能出现的排版、印刷及其他错误应予以更正。在进行上述勘测时,总统应做出必要的调整,以将哥伦比亚特区政府拥有的任何私有财产、建筑物和邻近的停车设施排除在国家首都服务区之外。

(g)(2)总统在执行本节第(1)节的规定时,应在上述勘测、法定说明和地图涉及 1946 年 7 月 31 日法案第 1 节和第 16 节所界定的美国国会大厦和场地,以及由国会大厦建筑师管理的其他建筑物与场地时,与国会大厦建筑师协商。

(g)(3)[1946 年 7 月 31 日法案第 1 节修正案]。

(g)(4)[1946 年 7 月 31 日法案第 9 节修正案]。

(g)(5)[1946 年 7 月 31 日法案第 9 节修正案]。

(g)(6)[1946 年 7 月 31 日法案第 14(a)节修正案]。

(g)(7)[1946 年 7 月 31 日法案第 1 节修正案]。

(g)(8)[1949 年 8 月 18 日法案第 9 节修正案]。

(g)(9)[1950 年 8 月 4 日法案第 9 节修正案]。

(h)(1)除本节条文以及本节所作修正案明确规定的范围外,本节中的内容均不适用于 1946 年 7 月 31 日法案第 1 节和第 16 节所界定的美国国会大厦和场地,或由国会大厦建筑师管理的其他建筑物与场地、1949 年 8 月 18 日法案(已修订)第

11 节规定的美国最高法院大楼和场地,以及 1950 年 8 月 4 日法案(已修订)规定的国会图书馆大楼和场地。除本节以及本节所作修正案明确规定的范围外,本节中的内容均不得解释为废止、修订、更正、修改或替代 1946 年 7 月 31 日法案的条文,或美国的其他一般法律或国会颁布的、专门适用于哥伦比亚特区的法案,或根据该法案颁布的、与所述建筑物和场地有关的本法第四编生效日期[1975 年 1 月 2 日]前生效的法规或条例,或上述生效日期[1975 年 1 月 2 日]前由法律授予或以其他方式授予参议院、众议院、国会或此类机构的委员会、国会大厦建筑师或立法机构的任何其他官员、美国首席大法官、美国最高法院事务官或国会图书馆馆长关于该建筑物和场地的任何现有权限。

(h)(2)尽管本节有上述规定,但本法授权提供或供应的任何服务和设施(包括街道和公路的维护,以及本法第 731 节规定的服务)应在切实可行的范围内,向参议院、众议院、国会或其委员会、国会大厦建筑师、或法律或以其他方式授权的立法部门的其他官员(该等官员在本法第四编生效日期[1975 年 1 月 2 日]之前即被赋予管理这些建筑物和场地的权限)、美国首席大法官、美国最高法院事务官或国会图书馆馆长提供,并且在向其他联邦机构提供或供应类似服务或设施时需要支付款项时,应在收款人出示适当的凭单后通过垫付或报销的方式(由提供和接受此类服务的当事人协商)支付。

(i)除本节和本节修正案另有明确规定外,美国的所有普通法和国会颁布并仅适用于哥伦比亚特区的所有法律,包括根据上述法律颁布的条例和法规,在本法第四编生效日期[1975 年 1 月 2 日]之前的日期生效;且在该编生效日期[1975 年 1 月 2 日]之前即适用于本节规定的国家首都服务区的,应在 1975 年 1 月 2 日及之后,继续以与未制定本节时同样的方式和范围适用于国家首都服务区,并在其经废止、修订、更正、修改或替代之前继续适用,而该等法律、条例及法规其后应以此类修订、变更或修改所规定的方式及范围在上述区域内适用。

(j)在任何情况下,任何人不得仅因为居住在国家首都服务区,而被剥夺投票或以其他方式参与哥伦比亚特区选举的权利。

警察紧急管控措施

第 740 节 (a)尽管有其他法律规定,但只要美国总统确定存在需要为联邦目的使用大都会警察部队的紧急情况,总统即可指示市长提供总统认为必要和适当的大都会警察部队的服务。但在任何情况下,根据本节中任何此类指示提供的服务均不得超过 48 小时,除非总统在该期限届满前,以书面形式通知参议院和众议院哥伦比亚特区委员会的主席和少数族裔高级成员，并说明作出这种指示的原因以及可能继续需要此类服务的时间。

(b)在符合本节第(c)节规定的情况下，根据本节第(a)节规定提供的此类服务，应在此类紧急情况结束时、自此类服务首次提供之日起30日期限届满时或由国会通过一项旨在终止服务的共同决议(成为法律)时终止，以先发生者为准。

(c)尽管本节有上述规定，但在国会休会期间，在根据本节第(a)节的规定提供此类服务时，此类服务应在此类紧急情况结束时、自国会休会后首次召开会议之日起30日期限届满时或由国会通过一项旨在终止服务的共同决议(成为法律)时终止，以先发生者为准。

(d)除本节第(c)节规定的范围外，根据总统指示[本节第(a)节规定]而提供的服务不得延期超过30日，参议院和众议院通过一项共同决议(成为法律)授权上述延期的情况除外。

在特区任职

第741节 [由1974年4月17日批准的1947年《修订哥伦比亚特区税收法案》第4(c)节(该法案涉及公司从保险公司、银行和其他储蓄机构收取的股息的可征税性)废止]。

公开会议

第742节 (a)特区政府任何部门、机构或委员会召开的所有会议(包括听证会)，包括哥伦比亚特区市政委员会的会议，凡采取任何形式的公务行为，均应向公众开放。除非在上述会议上采纳、制定或通过决议、法规、法案、条例或其他公务行为，否则不能生效。

(b)所有上述会议均应备存书面记录或抄本，并在特区政府正常办公时间提供公众查阅。应公众要求，向公众提供此类书面记录或抄本的副本，并收取合理费用。

终止特区向财政部借款的权力

第743节 (a)[对1958年6月6日通过的如下法案的第1节进行修订，该法案授权哥伦比亚特区专员为基本建设改造计划借入资金并修订与联邦政府参与支付维护国家首都的费用有关的法律条款]。

(b)[对1950年6月2日通过的法案进行废止，该法案授权美国财政部为扩建哥伦比亚特区供水系统提供借款]。

(c)[对1954年5月18日通过的法案的第2节进行修订，该法案涉及授权为哥伦比亚特区公共工程建设计划提供资金及其他事项]。

(d)[对1954年5月18日通过的法案的第402节进行废止,该法案涉及授权为哥伦比亚特区公共工程建设计划提供资金及其他事项]。

(e)[对1960年6月12日通过的法案的第4节进行废止,该法案授权哥伦比亚特区专员规划、建造、运营与维护连接杜勒斯国际机场与哥伦比亚特区系统的污水处理管道]。

(f)[未编入法典]本节中的任何内容均不得视为免除特区偿还根据上述小节规定的法案所授予的权力而向其发放的借款的义务,亦不得阻止特区使用在本节生效日期前拨给特区的任何该等借款的未用余额,更不得阻止特区履行第722节的规定。

E部分 哥伦比亚特区(选举法修正案)修正案

修正案

第751节 [1955年8月12日通过的《哥伦比亚特区选举法修正案》]。

特区市政委员会关于选举的权力

第752节 尽管本法或其他法律有任何其他规定,市政委员会仍有权就涉及特区选举或与特区选举有关的事项颁布法案或决议。

F部分 法规解释

解释

第761节 如果本法的规定与其他法律的规定相抵触,则应以本法的规定为准,并应视为替代其他法律的规定。

可分割性

第762节 在本法的特定条款或其对任何情况下的个人的适用性被认定无效的情况下,本法的其余部分以及此类条文对其他个人或情况的适用性均不受影响。

G部分 生效日期

生效日期

第771节 (a)第一编、第五编和第七编A部分、G部分及第722节应自本法颁布之日[1973年12月24日]起生效。

(b)第七编第712、713、714节和第715节、第四编第401(b)节和第二编于1974年7月1日生效,但实际上关于移交任命哥伦比亚特区重建土地局国家首都规划委员会的公民成员的权力的条款应在1975年1月2日生效。

(c)除第四编第401(b)节外,第三编、第四编于1975年1月2日生效,但在哥伦比亚特区就宪章议题进行全民公决时,第四编应经登记的合格选民过半数投票通过。

(d)第六编和第七编D部分、F部分、第711、716、717、718、719、721节和第723节仅在第四编生效的情况下生效,且生效日期为第四编生效之日。

(e)第七编E部分应自哥伦比亚特区就宪章议题进行全民公决时,经登记的合格选民过半数投票通过第四编之日起生效。

十一、尼日利亚

尼日利亚联邦首都直辖区法*

联邦法律(1990)第128章

批准日期:1976年2月4日

目　录

* 文本来源于尼日利亚国际法中心官方网站,网址:http://www. nigeria - law. org/Federal%20Capital%20Territory%20Act. htm。

尼日利亚联邦首都直辖区法

一项为尼日利亚建立联邦首都直辖区的法案，规定了联邦首都发展管理局的组成和行使本法规定的各项权力、执行与此相关的其他项目，规定适用于该区的法律及高等地区法院的上诉和法律适用；并规定了将赋予总统的行政权以及其他根据法律赋予总统和州长的权力授予联邦首都直辖区部长。

1. 为尼日利亚建立联邦首都直辖区

(1) 兹在尼日利亚联邦共和国境内设立首都区，并将其指定为阿布贾联邦首都直辖区（以下简称联邦首都直辖区）。

(2) 联邦首都直辖区应包括本法附件 1 规定的区域。

(3) 自本法生效之日起，首都区所包含的区域不再是有关州的一部分，从此受联邦政府管辖和管理，或受联邦政府控制，不受任何其他个人或者机构的管辖和管理，联邦首都直辖区内的土地所有权也应完全归联邦政府所有。

2. 边界需要很好的界定

(1) 联邦首都直辖区的边界应在本法生效后尽快由联邦首都发展管理局或其代表进行准确的勘测和划界，并且这些边界应尽可能详细地与本法附件 1 规定区域的边界相对应。

(2)总统应根据在联邦公报上发布的命令,参照管理局已经进行或将要进行的勘测中所确定的界限、距离和方位,来确定首都区的边界。本节第(1)小节及其后各节中,本法对附件1规定区域的引用应解释为对命令所定义区域的引用。

3. 建立联邦首都发展管理局

(1)应设立一个名为联邦首都发展管理局的机构,该机构由总统任命的一名主席和八名其他成员组成。

(2)管理局是永久延续的并有公章的法人团体。

4. 管理局的职能和权力

(1)根据本法,管理局应负责以下事项:

(a)首都在首都区内的选址;

(b)编制首都城市总体规划和首都区其他城乡的土地利用规划;

(c)在联邦首都直辖区提供市政服务;

(d)根据上述总体计划建立基础设施服务;以及

(e)协调联邦政府各部委、部门和机构在联邦首都直辖区内的活动。

(2)在不违反本法其他规定的情况下,管理局有权采取其认为有助于其活动进行的任何行动,包括在不影响上述规定的一般性的情况下,具有以下权力:

(a)以法人名义起诉和被起诉;

(b)持有和管理动产和不动产;

(c)建造和维护道路、铁路、侧轨电车轨道、桥梁、水库、水道、建筑物、厂房和机械以及为履行本法规定的职能所必需或有利的其他工程;

(d)购买或以其他方式获取或接管任何个人或团体(无论是法人还是非法人)的任何资产、业务、财产、特权、合同、权利、义务和责任,以促进其活动;

(e)与任何个人或团体(无论是法人还是非法人)签订合同或合伙关系,而管理局认为这将有助于其履行本法规定的职能;

(f)培训管理和技术人员,以履行本法赋予的或依据本法赋予的职能;

(g)为履行本法规定的职能进行必要的研究;

(h)行使为充分实施本法规定所必需或适当的其他权力。

(3)除经总统一般或特别批准及本法另有规定外,管理局无权借钱或处置任何财产。

5. 管理局执行秘书和其他工作人员

(1)总统应任命一名执行秘书担任管理局的首席执行官,负责管理局事务的日常运作。

(2)执行秘书的任职应按其委任书规定的薪酬和其他条款而定。

(3)管理局可委任其认为适当的其他人士为管理局的官员和雇员。

(4)管理局官员(执行秘书除外)和雇员的薪酬和任期应在管理局与部长协商后确定。

6. 应付赔偿金

(1)尽管《尼日利亚联邦共和国宪法》或任何其他法令或立法有相反的规定,对于联邦首都直辖区内任何土地的应付赔偿金应根据本法的规定评估和计算。

(2)就以下方面而言,在计算根据本法应支付的赔偿金时,应考虑为达到本法目的而被征用土地上的建筑物或农作物,支付的赔偿金为:

(a)受本法影响的土地,其金额等于承租人在执行租约之日至管理局测定之日期间支付的总租金,以及在最后提及的日期至支付补偿之口期间按银行利率计算的利息;

(b)在该等土地上建造建筑物,以该建筑物的实际建造成本(减去任何折旧)加上在该建筑物购置之日至支付补偿之日期间按银行利率计算的利息;

(c)在该土地上的庄稼,其金额等于该庄稼的公平市场价值。

本小节前文规定的费用,应由管理局厘定。

(3)对联邦首都直辖区内土地主张任何权利或权益的人,应在根据本法第 2 节作出的命令生效之日起十二个月期间届满之时或之前,或总统通过联邦公报刊登的公告就一般的或任何特定的一项或多项索赔而规定的较长期间届满之时或之前,以书面形式向执行秘书提交主张的详情。

(4)除非按照本节第(3)小节发出的索赔书面通知在该小节所规定的期间内送达管理局,否则管理局不得受理任何索赔要求。

7. 未经批准不得开发

(1)自本法生效之日起,任何人或团体不得在联邦首都直辖区内进行本法所指的任何开发,除非该人或团体已获得管理局的书面批准:

但管理局可就联邦首都直辖区内的土地临时开发作出一般命令,并可就任何特定区域内的土地的任何部分的临时开发作出特别命令。

(2)除根据本节第(1)小节作出的批准或命令外,管理局有权要求在联邦首都直辖区内从事或进行任何开发的任何人,将已进行的工程移除并将土地或建筑物(如果适用)恢复原状(恢复到工程开始前的状态),如该人没有遵从任何该等规定,则管理局将开展必要的工程,并可将工程开支作为债务向该人追讨。

(3)在本节中:

"开发"是指在地表、地上、地下或水表、水上、水下进行任何建筑、工程、采矿或其他作业,或对土地或其上的建筑物或任何水域的使用作出任何重大改变;

"临时开发"是指自本法生效之日至管理局特定土地开发计划实施之日之间,管理局对联邦首都直辖区内特定土地授权的临时开发。

8. 进入处所及获取资料的权力

(1)为了有效履行管理局在本法中的职责,执行秘书或管理局为此授权的任何其他官员或雇员:

(a)有权随时进入联邦首都直辖区内的任何土地或建筑物,以确定本法的规定没有被违反;

(b)可发出通知,要求任何有理由相信能够提供关于联邦首都直辖区或其任何部分的土地所有权、占有权或边界的任何信息的人,或声称拥有或掌控与任何此类事项有关的任何文件的人,在通知书规定的日期和地点出席,向其提供该等资料或出示该等文件;

(c)可借送达任何经营工业、商业、教育或其他业务的人的书面通知,规定该人按他指示的格式,就他指明的事宜提供资料。

(2)任何依据本节第(1)小节应提供资料的人,应自通知之日起一个月内履行该通知。

9. 犯罪和处罚

(1)如果根据本法第8节被要求提供信息的任何人未能按照本法的要求提供信息,则该人即属犯罪。

(2)任何人如声称知道提供上述资料的规定,或鲁莽地作出虚假陈述,即属犯罪。

(3)任何人故意妨碍、干扰、攻击或抗拒管理局任何官员或雇员执行本法规定的职责,或协助、煽动、引诱或教唆任何其他人这样做,即属犯罪。

(4)任何人如经发现犯有本法所订罪行,一经定罪,可处罚款500奈拉或监禁6个月,或同时处以罚款和监禁。

10. 法人团体的罪行

任何法人团体犯本法所定罪行，经证明是在该法人团体的董事、经理、秘书或其他官员或任何声称以上述身份行事的人的同意或纵容下犯的，或可归因于该人的疏忽，则该人及法人团体应视作犯有该等罪行，并可据此被起诉及惩罚。

11. 账目和审计

(1)管理局应备存账目及有关纪录，并就每个财政年度拟备其规定格式的账目报表。

(2)管理局应在财政年度账目结束后，尽快安排其账目由财政和经济发展部部长批准的审计师审计。

(3)审计师在完成对管理局每个财政年度账目的审计后，应拟备并向管理局提交两份报告：

(a)一份总报告，列明管理局当年的财政状况及审计师认为有必要提请管理局注意的任何重要事宜的意见和建议；和

(b)一份详细报告，详细载明审计师就管理局该年度业务各方面提出的意见和建议。

12. 向总统提交年度报告

管理局应在每个财政年度的 6 月 30 日前，按照总统所要求的格式，就管理局上一财政年度的活动拟备一份报告，并向总统呈交，报告应包括管理局当年的审计账目副本和本法第 11 节第(3)小节规定的报告的副本。

13. 在联邦首都直辖区适用的法律

(1)除在联邦范围内生效或适用的任何法律外，本法附件 2 所列法律自 1984 年 5 月 9 日起在联邦首都直辖区适用。

(2)凡附件所列的法律在前拉各斯联邦区内生效，以及任何该等法律因尼日利亚设立新州或其他原因致使该等法律已失效，应根据本法恢复生效，并应适用于第(1)小节规定的联邦首都直辖区。

(3)本法附件 2 所列法律，以及根据第(1)小节在联邦首都直辖区适用的法律，经必要的修改后生效，以使其符合受《宪法(暂停和修改)法》影响的尼日利亚联邦共和国宪法，特别是：

(a)在任何此类法律中，除非上下文另有要求，否则对地区、州或拉各斯联邦区的规定，应解释为对联邦首都直辖区的规定；

(b)任何该等法律赋予州政府州长、总理、军事长官或行政长官、部长或任何专

员的职能,在不影响总统行使该等职能的情况下,以及任何有权机关就该等职能作出其他规定之前,授予负责联邦首都直辖区事务的部长。

(4)总统可通过在联邦公报上发布的命令,对本法附件2所列法律的文本进行修改,使这些法律符合本法的规定。

14. 规章制度

总统可制定一般性条例,以实施本法的规定。

15. 适用法律的解释

解释法适用于解释本法附件所列法律。

16. 对高等地区法院等判决的上诉

即使《地区法院法令(1967)》和根据本法第13节适用于联邦首都直辖区伊斯兰教上诉法院有任何相反的规定,任何一方因高等地区法院或任何一级或二级地区法院的命令而受到损害:

(a)就涉及伊斯兰法问题的任何事项,可向伊斯兰教上诉法院提出上诉;

(b)就刑事事项,可向高等法院提出上诉;

(c)在民事案件中,除了涉及伊斯兰法问题的案件,可向高等法院提出上诉。

17.《尼日利亚北部高等法院法》对上诉的适用

根据本法第13节适用于阿布贾联邦首都直辖区的《尼日利亚北部高等法院法》第45节应适用于高级地区法院或任何地区法院的上诉。

18. 将权力下放给联邦首都直辖区部长

从1984年5月28日起,总统授权联邦首都直辖区部长行使以下职能:

(a)根据本法授予联邦首都发展管理局主席的任何职能或权力;

(b)根据《尼日利亚联邦共和国宪法》第263(a)节或任何其他章节赋予总统的任何联邦政府行政权力,可在联邦首都直辖区内行使;

(c)本法附件2所列法律赋予州州长或军事长官的任何职能或权力;

(d)《公职人员(特别规定)法》第1(1)(d)(i)节赋予总统的权力;和

(e)总统不时授予部长的其他职能。

19. 权力下放的豁免

根据本法第1节的规定,授予部长的权力不应包括:

(a)总统、司法服务委员会或任何其他联邦政府机构在联邦首都直辖区范围内行使联邦的任何行政或其他职能;

(b)根据任何其他法律、文书或以其他方式明确排除的权力。

20. 释义

在本法中，除非上下文另有要求：

"管理局"是指根据本法第3节设立的联邦首都发展管理局；

"建筑物"包括任何陆上建筑物；

"首都区"是指本法第1节和第2节规定的联邦首都直辖区；

"宪法"是指尼日利亚联邦共和国宪法；

"部长"指联邦首都局部长。

21. 简称

本法可引称为《联邦首都直辖区法》。

附件1

联邦首都直辖区的边界（根据第2节）如下：从东经7度、北纬9度15分的伊佐姆村开始，向西延伸至基米河上乐湖以北的一个点；然后沿东经6度47.5分向南延伸，穿过西马苏、祖伊和巴沙村，到达夸拉州阿巴吉以西的一个地方；然后沿北纬8度27.5分平行线向卡纳马河上东经7度6分的阿欣扎村投射一条线；然后沿北纬8度30分和东经7度20分向布加村画一条直线；然后向北画一条线，连接奥杜、喀什和卡鲁村。从卡鲁出发，沿着尼日尔和高原州的边界，一直延伸到卡鲁；然后沿着卡杜纳和尼日尔州的边界，一直延伸到布瓦里村以北的一个点；然后沿着祖巴村一直延伸到伊佐姆村。

附件2

适用于联邦首都直辖区的法律

第13节

序号	**章节或编号**	**简称**
1.	LL of N 1958 Cap. 2	行政（房地产）法
2.	LL of N 1958 Cap. 4	行政总法
3.	LL of N 1990 Cap. 17	解剖法
4.	LL of NN 1963 Cap. 6	动物（疾病）法
5.	LL of N 1990 Cap. 19	仲裁和调解法
6.	LL of NW State of Nigeria 1967	地区法院法令

7.	LL of NN 1963 Cap. 13	销售票据法
8.	LL of N 1958 Cap. 23	出生、死亡和埋葬法
9.	LL of N 1960 No. 33	教养院和教养中心法
10.	LL of N 1960 No. 29	青少年管教(拉各斯)法
11.	LL of NN 1963 Cap. 16	童子军协会法
12.	LL of N 1958 Cap. 28	建筑线路管理法
13.	LL of N 1990 Cap. 42	首都所得税法
14.	LL of NN 1963 Cap. 18	鲤鱼养殖(控制)法
15.	LL of N 1958 Cap. 32	儿童和青年法
16.	LL of N 1965 No. 11	儿童和青年(修正)法
17.	LL of N 1961 No. 52	儿童和青少年(有害出版物)法
18.	LL of N 1961 No. 33	民事责任(其他规定)法
19.	LL of N 1958 Cap. 29	合作社法
20.	LL of NN 1963 Cap. 27	验尸官法
21.	LL of NN 1963 Cap. 89	刑法
22.	LL of NN 1963 Cap. 30	刑事诉讼法
23.	LL of NN 1963 Cap. 29	犯罪(预防)法
24.	LL of N 1961 No. 66	诽谤法
25.	LL of N 1990 Cap. 93	诽谤和攻击性出版物法
26.	LL of N 1958 Cap. 50	灭蚊法
27.	LL of NN 1963 Cap. 33	地区法院法
28.	LL of N 1958 Cap. 55	狗法
29.	LL of NN 1963 Cap. 36	教育法
30.	LL of N 1958 Cap. 59	退役军人就业法
31.	LL of N 1958 Cap. 60	娱乐税法
32.	LL of N 1962 No. V	囚犯和其他人护送法
33.	LL of NN 1963 Cap. 42	爆炸物法
34.	LL of N 1961 No. 34	致命事故法
35.	LL of N 1963 No. 11	消防法
36.	LL of N 1958 No. 70	折叠编织物法

37.	LL of N 1990 Cap. 150	食品药品法
38.	LL of NN 1963 Cap. 44	林业法
39.	LL of NN 1963 Cap. 46	金匠定律
40.	LL of NN 1963 Cap. 48	兽皮法
41.	LL of NN 1963 Cap. 49	高等法院法
42.	LL of NN 1963 Cap. 50	医院收费法
43.	LL of N 1958 Cap. 83	文盲保护法
44.	LL of N 1963 No. 10	司法等官员和检察官上诉法
45.	LL of 1958 Cap. 77	土地开发(道路规定)法
46.	LL of NN 1958 Cap. 97	土地登记法
47.	LL of N 1961 No. 64	法律改革(合同)法
48.	LL of N 1961 No. 63	法律改革(侵权)法
49.	LL of N 1958 Cap. 89	法律(其他规定)法
50.	LL of N 1958 Cap. 103	合法性法
51.	LL of N 1958 Cap. 104	麻风病法
52.	LL of NN 1963 No. 64	酒法
53.	LL of N 1966 No. 88	时效法
54.	LL of NN 1963 Cap. 68	地方贷款(记名股票)法
55.	LL of Niger State 1976	地方政府法令
56.	LL of N 1958 Cap. 112	精神病法
57.	LL of N 1958 Cap. 124	放债人法
58.	LL of N 1990 Cap. 233	机动车辆(第三方)保险法
59.	LL of N 1990 Cap. 264	国家图书馆法
60.	LL of N 1990 Cap. 291	报纸法
61.	LL of N 1964 No. V	报纸(修正)法
62.	LL of N 1990 Cap. 333	宣誓法
63.	LL of N 1961 No. 51	淫秽出版物法
64.	LL of N 1958 Cap. 146	典当行法
65.	LL of N 1961 No. 23	个人所得税(拉各斯)法
66.	LL of N 1958 Cap. 152	毒药及药剂法

67. LL of N 1958 Cap. 158 印刷机管理法
68. LL of NN 1953 Cap. 102 生产掺假法
69. LL of NN 1963 Cap. 104 生产销售税法
70. LL of NN 1963 Cap. 100 私立医院法
71. LL of N 1958 Cap. 164 公共征收(管理)法
72. LL of N 1958 Cap. 165 公共卫生法
73. LL of N 1990 Cap. 379 公职人员保护法
74. LL of N 1958 Cap. 171 出版法
75. LL of N 1958 Cap. 176 房屋收回法
76. LL of N 1958 Cap. 178 登记(出生、死亡和婚姻)法
77. LL of N 1958 Cap. 181 产权登记法
78. LL of NN 1963 Cap. 117 暴乱损害赔偿法
79. LL of N 1958 Cap. 184 道路交通法
80. LL of N 1961 No. 36 道路交通(修正)法
81. LL of N 1958 Cap. 187 拍卖法
82. LL of NN 1963 Cap. 122 伊斯兰上诉法院法
83. LL of N 1990 Cap. 407 治安官和民事诉讼法
84. LL of N 1990 Cap. 411 印花税法
85. LL of N 1958 Cap. 45 国家土地法
86. LL of NN Cap. 129 测量法
87. LL of NN Cap. 130 城乡规划法
88. LL of N 1958 Cap. 207 无证导游(禁止)法
89. LL of N 1958 Cap. 208 疫苗接种法
90. LL of N 1962 Vo. VI 车辆执照法
91. LL of N 1958 Cap. 213 水利工程法
92. LL of NN 1963 Cap. 140 野生动物保护法
93. LL of NN 1963 Cap. 141 黄热病与传染病(免疫)法

十二、坦桑尼亚

坦桑尼亚多多马首都(宣告)法(2018)*

2018年第5号

本法案于2018年9月4日由国民议会通过，
于2018年9月24日由总统同意

序言

鉴于多多马是多多马地区内的一个城市,战略上位于坦桑尼亚联合共和国的中心,地理位置优越,交通便利,具有经济、政治和社会发展的潜力;

鉴于多多马的这一战略位置,1973年坦桑尼亚联合共和国时任总统兼国家缔造者朱利叶斯·坎巴拉吉·尼雷尔阁下倾向于并宣布多多马为坦桑尼亚联合共和国的首都;

鉴于在朱利叶斯·坎巴拉吉·尼雷尔阁下发表声明之后,政府在相当长的一段时间内采取了各种举措来发展多多马市,以期实现使多多马成为首都的目标;

鉴于2018年4月26日坦桑尼亚联合共和国总统约翰·蓬贝·约瑟夫·马古富力阁下正式宣布多多马成为多多马市议会开发和管理的城市;

鉴于在坦桑尼亚联合共和国总统约翰·蓬贝·约瑟夫·马古富力阁下作出多多马市宣告之后,政府已决定建立和发展多多马市作为坦桑尼亚联合共和国的首都。

---

* 文本来源于坦桑尼亚议会官方网站,网址:https://www.parliament.go.tz/acts-list。

因此,现由坦桑尼亚联合共和国议会颁布如下:

1. 简称

本法可引称为《多多马首都(宣告)法(2018)》,并应于部长在公报上发布的命令所指定的日期生效。

2. 适用

本法适用于坦桑尼亚大陆和坦桑尼亚桑给巴尔。

3. 释义

在本法中,除非文意另有所指——

“首都”是指根据本法宣告的首都多多马;

“部长”是指负责地方政府的部长。

4. 首都宣告

(1)特此宣告多多马市为坦桑尼亚联合共和国的首都。

(2)议会可颁布法律修改本法的任何规定,但根据本节修改首都宣告的决定应取得议会全体议员不少于三分之二的投票支持。

(3)《地方政府(城市当局)法》和其他规范地方政府当局的法律,应在适当情况下经必要修改后适用于首都。

5. 首都管理

与首都有关的管理、行政和其他事项,由议会制定的法律明确规定。

6. 首都的边界

总统可借公报刊登的文件,宣布首都的边界。

本法案于 2018 年 9 月 4 日由国民议会通过。

十三、印度*

印度德里国家首都辖区政府法令(1991)**

法令编号:1992 年第 1 号

批准日期:1992 年 1 月 2 日

目　　录

* 根据印度宪法,整个德里是一个联邦领土,法定名称为德里国家首都辖区。德里国家首都辖区也可称为德里或德里大都会,包括德里、新德里和德里坎登门三个直辖市,是印度的政治、经济和文化中心。德里国家首都辖区面积为 1485 平方公里,新德里(直辖市)面积仅为 42.7 平方公里。德里分为德里旧城和新德里,而德里旧城和新德里已完全连在一起,印度民众也通常称首都为德里而非新德里。各国官方虽然称印度首都为新德里,但事实上将新德里等同于德里。例如,在中国驻印度大使馆对新德里的介绍中,称"新德里位于恒河支流朱穆纳河畔,由新、老德里组成,面积 1485 平方公里"。因此,无论从规范角度还是从现实角度,称印度首都为德里国家首都辖区更为准确。

** 文本来源于印度法律和司法部官方网站,网址:http://legislative. gov. in/sites/default/files/A1992 - 1. pdf。

6. 议会会议、休会及解散
7. 议会议长与副议长
8. 在审议罢免议长或副议长的决议期间,议长或副议长不得主持会议
9. 副总督向议会致辞及发文告的权利
10. 副总督的特别致辞
11. 部长在议会中的权利
12. 议员宣誓或声明
13. 尽管存在空缺和法定人数等限制,议会仍有权采取行动进行表决
14. 议席空缺
15. 丧失议员资格
16. 以不再符合资格为由取消议员资格
17. 宣誓或声明前,或在不符合资格或被取消资格时,列席及表决的罚则
18. 议员的权力、特权等
19. 议员的薪金及津贴
20. 联邦财产免税
21. 对议会就若干事宜通过的法律的限制
22. 关于财务议案的特殊规定
23. 议案失效程序
24. 批准议案
25. 保留议案供审议
26. 关于批准等的规定
27. 年度财务报表
28. 议会关于预算的程序
29. 拨款议案
30. 补充、追加或超额拨款
31. 账目表决
32. 在议会批准之前授权经费
33. 议事规则
34. 首都的一种或多种官方语言以及议会使用的一种或多种语言
35. 议案、法令等使用的语言
36. 对议会上讨论议题的限制

德里国家首都辖区政府法令(1991)

一项补充《宪法》中关于德里国家首都辖区议会和内阁及其相关事宜或附带事宜的规定的法令。

印度共和国第四十二年国会颁布如下法令:

第一部分 导　　言

1. 简称及生效日期

(1)本法令名为《德里国家首都辖区政府法令(1991)》。

(2)本法令自中央政府在《政府公报》上公告指定的日期起施行。

但本法令所含各条文可另行指定生效日期,另行指定生效日期的条文自指定的生效日期起生效。

2. 定义

在本法令中,除非文中另有规定,

(a)"条款"指《宪法》条款;

(b)"议会选区"指根据本法令为议会选举而划定的选区;

(c)"首都"指德里国家首都辖区;

(d)"选举委员会"指《宪法》第324条所规定的选举委员会;

(e)"议会"指德里国家首都辖区议会;

(f)"附件规定的种姓",就首都而言,指根据《宪法》第341条以附件形式规定的种姓,其被视为与首都相关的种姓、种族或部落或其部分或群体。

第二部分 议　　会

3. 议会及其构成

(1)由辖区选区直接选举产生的议员在议会中的席位总数应为七十席。

(2)就议会选举而言,首都应按照第三部分的规定划分为单一议员议会选区,划分方式应使首都全境各选区的人口在切实可行范围内尽可能持平。

(3)在议会中,应给附件规定的种姓预留席位,而该等预留的席位数占议会席位总数的比例应尽可能与首都附件规定的种姓人口占首都总人口的比例持平,《宪法》第334条规定应适用于该等预留。

说明:在本节中,“人口”一词系指在最近一次人口普查中确定并公布的人口数字。

本说明所规定的已公布人口数字的最近一次人口普查,在2026年以后的首次人口普查公布人口数字前,应解释为2001年的人口普查。

此外,选区划分委员会根据《选区划分法(2002)》(2002年第33号)在2001年人口普查的基础上对首都辖区各选区的划分进行的任何调整,应自中央政府在《政府公报》上公布具体的相关政令之日起生效,且在调整生效之前,仍可按调整前的选区划分进行议会的选举。

4. 议会议员资格

任何人不得当选为议会议员,除非他:

(a)是印度公民,并在选举委员会授权人员的监督下,就附件中所列的应进行宣誓或者作出声明的事项进行宣誓或作出声明;

(b)年龄在二十五周岁以上(含二十五周岁);并且

(c)具备国会制定的法律规定的,或根据国会制定的法律适用于该事宜的其他资格。

5. 议会任期

除非提前解散,议会任期五年,任期自议会第一次依法召集时起算,且不得延长。五年期满,议会自动解散。

但在根据《宪法》第352条第(1)款发布的紧急状态公告实施期间,总统可通过政令延长上述期限,但每次延期不得超过一年,且在任何情况下,不得超过公告停止实施后六个月的期限。

6. 议会会议、休会及解散

(1)副总督应不时召集议会,并酌情决定举行会议的时间及地点,但一届会期的最后一次会议与下一届会期的第一次会议,不得间隔六个月。

(2)副总督有权不时决定,

(a)休会;

(b)解散议会。

7. 议会议长与副议长

(1)议会应尽快选出两名议员,分别出任议长及副议长;议长或副议长的职位出现空缺时,议会应选出另一名议员,出任议长或副议长(视空缺情况而定)。

(2)担任议会议长或副议长的议员:

(a)如其不再担任议会议员,则应离任;

(b)如该议员为议长,其可在任何时候向副议长提出书面辞呈;如该议员为副议长,其可在任何时候向议长提出书面辞呈;以及

(c)经议会全体议员过半数通过的决议,可免去其职务。

但就(c)而言,除非已就动议决议的意向至少提前 14 日发出通知,否则不得动议任何决议。

此外,当议会解散时,重新召集的议会召开第一次会议时,议长方可离任。

(3)议长职位空缺的情况下,应由副议长履行议长职责,如副议长职位也空缺,则应由议会议事规则所议定的相关议员履行议长职责。

(4)在议长缺席议会会议期间,副议长或(副议长亦缺席的情况下)由议会议事规则所议定的相关议员,或(由议会议事规则所议定的相关议员亦缺席的情况下)由议会议定的其他人员,应以议长身份行事。

(5)议会议长及副议长的薪金及津贴,应由议会依法分别规定,在议会就此依法作出规定前,应由副总督,在经总统批准的前提下,通过政令加以规定。

8. 在审议罢免议长或副议长的决议期间,议长或副议长不得主持会议

(1)议会会议上,在审议罢免议长或副议长的决议期间,议长或副议长不得主持会议,但是,议长或副议长可以列席会议。本法第 7 节第(4)小节的条文适用于每一次该等会议,如同其适用于议长(或副议长,视空缺情况而定)缺席的会议。

(2)议长有权在议会审议罢免决议期间向议会致辞,并以其他方式参与议会的程序,即使第 13 节另有规定,其亦有权对该决议或在该等程序中的其他事宜进行表决(仅在初审时),但在票数均等的情况下无权进行表决。

9. 副总督向议会致辞及发文告的权利

(1)副总督有权在议会上发言,并为此目的要求议员出席。

(2)副总督可向议会发出文告,不论是关于当时在议会上待决的法令还是其他法令,而在该等文告送交时,议会应在一切方便的情况下,考虑文告所规定应予考虑的事宜。

10. 副总督的特别致辞

(1)在每次举行议会换届选举后的第一次会议开始时以及每年第一次会议开始时,副总督应在议会上特别致辞,并将召集原因通知议会。

(2)议会应制定相关规则规定议会安排时间讨论上述特别致辞中所述相关事宜的程序。

11. 部长在议会中的权利

每名部长均有权在议会上发言,或以其他方式参与议会的议事程序,并有权在其可能被任命为委员的议会的任何委员会上发言,或以其他方式参与上述委员会的议事程序,但无权依据本节而享有表决权。

12. 议员宣誓或声明

议会的每名议员在就职前,应在副总督或副总督就此授权的人员的监督下,根据附件中就此事宜所列的应进行宣誓或者作出声明的事项进行宣誓或作出声明。

13. 尽管存在空缺和法定人数等限制,议会仍有权采取行动进行表决

(1)除本法令另有规定外,议会会议上所有议题均应由出席议会并进行表决的议员过半数表决决定,但议长或以议长身份行事的人员除外。

(2)议长或以议长身份行事的人员,在初审中不得表决,但在票数均等的情况下,有权投决定票。

(3)即使议会议员出现空缺,议会仍有权采取行动,而议会议定的任何法律程序,即使其后发现有人无权采取行动、出席或表决或以其他方式参与该法律程序,该法律程序的有效性也不受影响。

(4)议会召开会议的法定人数为议会全体议员人数的三分之一。

(5)如在议会会议期间的任何时间均未达到法定人数,则议长或以议长身份行事的人员有责任休会或延期,直至达到法定人数为止。

14. 议席空缺

(1)任何人均不得兼任国会和议会议员,如某人同时获选为国会和议会议员,则根据《人民代表法(1951)》(1951 年第 43 号)以及总统根据《宪法》第 101 条第(2)款和第 190 条第(2)款制定的法规所规定的期限届满时,除非该人先前已辞去议会之职,否则该人在国会的席位应视为空缺。

(2)如果议会议员:

(a)根据第 15 节或第 16 节规定而丧失议员资格,或

(b)以亲笔信的方式向议长递交辞呈,且议长接受了其辞呈,

其席位随即空缺。

但对于(b)所规定的辞呈,如议长根据所收到的资料或其他资料,并在作出其认为适当的质询后,信纳该等辞呈并非出于自愿或不真实,则议长不得接受该等辞呈。

(3)如议会议员未经议会许可而缺席议会所有会议达60日,则议会可宣布其席位空缺。

关于上述60日的计算,议会休会或延期4日以上的任何时间段均不得计算在内。

15. 丧失议员资格

(1)任何人如符合以下情形,均不得获选为议会议员,亦不得担任议会议员:

(a)该人在印度政府、邦政府或联邦属地政府担任营利性职务,但国会、邦立法机关,或首都或其他联邦属地的议会依法宣布的不使其丧失议员资格的职务除外;或者

(b)根据《宪法》第102条第(1)款第(b)款、第(c)款或第(d)款的规定,或依据《宪法》第102条制定的法律,当选国会(上院或下院)议员或担任国会(上院或下院)议员的资格被取消。

(2)就本节而言,任何人不得仅因担任联邦、邦或联邦属地的部长而被视为在印度政府、邦或联邦属地政府担任营利性职务。

(3)如对议会议员是否已因第(1)小节的规定丧失资格产生疑义,则应将该疑义交由总统审定,且总统审定结果即为最终审定结果。

(4)总统在就该等疑义作出审定前,应征得选举委员会的意见,并按该等意见行事。

16. 以不再符合资格为由取消议员资格

《宪法》附表十的条文,在作出必要的修改(包括将其中规定邦议会的《宪法》第188条、第194条和第212条分别解释为本法令第12节、第18节和第37节对议会的规定而进行的修改)后,应适用于议会议员,并同时适用于邦议会议员,且据此:

(a)经如此修改的上述附表十应视为构成本法令的一部分;以及

(b)如根据经如此修改的附表十,任何人若应予以取消议员资格,则应取消其作为议会议员的资格。

17. 宣誓或声明前,或在不符合资格或被取消资格时,列席及表决的罚则

如任何人在未满足第12节的规定前,或在明知其不具备资格或被取消担任议

会议员的资格的情况下,以议会议员的身份出席会议或进行表决,则该人应就其出席会议或进行表决的每一日承担五百卢比的罚款,该罚款应作为联邦债务予以追缴。

18. 议员的权力、特权等

(1)在不违反本法令的规定以及规定议会程序的法规和常规议事规程的情况下,议会议员应享有言论自由权。

(2)议会议员无须就其在议会或议会任何委员会所作的陈述或表决而在法院对任何法律程序承担法律责任,而任何人亦无须就议会或议会授权发布的报告、文件、表决或法律程序而承担法律责任。

(3)在其他方面,议会及其议员和委员会享有的权力、特权和豁免,应与同期国会下院及其议员和委员会所享有的权力、特权和豁免一致。

(4)第(1)、(2)、(3)小节的条文适用于根据本法令有权在议会或议会任何委员会上发言及以其他方式参与议会或议会任何委员会的议事程序的人员,如同其适用于议会议员。

19. 议员的薪金及津贴

议会议员有权领取议会根据法律不时决定的薪金及津贴,在议会为此制定法律前,其有权领取副总督经总统批准后通过政令决定的薪金及津贴。

20. 联邦财产免税

联邦财产,除国会依法另有规定外,应免除由议会制定的法律规定或根据议会制定的法律规定,或由首都现行法律规定或根据首都现行法律规定应予征收的所有税款。

除非国会根据法律另行规定,本节中的任何条文均不得妨碍首都内的主管当局对紧接在《宪法》生效日期前应对其负责或视为应对其负责的联邦财产课税,只要该笔税项被记入首都的税收。

21. 对议会就若干事宜通过的法律的限制

(1)《宪法》第286条、第287条和第288条关于议会就某些事宜通过的法律的规定,同样适用于邦立法机关。

(2)《宪法》第304条的条文经必要的修改后,应适用于议会就该条所规定的事宜通过的法律,并同样适用于邦立法机关就上述事宜通过的法律。

22. 关于财务议案的特殊规定

(1)任何议案或修正案,如就以下事宜作出规定,则不得在议会拟议或动议,但

经副总督提议的除外:

(a)税项的征收、废除、减免、更改或规范管理;

(b)关于首都政府承担或将承担的财政义务的法律修正案;

(c)从首都统一财政金库中拨款;

(d)将经费申报为首都统一财政金库的经费,或增加该等经费的款额;

(e)以首都统一财政金库或首都公共账户的名义收到的款项,保管或发行该款项,或对首都账户进行的审计。

但在本小节项下,无须就作出减税或取消税收规定的修正案的动议提出建议。

(2)相关议案或修正案不得仅因其规定了罚款或其他罚金,或规定了要求或支付许可费或提供服务费,或规定了地方当局或机构为地方目的对税项进行的征收、废除、免除、变更或调整而被视为就上述事宜作出了相关规定。

(3)如果一项议案一经颁布并实施,会影响到首都统一财政金库的经费,除非副总督已向议会提议审议该议案,否则议会不得通过该议案。

23. 议案失效程序

(1)议会待决的议案不得因议会休会而失效。

(2)议会待决的议案应于议会解散后失效。

24. 批准议案

议会通过议案后,该议案应提交副总督,副总督应声明其批准该议案,或不予批准该议案,或保留该议案供总统审议。

但如该议案非属财政议案,则副总督可在该议案提交其批准后,尽快将该议案发还,并附上一份文告,要求议会考虑该议案或议案的特定条文,尤其是,审议是否宜引入他在文告中建议的修订,而在如此发还议案时,议会应据此重新审议该议案;如该议案经修订或不经修订而再次获得通过,并提交副总督批准,则副总督应宣布其批准该议案,或保留该议案供总统审议。

但关于以下议案,副总督不得直接批准,而应保留该等议案供总统审议:

(a)副总督认为,如该议案获批准成为法律,会减损高等法院的权力,以致危及该法院根据《宪法》拟填补的职位;或

(b)总统可通过政令指示保留供其审议的议案;或

(c)与第 7 节第(5)小节、第 19 节、第 34 节或第 43 节第(3)小节所规定的事宜相关的议案。

说明:就本节及第 25 节而言,议案如仅载有处理第 22 节第(1)小节所规定的

全部或某一事宜的条文,或仅载有处理该等事宜所附带的事宜的条文,则该议案应被视为财政议案,并且无论哪种情况,都应在其上加注由议会议长签署的议长证明书(加注内容:该议案为财政议案)。

25. 保留议案供审议

当副总督保留议案以供总统审议时,总统应声明其批准该议案,或不予批准该议案。

但如该议案并非财政议案,总统可指示副总督将该议案连同第 24 节第一款所述的文告发还议会,而在该议案如此发还时,议会应于收到该文告之日起六个月内据此重新审议该文告,如议会经修正或未经修正而再次通过该议案,则应将其再次提交总统审议。

26. 关于批准等的规定

议会的法令,以及该等法令中的规定,如果已获得副总督的批准,或经副总督保留以供总统审议,则均不得仅因未获得该等法令要求的某些先决批准或建议而视为无效。

27. 年度财务报表

(1)副总督应于每一财政年度,在总统的事先批准下,向议会提交一份该年度首都预算的收支报表(本部分中简称为年度财务报表)。

(2)年度财务报表包括的以下经费预算应单独列示:

(a)记入首都统一财政金库拨款的本法令规定的经费应付款项;以及

(b)拟议从首都统一财政金库拨出的其他经费应付款项,

并应将收入账户的经费与其他经费区分开。

(3)尽管现行法律中有相关规定,下列经费应记入首都统一财政金库拨款:

(a)副总督的薪酬及津贴,以及总统通过一般或特别政令所确定的副总督职位相关的其他经费;

(b)印度统一财政金库垫付首都的借款的相关应付费用,包括利息、偿债基金费用和赎回费用,以及与此相关的其他经费;

(c)议会议长及副议长的薪酬及津贴;

(d)德里高等法院法官的薪金及津贴等相关经费;

(e)与履行法院或仲裁法庭的判决、法令或裁决相关的应付款项;

(f)《宪法》、国会或议会依法声明的其他应予征缴的经费。

28. 议会关于预算的程序

(1)凡与首都统一财政金库拨款的经费有关的大多数预算均不得提交议会表决,但本小节任何规定均不得被解释为妨碍议会对任何上述预算进行讨论。

(2)据此,上述预算中与其他经费有关的部分,应以拨款申请的形式提交议会,而议会有权批准或不予批准申请,或批准或不予批准应减少预算规定款额的申请。

(3)除经副总督推荐外,不得申请拨款。

29. 拨款议案

(1)议会根据第28节作出拨款后,应尽快提出议案,规定从首都统一财政金库中拨出以下应付的全部款项:

(a)由议会如上述作出的拨款,以及

(b)记入首都统一财政金库的经费,但在任何情况下不得超出议会先前收到的报表中所列的款额。

(2)议会上不得对此类议案提出更改拨款款额、改变其目的,或更改记入首都统一财政金库的经费的款额的修正案,主持该项开支的人根据本小节作出的对修正案是否予以受理的决定应为终局决定。

(3)在不违反本法令其他条文的情况下,除非根据本节条文通过的法律提款,否则不得从首都统一财政金库中提出任何款项。

30. 补充、追加或超额拨款

(1)副总督应在以下情况下,

(a)如发现,根据第29节的条文制定的法律授权在本财政年度用于某项服务的款额不足以支撑该年度,或在本财政年度内需要对某些新服务补充或追加经费,而在该年度的年度财务报表中未予体现的,或

(b)如在一个财政年度内,一项服务的经费超出该服务及该年度的拨款,

根据具体情况,经总统事先批准后,向议会提交另一份报表,列明该项经费的预算款额,或向议会提交经事先批准的额外经费申请。

(2)第27、28、29节的条文对该等报表及经费或要求均具有效力,亦对将订立的授权从首都统一财政金库拨款,以支付该等经费或就该等要求而批准的款项的法律具有效力,与其对年度财务报表及其中所述的经费,或要求拨款的经费,以及授权从首都统一财政金库拨款以支付该等经费或拨款的法律具有同等效力。

31. 账目表决

(1)尽管本部分前述条文有其他规定,在完成第28节所规定的拨款表决程序

及按照第 29 节通过有关经费的法律之前,议会有权就任何财政年度的部分经费预算预先为经费拨款,并有权依法授权为上述拨款目的而从首都统一财政金库中提款。

(2)第 28、29 节的条文,对根据第(1)小节作出的拨款或根据该小节订立的法律具有效力,与其对就年度财务报表所述的经费而作出的拨款及就授权从首都统一财政金库拨款以支付该等经费具有同等效力。

32. 在议会批准之前授权经费

尽管本部分所涉事项在前述条文中另有规定,副总督可在其认为必要的期限内,但自首都统一财政金库建立之日起计不得超过六个月,在议会批准该项经费前,授权从首都统一财政金库拨出此类经费。

33. 议事规则

(1)议会可订立议事规则,以在不违反本法令规定的情况下,规范其程序和行事规则。

但副总督应就以下事宜,在与议会议长协商并经总统批准后,订立相关法规:

(a)确保及时完成财务事务;

(b)就财务事宜或就从首都统一财政金库拨出款项的议案,对议会的议事规则和行事规则进行规范管理;

(c)在本法令或任何法律要求副总督行使自由裁量权,或副总督根据本法令或任何法律可行使自由裁量权的范围内,禁止就任何影响副总督职能履行的事宜进行讨论或质询。

(2)在根据第(1)小节订立规则之前,紧接本法令生效前即生效的关于北方邦议会的议事规则和常规议事规程应对议会具有效力,但应经副总督作出相关的修订及修改。

34. 首都的一种或多种官方语言以及议会使用的一种或多种语言

(1)议会可依法采用首都辖区范围内使用的任何一种或多种语言或印地语作为官方语言,以用于首都的全部或任何官方目的。

但总统可通过政令作出如下指示:

(i)为政令中可能指定的首都的官方目的而应采用联邦的官方语言;

(ii)如果总统信纳首都很大一部分人口希望使用首都的其他官方语言,则在整个首都辖区或此类人口聚居地也应采用上述任何其他官方语言,以用于所有或任何此类目的。

(2)议会的事务应以首都的一种或多种官方语言、印地语或英语处理。

但议会议长或以议会议长身份行事的人员(视具体情况而定),可准许任何无法以上述任何一种语言充分表达自己意见的议员以其母语在议会上发言。

35. 议案、法令等使用的语言

尽管第 34 节有其他规定,但在国会依照法律另行规定之前,以下议案或法令的权威性案文:

(a)将于议会中拟议的议案或其拟动议修正案;

(b)议会通过的所有法令;以及

(c)根据议会制定的法律发布的所有政令、法规、条例和细则。

均应以英文书写。

但如议会已订明在议会拟议的议案或通过的法令中,或副总督在根据议会订立的法律而发出的政令、法规、条例或细则中,使用英文以外的其他语言,则在《政府公报》经授权刊登的英文译本,应视为官方英文译本。

36. 对议会上讨论议题的限制

议会不得就最高法院或高等法院法官履行职责的行为进行任何讨论。

37. 法院不得对议会的议程提出争议

(1)法院不得以所谓的程序不当为由,对议会议程的有效性提出争议。

(2)凡本法令赋予议会官员或议员规范管理程序或事务处理或维持议会秩序的权力,则该等官员或议员在行使该等权力时,不受任何法院的司法管辖。

第三部分 选区划定

38. 选举委员会划定选区

(1)选举委员会应按本节规定的方式,按照第 3 节分配给议会的席位为单一议员地区选区分配席位,并根据下列规定划定选区:

(a)所有选区的划定,应在切实可行范围内尽量使各选区的人口与首都总人口的比例持平;以及

(b)为附件规定的种姓保留席位的选区,应在切实可行范围内尽量划定在其人口占总人口比例较大的地区。

(2)选举委员会应:

(a)在《政府公报》上公布,及以委员会认为合适的其他方式公布其对选区划界

的议案，同时附上公告，邀请各界就有关议案提出异议和建议，并指明委员会进一步审议该等议案的日期或期限；

(b)审议委员会在指明日期前可能收到的所有异议和建议；

(c)在审议了委员会在指明日期前可能收到的所有异议及建议后，通过一项或多项政令划定选区，并安排在《政府公报》上公布该项或多项政令；该项或多项政令一经公布，即具有完全法律效力，不得在任何法院中对其提出争议。

39. 选举委员会维护最新划界令的权力

选举委员会可不时在《政府公报》上刊登公告，

(a)更正根据第38节发出的政令中出现的印刷错误，或因疏忽或遗漏而引起的错误；以及

(b)凡该等政令所述的辖区划定的边界或名称发生更改，则作出其认为有必要或适当的修订，以随时更新该等政令。

40. 议会选举

(1)为组建议会，在根据第38节划定所有议会选区之后，应尽快举行大选。

(2)为落实第(1)小节之规定，副总督应通过《政府公报》刊登一项或多项公告，命令上述所有议会选区按照《人民代表法(1951)》(1951年第43号)的规定，以及根据第(3)小节订立或发出的适用法规及政令选出议员。

(3)《人民代表法(1950)》(1950年第43号)、《人民代表法(1951)》(1951年第43号)，根据上述法令和当时颁布的所有其他法律制定或发布的与选举有关的法规和政令，经必要修改(包括将其中对邦、邦政府和总督的规定分别解释为包括对首都、首都政府和副总督所作的规定而进行的修改)后，应适用于第(1)小节所述的大选。

第四部分 关于副总督及部长的若干规定

41. 副总督可行使自由裁量权的事宜

(1)副总督可就以下事宜行使自由裁量权：

(i)不属于议会所授职权范围，但属于总统委托或转授的权力或职能的范围；或

(ii)法律要求或根据法律，可行使自由裁量权，或行使司法或准司法职能。

(2)如对任何事项是否属于副总督根据法律行使自由裁量权的范围产生疑义，则以副总督的决定为终局决定。

(3)如对是否属于副总督根据法律行使司法或准司法职能的范围产生疑义,则以副总督的决定为终局决定。

42. 部长建议

部长们是否向副总督提出建议,以及如果提出建议,建议的内容具体是什么等,不得在任何法院被提出争议。

43. 关于部长的其他规定

(1)部长就职前,副总督应根据附件中就此事宜所列的表格,为部长主持就职宣誓和保密宣誓。

(2)部长如连续六个月不担任议会议员,则在该届任职届满时应卸任部长。

(3)部长的薪金和津贴应由议会不时通过法律确定,在议会确定之前,应由副总督经总统批准后确定。

44. 行事规则

(1)总统应就以下事宜制定法规:

(a)就副总督应根据内阁的协助和建议办理的事务,向部长们分配事务;以及

(b)为更方便地与部长们进行事务往来,包括副总督与内阁或部长之间产生意见分歧时应采用的程序。

(2)除本法令另有规定外,副总督的一切行政行为,不论是根据其部长的意见或根据其他人的意见,一经作出,均应视为以副总督的名义作出。

(3)以副总督的名义作出及执行的政令及其他文书,应按副总督拟订立的法规所规定的方式予以认证,且不得以并非由副总督作出或执行的政令或文书为根据,对经如此认证的政令或文书的有效性提出争议。

45. 首席部长关于向副总督提供资料方面的职责等

首席部长应履行以下职责:

(a)向副总督传达内阁关于首都事务管理的所有决定及立法建议;

(b)向副总督提供其可能要求提供的首都事务管理相关资料及立法建议;以及

(c)如副总督有此要求,则将部长已作出决定但未经内阁审议的事宜提交内阁审议。

第五部分　其他及过渡性条文

46. 首都统一财政金库

(1)自中央政府通过《政府公报》公告，并为此而指定之日期起，印度政府或副总督就议会有权订立法律的任何事宜在首都收取的所有税收、所有拨款、从印度统一财政金库垫付给首都的所有借款、印度政府或副总督在首都统一财政金库担保下筹集的所有借款，以及首都收到的用于偿还借款的所有款项，应构成名为“德里国家首都辖区统一财政金库”(在本法令中简称为首都统一财政金库)的统一基金。

(2)除依照本法令规定，并为本法令规定的目的，以本法令规定的方式外，不得从首都统一财政金库拨款。

(3)首都统一财政金库的保管、向该金库缴付款项、从该金库取款以及与该等事宜有关或附带的所有其他事宜，均应受副总督经总统批准而订立的相关法规规范管理。

46A. 首都政府账目及其借记款项

(1)自中央政府通过《政府公报》公告就此事宜而指定的日期起，副总督或副总督的代表收取的所有其他公共款项，应记入名为“首都政府账目”的公共账户。

(2)副总督或其代表收到的公共款项的保管(但记入首都统一财政金库或德里国家首都辖区应急基金的款项除外)，其向首都公共账户缴付款项以及从该账户中提取款项，以及与该等事宜有关或附带的所有其他事宜，均应受副总督经总统批准而订立的相关法规规范管理。

47. 首都应急基金

(1)应设立一项定额备用金性质的应急基金，名为“德里国家首都辖区应急基金”，由首都统一财政金库拨款，款额可由议会不时制定法律确定；而上述基金应由副总督持有，以便其能从该基金中预支款项。

(2)未经议会根据法律授权批准拨款，不得从第(1)小节中规定的应急基金中预支款项，为应付意外经费而预支的款项除外。

(3)副总督可订立法规，规范管理与上述应急基金的保管、向该基金缴付款项、从该基金中提取款项，以及与该等事宜有关或附带的所有其他事宜。

47A. 以首都统一财政金库为担保借款

(1)联邦行政权力的范围包括在国会法律不时规定的限额(如有)内以首都统

一财政金库为担保借款,以及在规定的限额(如有)内提供担保。

但印度政府根据本小节可行使的权力,副总督亦应有权行使,但应受印度政府酌情施加的条件(如有)规限。

(2)为行使担保而应付的款项均应记入首都统一财政金库。

47B. 首都账目形式

首都的账目应以副总督征得印度主计长和审计长的意见,并经总统批准后,按照法规规定的形式记录。

48. 审计报告

在第46节第(1)小节所规定日期之后的任何时期内,印度主计长和审计长有关首都账目的报告应提交副总督,并由副总督将其提交议会。

49. 副总督及其部长与总统的关系

尽管本法令有其他规定,副总督及其内阁应受总统不时下达的特别指示(如有)的一般规范管理,并应遵守该等指示。

50. 根据《宪法》第239AB条作出并经国会批准的政令的期限

(1)总统根据《宪法》第239AB条作出的每一项政令,其有效期应自该政令发出之日起一年届满,而《宪法》第356条第(2)款及第(3)款的规定,应尽可能适用于该政令,并同样适用于根据《宪法》第356条第(1)款发出的公告。

(2)尽管第(1)小节有其他规定,总统可将上述政令的有效期再度延长,延长期限不超过两年,自根据第(1)小节作出的政令期满之日起计算,但将上述政令的有效期延长至一年以上的任何期限,应经国会两院的决议批准。

51. 由总统批准经费

如议会按照总统根据《宪法》第239AB条作出的政令而解散或中止其职能,在国会批准此类经费前,总统有权在国会下院非开会期间授权从首都统一财政金库拨出经费。

52. 合同与诉讼

为消除疑义,特此声明:

(a)与首都行政管理有关的所有合同均为行使联邦行政权力而订立的合同;以及

(b)与首都行政管理有关的所有诉讼和程序均应由印度政府提起或针对印度政府提起。

53. 总统为消除困难而拥有的权力

(1)如果在本法令废除的法律的条文过渡期间或在实施本法令的条文方面出现困难,特别是关于议会成立方面,只要总统认为有必要或有利于消除困难,可通过政令作出任何与宪法或本法令的条文不相抵触的行为。

但自第一届议会成立之日起计三年届满后,不得根据本小节作出任何政令。

(2)根据第(1)小节作出的每一项政令,均应提交国会两院。

54. 提交法规供议会审议

副总督根据本法令订立的每一项法规一经订立,即应提交议会审议。

55. 1950 年第 43 号法令第 27A 节的修正案

根据 2001 年《废除与修订法令(2001)》(2001 年第 30 号)废除第 2 节及附表一之规定(生效日期:2001 年 9 月 3 日)。

56. 废除 1966 年第 19 号法令

特此废除《德里行政管理法(1966)》。

附件

(第 4、12、43 节)

誓言和声明的形式

一

议员候选人的誓言或者声明的形式:

"本人……获提名为议员候选人、谨此以神的名义起誓/庄严声明:本人将依法忠于宪法、拥护宪法,维护印度的主权和统一。"

二

议会议员的誓言或者声明的形式:

"本人……当选为议会议员,谨此以神的名义起誓/庄严声明:本人将依法忠于宪法、拥护宪法,维护印度的主权和统一,并恪尽职守。"

三

内阁部长的就职誓言:

“本人……谨此以神的名义起誓/庄严声明:本人将依法忠于宪法、拥护宪法,维护印度的主权和统一,将恪尽本人作为联邦部长的职守,并将依照宪法和法律,不惧不偏、无袒无憎地善待所有人民。”

四

内阁部长的保密誓言:

“本人……谨此以神的名义起誓/庄严声明:非为妥当履行本人作为部长的职责,本人决不直接或者间接地向他人泄露或者披露本人以联邦部长身份而接获或者知悉的任何事务。”

十四、越南

越南首都法*

法律编号:25/2012/QH13
本法于2012年11月21日由越南社会主义共和国第十三届国会第四次会议通过

根据1992年越南社会主义共和国宪法(该宪法根据第51/2001/QH10号决议修改并补充了若干条款),国会颁布《首都法》。

第一章 总 则

第一条 调整范围

本法规定了首都的地位和作用,以及建设、发展、管理和保护首都的政策和职责。

第二条 首都的地位和作用

1. 越南社会主义共和国的首都是河内。

2. 首都是国家的政治和行政中心,是党、国家和社会政治组织、外国使领馆和国际组织的中央办事机构所在地;是全国文化、教育、科学、技术、经济和国际贸易的重要中心。

3. 共产党中央、国会、国家主席和中央政府所在地设在河内市的巴亭地区。

---

* 文本来源于越南中央政府官方网站,网址:http://vanban.chinhphu.vn/portal/page/portal/chinhphu/hethongvanban?class_id=1&_page=1&mode=detail&document_id=164931。

第三条　术语解释

在本法中,各术语释义如下:

1. 内城(城区)是一个由河内市各区组成的区域。

2. 郊区是一个由河内市各县和各村镇组成的区域。

3. 首都地区是一个连接包括河内市以及一些由中央政府决定的邻近省份和直辖市社会经济发展的地区。

第四条　建设、发展和保卫首都的责任

1. 建设、发展和保卫首都是河内市各级政府和人民的日常和直接任务;是全国各机构、组织、武装部队和人民的责任。

2. 越南祖国阵线及其成员组织应鼓励全国各级人士和海外越侨参与建设、发展和保卫首都的事业中。

3. 国家应优先投资并采取政策吸引资源以建设、发展和保卫首都,从而发挥首都和首都地区的潜力和优势。

第五条　首都的责任

1. 建设和发展一个文明的、现代化的、具有代表性的首都。

2. 确保党和国家的各中央机构以及各社会政治组织、外国使领馆、国际组织的活动安全和便利,以便在首都组织国家活动、国际项目和活动。

3. 通过加强各种形式的合作,积极主动配合和支持首都地区乃至全国各省和直辖市的共同发展。

4. 积极主动深化与各国首都的友好关系,扩大交流合作,争取外部资源建设和发展首都,为首都各机构、组织和人民参与经济、社会、文化、教育、科技和技术等领域的国际交流与合作创造有利条件。

第六条　首都文化的标志

首都文化的标志是文庙——国子监的奎文阁。

第七条　"首都荣誉公民"称号

1. "首都荣誉公民"称号应授予那些在建设、发展首都,或为扩大和加强首都国际友好团结合作关系事业中做出贡献的外国人。

2. 河内市人民议会规定授予"首都荣誉公民"称号的权限、条件和程序。

第二章　建设、发展和管理首都的政策

第八条　首都的建设和发展计划

1. 首都的建设和发展应当符合首都建设的总体规划以及有关城市建设、规划的法律和其他相关法律规定。

首都建设的总体规划应当确保能够建设成一个文明、现代化、可持续发展和绿色环保的首都，确保国家安全，将首都的技术和社会基础设施系统连接到首都地区乃至全国的省和直辖市。

2. 首都建设的总体规划及其调整，应在获得国会的同意后由总理批准。

3. 首都的分区规划、详细规划和其他规划应当确保符合首都建设的总体规划。

4. 与首都直接相关的国家部门规划和专业技术基础设施规划，应当征求河内市人民委员会的意见，并确保符合首都建设的总体规划。

5. 规划的制定和实施应当遵循公开、同步、稳定和长期的原则。

第九条　确保规划实施的措施

1. 在内城（城区）：不扩大现有医院的面积和增加病床数量；不在工业园区、产业集群、高等学校和职业教育机构之外建设新的工业园区和工业生产场所。

总部不在内城（城区）的高等学校和职业教育机构不得在内城（城区）开办学校。

总理应决定将一些工业生产企业搬离内城（城区）的措施和路线，将一些医院、高等学校、职业教育机构搬离内城（城区），或在内城（城区）以外地区建立分支机构。

2. 在对首都新交通路线进行详细规划时，应当根据《城市规划法》，从规划路线的红线边界外扩展每一侧。

在这种情况下，社区对规划的意见征集应当按照《城市规划法》的规定进行。根据首都建设和发展的要求以及社区的意见，河内市人民委员会应将规划提交河内市人民议会审议和决定。

3. 按照批准的规划实施道路开发项目时，河内市主管机构应当根据规划将道路沿线土地征收、使用。在这种情况下的土地征收类似于在同一项目中土地征收的情况。

当规划涉及现场安置房的建设或者生产经营项目的实施时，已经被征收土地的人应优先安置或参与这些项目。

4. 河内市人民议会应决定本条第 2 款规定的新交通路线。

河内市人民委员会应当按照本条第 3 款的规定,决定征收道路两侧的边界和土地面积。

第十条　空间、建筑、景观和城市建设的管理

1. 首都的空间、建筑、景观和城市建设应当按照规划方案进行管理,确保具有文化和历史价值的建筑的保存、装饰和改善,为首都创造绿色空间,确保红河两岸的景观。

2. 内城(城区)重要道路的改造和装饰应当与道路沿线建筑的改造和装饰同步进行,确保内城(城区)的典型空间和建筑的保护。

3. 河内市人民委员会应承担主要责任,并与建设部协调,根据实际情况制定适用于改造区域的规划和建筑的规范和标准,以便规划和设计巴亭郡、还剑郡、栋多郡、二征夫人郡,并将其提交总理审议和决定。

河内市人民委员会应批准土地用途固定区域的城市设计,以服务于城市景观、空间和建筑的管理,并颁发建设许可证。

第十一条　文化保护与发展

1. 首都文化的保护和发展应当保证民族文化的典型特征,促进首都和国家的有形和无形文化价值以及民族文化建设。

应当管理、开发和利用首都的文化资源,以满足首都和全国文化保护和发展的要求。

2. 以下区域、文物和文化遗产,应当集中资源保护和推广其文化价值:

a)巴亭地区;

b)胡志明主席故居,胡志明主席陵,胡志明博物馆,升龙皇城,古螺城,河内文庙和首都地区的其他特殊国家古迹;

c)还剑湖和西湖;

d)老城区、古村落和有代表性的传统手工艺村;

e)1954 年以前建设的旧别墅和其他建筑;

f)其他首都地区的非物质文化遗产。

3. 河内市人民议会应发布:

a)鼓励投资的政策,动员组织和个人自愿捐助建设文化作品、公园、花园、游乐园,保护、装饰和推广首都文化遗产价值;

b)老城区名单,古村落和有代表性的传统手工艺村,1954 年以前建设的旧别墅和其他建筑以及本条第 2 款 d)、e)、f) 项规定的非物质文化遗产的名录。

第十二条　发展教育和培训

1. 普及和发展符合国家标准的学前教育和义务教育；鼓励组织和个人按照规划投资建设首都教育机构。

2. 规划总理批准的首都地区高等学校和职业学院网络，重点为首都和全国培养高质量的劳动力。

3. 根据设施、教学人员、计划、教学方法和教育服务的标准，在首都建立一些高质量的学前教育机构和义务教育机构。在高质量的教育机构学习遵循自愿原则。

4. 河内市人民议会应当制定适用于本条第 3 款规定的高质量的公立教育机构的财政政策。

5. 河内市人民委员会负有以下责任：

a) 规定本条第 3 款规定的设施、教学人员、章程、教学方法和教育服务的标准；

b) 在获得教育和培训部的意见后，除本条第 3 款规定的学前教育和义务教育课程外，补充规定强化训练课程。

第十三条　科学技术的发展

1. 专注于社会科学、自然科学和技术的同步发展；确保发挥科学家的潜力和智慧；鼓励研究机构、大学和其他科技组织的参与和合作；发展科技服务；研究先进技术的应用和转化，特别是适用于首都地区的高科技和清洁技术。

2. 河内市人民委员会有权颁布人才激励政策；根据当地资源的平衡，该政策适用于投资科技发展的组织和个人，以及参与实施首都重点科学技术计划的科学家。

第十四条　环境管理和保护

1. 首都环境的管理和保护是在可持续发展的原则下进行的，这与保持首都的自然、文化和历史因素紧密相关；保障绿化覆盖率符合规定。

2. 在首都严格禁止平整、侵占或污染河流、溪流、湖泊、公园、花园和公共场所；禁止砍伐森林和树木；禁止将未经处理的废物排放到环境中；禁止将公共花园和公园用于不正当目的。

污染、退化或枯竭的河流、湖泊和溪流的整改应当符合首都的建筑、景观和环境法规。

3. 资源与环境部应根据河内市人民委员会的要求，对首都的污水、废气和噪声排放制定比国家环境标准更严格的环境法规。

第十五条　土地管理

1. 根据基本建设的总体规划、土地使用规划和立法,对首都地区的土地进行管理、开发和使用应当高效、节约。

2. 根据法律规定和实际要求,为了国家、企业和被征收土地人民之间的利益协调,河内市人民委员会应当制订解决方案,确保及时实施首都地区重要投资项目的土地征收、场地清理和进度。

3. 河内市人民委员会负有以下责任:

a)制定并公布土地利用规划和建设规划;地理和地籍信息系统;土地使用价格、土地租金、房屋所有权和首都土地上的其他资产;

b)根据规划将土地分配给中央机构和公共非营业单位,以便重新安置总部。国家预算应为重新安置机构和单位分配投资资金。

4. 本法第 9 条第 1 款规定的工业生产企业、医院、高等学校、职业教育机构搬迁后的土地,以及本条第 3 款 b)项规定的机构和单位搬迁后的土地,应优先用于建设和发展公共工程、技术基础设施和社会基础设施工程;禁止违反规划建造高层公寓。

总理应规定本条款的细节。

第十六条　住房开发和管理

1. 城市中心和住房发展规划应当符合首都建设的总体规划,以及建设文明和现代首都的要求;优先投资建设现代化的便利的城市中心和郊区住宅,同时建设技术基础设施和社会基础设施。

2. 旧的公寓楼和房屋应进行翻新和改造,以确保城市景观和用户的安全。改造和施工应当符合规划的高度、人口密度和施工密度的规定。

3. 1954 年以前建设的古建筑、旧别墅和其他建筑的翻新和修复,应当确保按照法律规定保护和促进建筑价值。

4. 在商品房项目的开发中,新的城市地区应当有较高比例的住宅用地和房屋,以便按照国家规定发展社会住房。

5. 河内市人民委员会应在其任务和权力范围内,采取措施落实本条第 2 款和第 3 款的规定;具体规定本条第 4 款规定的商品房开发项目中社会住房开发的住宅和住宅用地面积比例。

第十七条　技术基础设施系统的发展

1. 首都技术基础设施应按照同步和现代化的原则进行建设和发展,确保首都与首都地区乃至全国的省和直辖市之间的长期定位和联系。

2. 国家应优先投资并采取政策调动资源，用于投资建设、开发和维护首都地区的大型重要技术基础设施工程。

3. 河内市人民委员会应在权力下放下进行投资；组织首都的给排水系统、污水处理系统、固体废物管理和处理系统、城市照明和能源供应系统、通信系统和其他技术基础设施的同步投资。

第十八条　运输的发展和管理

1. 首都的交通系统应按照同步和现代化的原则进行建设和发展，确保首都与首都地区乃至全国的省和直辖市之间的联系，以符合社会经济发展和国防安全的要求；集中资源和动员投资，鼓励发展首都的交通基础设施和公共交通系统。

2. 跨越首都的国道部分的管理和维护由河内市人民委员会按照规划组织，但高速公路和经批准的国家公路除外，如 1 号公路、胡志明道和外环路。

严禁在违反规定的情况下侵入和使用人行道和道路。

3. 河内市人民议会应制定优先发展公共交通系统的规定；鼓励投资建设和使用公交车站和停车场；将高科技应用于运输系统的管理和运营。

第十九条　人口管理

1. 根据基本建设总体规划，首都地区的人口按规模、密度和结构进行管理。

2. 河内市人民议会应当发布政策，优先投资、调动资源投资建设同步的、现代的和便民的城市中心，在郊区建设房屋、技术基础设施和社会基础设施；在社会经济发展和就业创造方面，与首都地区的直辖市和省份合作，以防止移民不受控制的迁移到内城（城区）。

3. 在郊区登记的永久居民应当遵守《居住法》。

4. 有下列情况之一的公民可以在内城登记其永久居住地：

a)《居住法》第 20 条第 2 款、第 3 款、第 4 款规定的情形；

b) 不属于本款 a) 项的情形，暂时在市中心居住 3 年以上，拥有或租用已申请住房商业登记的组织和个人城市地区的房屋；出租房屋应当符合河内市人民议会规定的平均面积条件，并获得有永久居住登记住房的组织和个人的书面同意。

第二十条　保护首都，确保首都的安全、秩序和社会安全

1. 建立防御区以保护首都，并计划在所有情况下确保首都的安全；通过有效的预防和打击措施，坚定地保护首都的政治安全、社会秩序和安全；应当及时、严格地发现、防止和处理所有违法行为。

2. 对内城(城区)行政违法行为的处罚,应当遵守有关处理行政违法行为的法律规定及以下规定:

a)河内市人民委员会可以对相应的违反文化、土地和建筑的行政违法行为处以更高的罚款,但不得超过政府规定的最高罚款标准的2倍;

b)根据本款a)项的规定,被授权对行政违规行为处以罚款的机构也有权对相应的违法行为处以更高的罚款。

第二十一条　财政政策和机制

1. 首都有权发行地方政府债券,通过组织和个人的自愿捐款以及法律规定的其他融资方式筹集国内投资资本。

2. 首都的预算支出估算应根据较高的预算支出分配标准(3年至5年的固定期间)确定,高于其他直辖市和省份。

除下列情况外,首都有权使用超出预算支出估算的中央预算收入:

a)进口货物的增值税;

b)国家银行的收入和支出余额;

c)未分配给首都管理且不在首都产生的,但在首都入账的收入。

3. 对于一些由河内市管理的与环境、交通和灌溉有关的重要大型项目,在超出市政预算平衡时,政府应要求国会通过中央预算来执行此类项目。

4. 河内各级人民议会、人民委员会和河内各级市政当局在执行建设和发展首都的方案和项目时,应当适当、有效地使用分配的预算。

第三章　建设、发展和管理首都的职责

第二十二条　国会、国会各机构、国会代表团和国会代表的职责

1. 国会应决定本法第21条第2款和第3款规定的首都特别预算;每3年对政府《首都法》实施情况报告和预算实施情况进行最严格的监督、审议。

国会、国会常务委员会、国会委员会、国会代表团和国会代表应在其职责和权限范围内监督《首都法》的实施。

2. 必要时,国会、国会常务委员会应要求河内市人民委员会报告《首都法》的实施情况。

第二十三条　政府和总理的职责

1. 政府应指导各部委、部级机构、政府附属机构及省和直辖市的人民委员会与河内市人民委员会协调实施该法;规定首都地区各省和直辖市之间的协调机制,以

实施《首都法》。

2. 总理每年应与河内市人民委员会、首都地区的省、直辖市和相关部委合作，评估《首都法》实施的情况。

第二十四条　各部委和部级机构的职责

1. 主持并配合河内市人民委员会制定行业发展战略和规划，制定与首都建设、发展和管理有关的法律文件。

2. 在执行首都投资计划和项目时，积极配合河内市人民委员会，确保按照规划统一管理。

第二十五条　首都机构、组织和人民的职责

1. 河内市各级人民议会、人民委员会和人民委员会主席应当在各自的职责和权限范围内执行《首都法》的规定，并对首都建设、发展、管理和保护过程中出现的违法和不足负责。

2. 河内市人民议会应当在其职责和权力范围内监督《首都法》的实施，定期审查河内市人民委员会关于《首都法》实施情况的报告。

3. 河内市人民委员会在其职责和权力范围内，应当：

a）与有关机构和组织协调，确保中央机构的运作以及党和国家重要内部和外部活动的举行；

b）为各机构、组织和个人创造条件，使其有效参与建设、发展和保护首都的进程；

c）每年向政府报告《首都法》的实施情况。

4. 河内市各级越南祖国阵线委员会应与地方政府紧密合作，鼓励首都地区的机构、组织和个人参与首都的建设、发展和保护。

5. 首都的干部、公务员和职员应当不断学习和培训，以提高资格和能力，从而满足职责要求；在实施分配的任务和权力时成为典范；指导并创造条件使人民遵守法律。

6. 首都人民有责任严格遵守法律，积极参与政府建设，构建文明、优雅的生活方式，维护首都的安全和社会秩序。

第四章　实 施 条 款

第二十六条　效力

1. 本法自 2013 年 7 月 1 日起施行。

2. 2000 年 12 月 28 日通过的编号为第 29/2000/PL - UBTVQH 的《首都河内法令》自本法生效之日起同时废止。

第二十七条　实施细则

政府和主管机构有权为本法的实施制定细则,并指导本法的执行。

图书在版编目（CIP）数据

世界各国首都法汇编．第一卷／韩明生编译．--北京：法律出版社，2020
ISBN 978-7-5197-4716-9

Ⅰ．①世… Ⅱ．①韩… Ⅲ．①首都-行政法-汇编-世界 Ⅳ．①D912.109

中国版本图书馆CIP数据核字（2020）第117171号

世界各国首都法汇编（第一卷）
SHIJIE GEGUO SHOUDUFA HUIBIAN（DI-YI JUAN）

韩明生 编译

策划编辑 蒋 橙
责任编辑 蒋 橙
装帧设计 鲁 娟

出版 法律出版社
总发行 中国法律图书有限公司
经销 新华书店
印刷 北京建宏印刷有限公司
责任印制 吕亚莉

编辑统筹 法律应用出版分社
开本 710毫米×1000毫米 1/16
印张 19.75
字数 337千
版本 2020年12月第1版
印次 2020年12月第1次印刷

法律出版社／北京市丰台区莲花池西里7号（100073）
网址／www.lawpress.com.cn
投稿邮箱／info@lawpress.com.cn
举报维权邮箱／jbwq@lawpress.com.cn
销售热线／400-660-8393
咨询电话／010-63939796

中国法律图书有限公司／北京市丰台区莲花池西里7号（100073）
全国各地中法图分、子公司销售电话：
统一销售客服／400-660-8393/6393
第一法律书店／010-83938432/8433
西安分公司／029-85330678
重庆分公司／023-67453036
上海分公司／021-62071639/1636
深圳分公司／0755-83072995

书号：ISBN 978-7-5197-4716-9
定价：69.00元